Álcool e drogas
na história do Brasil

Pontifícia Universidade Católica de Minas Gerais

Grão-Chanceler: Dom Walmor Oliveira de Azevedo
Reitor: Eustáquio Afonso Araújo
Diretora da Editora: Maria Nazareth Soares Fonseca

Coordenação editorial: Cláudia Teles de Menezes Teixeira
Assistente editorial: Maria Cristina Araújo Rabelo

Editora PUC Minas
Rua Pe. Pedro Evangelista, 377 – Coração Eucarístico
30535 490 Belo Horizonte MG Brasil
Tel.: 55 (31) 3375-8189 Telefax: 55 (31) 3376-6498
e-mail: editora@pucminas.br
www.pucminas.br/editora

Álcool e drogas na história do Brasil

Organizadores

Henrique Carneiro

Renato Pinto Venâncio

São Paulo, 2005

Editora PUC Minas

Alameda

ALAMEDA CASA EDITORIAL
Edição: Joana Monteleone
Haroldo Ceravolo Sereza
Rodrigo Ricupero
Copydesk: Izabela Moi
Revisão: Nelson Luís Barbosa
Alexandra Colontini
Capa: Clarissa Boraschi Maria
Projeto gráfico e diagramação: Clarissa Boraschi Maria
Equipe de produção: Cássio Aurelius de Barros
Glaucy Marques Vulcano
José Sereza

Dados Internacionais de Catalogação na Publicação (CIP)
(Câmara Brasileira do Livro, SP, Brasil)

Álcool e drogas na história do Brasil / Henrique
Carneiro, Renato Pinto Venâncio. --
Belo Horizonte : Editora PUCMinas ; São Paulo :
Alameda, 2005.

Vários autores.
Bibliografia.

1. Bebidas alcoólicas 2. Brasil - História
3. Drogas - Abuso I. Carneiro, Henrique.
II. Venâncio, Renato Pinto.

05-1764 CDD-362.290981

Índices para catálogo sistemático:

1. Bebidas alcoólicas e drogas : Brasil :
História 362.290981
2. Drogas e bebidas alcoólicas : Brasil :
História 362.290981

[2005]

ALAMEDA CASA EDITORIAL
Rua Ministro Ferreira Alves, 108 - Perdizes.
CEP 05009-060 - São Paulo - SP
Tel. (11) 3862-0850
www.alamedaeditorial.com.br

Índice

Apresentação

As contribuições presentes neste livro, de historiadores e cientistas sociais, abordam – desde épocas passadas até o período contemporâneo – a questão das drogas e das bebidas alcoólicas no Brasil, no seu sentido múltiplo e mutante. Do cauim e dos remédios de antigos boticários ao sacramento de religiões mestiças que usam, até hoje em dia, alucinógenos em rituais devocionais, passando pelo uso do vinho nos rituais de sedução e da aguardente nas revoltas escravas, esse conjunto de pesquisas, de autores que mais vêm investigando o tema no Brasil, oferece um panorama inédito de diversos ângulos de estudo e de reflexões.

O texto de Henrique Carneiro, também organizador deste volume, analisa a evolução conceitual que confere ao termo "droga" uma multiplicidade de significados, que vão do veneno ao remédio, das substâncias originais do sertão aos medicamentos fitoterápicos, e examina também os conflitos entre os saberes indígenas e sua apropriação pela sociedade colonial. Ronald Raminelli explora, por sua vez, a importância do cauim nos rituais antropofágicos dos povos tupi, sublinhando, por meio de uma releitura dos textos coloniais, o papel desempenhado pela ingestão dessa bebida alcoólica na perpetuação da memória coletiva indígena.

Entre a população integrada ao mundo colonial, o consumo de álcool também estava associado a rituais. Luiz Mott, por meio do estudo dos sempre surpreendentes processos inquisitorais, revela o ambíguo papel desempenhado pelo vinho, consumido tanto nas missas quanto em furtivos encontros amorosos coloniais. Além desse uso, cabe sublinhar que nas sociedades pré-industriais a bebida alcoólica era considerada um alimento. É o que nos revela o texto de Leila Mezan Algranti. Nos livros de receita e nos relatos de viajantes, é possível acompanhar a difusão, entre a elites ou nas camadas populares, de hábitos alimentares vinculados ao consumo de álcool.

A bebida alcoólica também estava associada à revolta escrava. Carlos Magno Guimarães apresenta indícios da circulação da aguardente em quilombos. Por meio do confronto de diversos testemunhos, é possível identificar a origem de parte desse produto. Por estar associada ao mundo da desordem, a produção de cachaça, em alguns períodos, foi combatida. As autoridades coloniais se preocupavam não só com as possíveis revoltas que relacionavam à ingestão da bebida, mas também com o fato de sua difusão implicar uma possível diminuição do consumo de vinho metropolitano. Indicar os traços gerais dessa política é o objetivo do texto de Virgínia Valladares.

O trabalho de Betânia Gonçalves Figueiredo diz respeito ao surgimento da farmacopéia oficial e de seus laços com as práticas de curas tradicionais. A partir de pesquisas em inventários *post-mortem* e testamentos, assim como em livros de "matéria médica" e receitas de boticários, a autora busca compreender o papel social mais amplo do boticário de antigamente. A chamada medicina folclórica, e seus usos e costumes tradicionais, tais como as garrafadas dos raizeiros e curandeiros caboclos, é examinada por Ricardo Ferreira Ribeiro, estudioso do cerrado e de seu universo cultural. O autor revela como algumas das principais ervas nativas, como a ipecacuanha e a quina, desempenharam papel decisivo na história global da medicina e da farmácia.

Na análise da história das drogas e do álcool, não se devem perder de vista as implicações políticas do tema. Andréa Lisly Gonçalves e

Renato Pinto Venâncio exploram, em relação a uma revolta do século XIX, as conseqüências geradas pela cobrança de impostos sobre a produção de aguardente, base de sobrevivência de vastos segmentos das camadas populares rurais. Por sua vez, os controles médico-sanitários criaram, no mesmo período, tensões no mundo urbano. Myriam Bahia Lopes e Eduardo de Souza Lima investigam a emergência dessa biopolítica para o caso específico da falsificação de vinho, sugerindo valiosas pistas para se entender os motivos da desarticulação, ainda no século XIX, da produção vinícola de Minas Gerais.

Como se vê, a história do consumo de drogas e do álcool não é linear. Longe disso, ela está sujeita a inesperadas rupturas e insurgências. Práticas antigas desapareceram em razão da pressão das instituições oficiais. Porém, esse mesmo poder, em alguns momentos, também resgatou e promoveu tradições marginais. É o que mostra o texto de Tarcísio Botelho, em relação à tiquira (aguardente de mandioca) maranhense, produto pouco prestigiado no passado, mas atualmente alvo de campanhas que querem transformá-lo em marca da identidade regional.

O objeto de estudo do artigo de Beatriz Caiuby Labate e Gustavo Pacheco são as religiões que sacralizam a ayahuasca, em suas distintas vertentes, e o debate sobre as origens desse universo devocional caracteristicamente brasileiro em suas raízes indígenas, negras e caboclas, que vai do Maranhão ao Acre. Os dois autores realizam um amplo e inédito recenseamento da literatura antropológica sobre o Santo Daime.

Os olhares médicos que se debruçam sobre as drogas – tanto no sentido de serem objetos de cura, ou seja, remédios, como no sentido de serem os objetos de comportamentos considerados patológicos, na trilha da constituição do vício como a "doença da dependência" – encontram no texto de Maurício Fiore uma análise crítica, que contribui para se deslindar os conflitos constitutivos da prática médica como uma atividade perpassada pela noção da biopolítica vigente?

Thiago Rodrigues explora a polêmica questão da regulamentação do uso do consumo de substâncias ilícitas com o advento das políticas proibicionistas do começo do século XX, a partir da Lei Seca nos Estados Unidos, e suas conseqüências para o delineamento de uma política internacional modelada por práticas de erradicação e repressão. Essa ação repressiva inclui diversas substâncias no rol das ilegalidades, criminalizando amplas camadas da população e aumentando a rentabilidade do comércio clandestino, que assume, no final do século XX, a condição de um dos principais ramos das atividades ilegais.

Por meio desse conjunto de textos – discutidos por ocasião da realização, em junho de 2003, do Simpósio "Drogas e Álcool na História do Brasil", com apoio da Fapemig, Neaspoc e Ufop – apresenta-se uma amplitude das práticas sociais decorrentes do consumo de álcool e de drogas no passado brasileiro, que vão da cura ao crime, da alimentação ao amor, da medicina à religião, da farmácia ao folclore, da biopolítica à geopolítica. Sem ter a pretensão de esgotar o tema, a obra que o leitor tem em mãos procura revelar a riqueza de fontes documentais e de problemáticas de pesquisa referentes a um debate que é central para o mundo contemporâneo, conferindo a ele, através da história, necessária e urgente profundidade.

Transformações do significado da palavra "droga": das especiarias coloniais ao proibicionismo contemporâneo

Henrique Carneiro
Universidade de São Paulo

Algumas das principais riquezas buscadas no Oriente e na América durante a época das grandes navegações dos séculos XVI e XVII eram drogas. As especiarias das Índias orientais, como a pimenta, a canela e a noz moscada, assim como as das Índias ocidentais, como o pau-brasil, o açúcar e o tabaco, foram todas denominadas drogas pelos homens do período. É assim que o conhecido cronista das riquezas brasileiras, o jesuíta André João Antonil, no início do século XVIII, designa tais produtos em seu livro sobre a *Cultura e opulência do Brasil por suas drogas e minas* (1711). E assim também se expressa Affonso de Taunay ao escrever que, nos dois primeiros séculos da colonização, "teve o meio circulante brasileiro de ser constituído pela compra de moeda portuguesa e espanhola, em troca das drogas da terra exportadas" (Taunay, 1953, p.71) – diferentemente do México e do Peru, onde os metais preciosos cumpriram esse papel.

A palavra "droga" provavelmente deriva do termo holandês *droog*, que significava produtos secos e servia para designar, dos séculos XVI ao XVIII, um conjunto de substâncias naturais utilizadas, sobretudo, na alimentação e na medicina. Mas o termo também foi usado na tinturaria ou como substância que poderia ser consumida por mero prazer. Tal noção continua presente no *Diccionário da Lingua Portugueza Recopilada*, de Antonio de Moraes Silva, de 1813, que define droga como: "Todo o gênero de especiaria aromática; tintas, óleos, raízes oficiais de tinturaria, e botica. Mercadorias ligeiras de lã, ou seda".

Foram as plantas exóticas, as especiarias tão prezadas, o estímulo para os périplos da navegação. A existência de diferentes drogas nas diversas regiões da Terra foi a própria razão apresentada pelos homens daquele tempo para impulsionar o nascimento do comércio. Assim se expressava, por exemplo, Gaspar Barléu, um apologista da expansão do comércio holandês: "Admire-se nisto a sabedoria de Deus: quis que nascessem as drogas quentes nas regiões tórridas, e as frias nas regiões frígidas, sem dúvida para que, trocando-se os produtos necessários aos homens, se aproximassem os povos, obrigados pela míngua comum a tornarem-se amigos" (Barléu, 1974, p.8).

As "drogas quentes" das Índias orientais, "temperadoras dos frios", eram, entre outras, "a pimenta, o macís, a noz moscada, a canela, o cravo, o bórax, o benjoim, o almíscar, o estoraque, o sândalo, a cochonilha, o índigo, o bezoar, o sangue de drago, a goma-guta, o incenso, a mirra, as cubebas, o ruibarbo, o açúcar, o salitre, a goma-laca, o gengibre" (ibidem, p.8). O Brasil, escreve Diogo Lopes de Santiago, "ademais das drogas ordinárias, como o açúcar, o algodão, o ta-baco, o gengibre e outras, produz 'gomas e raízes' apropriadas à tinturaria e à medicina" (apud Melo, 1997, p.273-77). A cidade de Olinda, prevê o padre Simão de Vasconcelos, "crescerá ... conhecida, aplaudida, buscada de todas as partes do mundo por suas ricas drogas".

O fato das mais caras e preciosas mercadorias da época moderna terem origem oriental motivou os esforços portugueses para se contornar o sul da África, superando as linhas venezianas e árabes do transporte terrestre. Essa origem também se revestiu de uma série de significados simbólicos, que atribuíam às regiões mais generosamente banhadas pelo sol a capacidade de gerarem as substâncias cálidas que a teoria humoral hipocrático-galênica identificava como úteis para reequilibrar os perturbados organismos nórdicos. Assolados pelos úmidos invernos e carecendo dos produtos que, além de salpicarem o insípido da vida com fortes sabores e aromas, serviam como opulentas terapias para os males frios, os portugueses se lançaram a uma aventura marítima e comercial para abastecer a Europa das drogas da Ásia.

No Brasil, as duas drogas mais importantes dos dois primeiros séculos da colônia foram o pau-brasil e o açúcar. Além dessas duas, entretanto, as Índias ocidentais recém-descobertas logo se tornaram fonte de outras drogas quentes e aromas balsâmicos: copaíba, quina, ipecacuanha, cabreúva, pedras bezoares de antas e de porcos-espinho, cacau, tabaco etc. "O comércio ilícito de drogas e especiarias do Amazonas era tão lucrativo, diziam os contemporâneos, que enquanto as bancarrotas eram conhecidas entre os outros intendentes, eram raras entre os comerciantes no Grão-Pará e no Maranhão" (Maxwell, 1996, p.45).

Um outro holandês, Guilherme Piso, médico de Maurício de Nassau, durante seu governo em Pernambuco, reconhecia nas plantas do Brasil o bem mais precioso dessa colônia:

> Essas especiarias gratíssimas, tanto no aspecto como na forma (e, após estes ares pelo céu herdado, nenhum bem maior foi dado aos mortais), apresenta aos atuais e futuros habitantes de todo o enorme planeta novas fontes de boa saúde corporal e lisonjeira disposição dos sentidos, para defesa da vida; e ainda, caso tal se possa dizer, para prorrogar a fatal e irrevogável duração da existência. (Piso, 1948, p.XV)

A boa saúde do corpo, a lisonjeira disposição dos sentidos, a prorrogação da duração da vida, a aproximação dos povos por meio do comércio para suprirem suas carências mútuas: tais são as virtudes exaltadas, que levaram os europeus a buscarem em todo o globo as fontes mais ocultas das drogas quentes – que levavam o calor tropical para o norte, seguindo uma tradição que remonta à Antigüidade e que levou para a Europa substâncias como a mirra e outras resinas aromáticas, bálsamos e incensos que serviram de terapia e de unção sagrada para a liturgia crismática e para o ritual de sagração dos reis.

Para encontrar tais drogas, no entanto, foi preciso decifrar os arcanos das culturas indígenas, cujos representantes eram ciosos sabedores de virtudes ocultas das plantas e não se apressavam em revelálas, pois como escrevia Sebastião da Rocha Pita (1976, p.28), o "conhecimento dos seus efeitos nos ocultaram sempre os gentios, tenazes do segredo e avaros dos bens que lhes concedeu a natureza". E as formas de arrancar esse conhecimento e as próprias substâncias dos "gentios" não foram propriamente "amigáveis", como queria Gaspar Barléu, bastando lembrar os massacres perpetrados por Vasco da Gama ou Cortez, assim como a extirpação das árvores de cravo, efetuadas pelos holandeses nas ilhas Molucas para assim obterem o monopólio absoluto sobre as fontes de produção da especiaria.

Antes, portanto, de designarem os produtos vegetais, animais ou minerais usados como remédios, a palavra droga representou, no contexto colonial, um conjunto de riquezas exóticas, produtos de luxo destinados ao consumo, ao uso médico e também como "adubo" da alimentação, termo pelo qual se definiam o que hoje chamamos de especiarias.

Em muitos aspectos, a época colonial pode ser incluída entre as sociedades que não fazem uma distinção precisa entre droga e comida, equiparando-se assim às "muitas culturas (que) não fazem uma clara distinção entre alimento e remédio. Assim como um ocidental pode beber chá tanto como uma bebida agradável como para acalmar um estômago embrulhado, povos indígenas valorizam alguns alimentos tanto por suas qualidades medicinais como pelas nutritivas" (Balick & Cox, 1997, p.71).

Se na época colonial não se discriminava claramente a distinção entre droga e alimento, nos tempos atuais, aparentemente, as fronteiras entre esses dois conceitos são muito bem definidas e bem vigiadas. Uma análise mais profunda evidencia que as distinções não são "naturais", mas um recurso artificial de controle político e jurídico.

Álcool, açúcar, chá, café, coca, mate e chocolate não se distinguem do ponto de vista de sua natureza como produtos de consumo da cultura material. Os produtos da cultura material foram já definidos na sua relação com o corpo: os alimentos o nutrem, mantendo-o e reconstituindo-o, e o vestuário e a moradia abrigam-no a partir da pele como camadas envolventes de proteção e conforto. O papel das drogas na cultura material da humanidade, entretanto, é menos visível, menos enfatizado, embora a sua relevância seja enorme. O papel da farmacologia e, especialmente, da psicofarmacologia na história das civilizações não foi suficientemente sublinhado e pesquisado em todas as suas significações.

As drogas são os instrumentos mais eficientes para se obter prazer e para se combater a dor. Não apenas a dor física, para a qual os analgésicos são bálsamos, como também a dor psíquica, para a qual as drogas são consoladoras supremas. Por isso, como disse Sigmund Freud, as drogas ocupam um lugar de primeira importância na economia libidinal de todos os povos, ao ponto de chegarem a ser divinizadas. Muitas drogas são consideradas os próprios deuses corporificados (como no caso do vinho, visto como a representação de Dioniso/Baco, e como o próprio Cristo, cuja bebida simboliza, nas cerimônias, seu sangue). A capacidade de produção de estados de "intensidade", denominados êxtase, destinou às drogas o papel de gêneros de primeira importância na cultura religiosa e filosófica de quase todas as sociedades.

Ópio, *cannabis*, cogumelos, cactos, todas as formas de consumo do álcool, tabaco, café e chá são algumas dessas substâncias e plantas que têm uma importância se não igual, superior às plantas alimentícias, pois as drogas são alimentos espirituais, que consolam, anestesiam, estimulam, produzem êxtases místicos, prazer intenso e, por isso, instrumentos privilegiados de sociabilidade em rituais festivos, profanos ou religiosos.

Os estímulos estéticos, ou seja, dos sentidos, oferecem um programa do prazer para a vida humana. Os estimulantes sensoriais são importantes substâncias com relevantes e múltiplos papéis culturais. Seu uso constitui o imaginário da própria felicidade, numa conexão direta com o prazer sexual. Por tudo isso, as drogas são também objeto de um imenso interesse político e econômico. Seu domínio é fonte de poder e riqueza. Sacerdotes, reis, estados, a medicina e outras instituições sempre disputaram o monopólio do seu controle e a autoridade na determinação das formas permitidas de seu uso.

As drogas orientais, chamadas especiarias, impulsionaram o descobrimento da América e a circunavegação do mundo pela primeira vez. A produção do açúcar, do melaço e do álcool provocou a escravidão moderna e o deslocamento de mais de dez milhões de africanos para o novo continente. O tabaco e o chocolate foram monopólios reais e de setores do clero. A Inglaterra fez duas guerras contra a China para impor o livre comércio do ópio no século XIX.

O controle do fluxo dessas mercadorias tão importantes na história da humanidade articula interesses econômicos, políticos e culturais. Desde o início do século XX, o fenômeno do proibicionismo, que se iniciou com a proibição do comércio do álcool durante a Lei Seca nos Estados Unidos (que vai de 1920 a 1933) ou então, como hoje em dia, submetendo as drogas a uma legislação que permite algumas, como álcool, tabaco, café, produtos da indústria farmacêutica como benzodiazepínicos e antidepressivos, e proíbe outras, como os derivados do ópio, *cannabis*, coca, além de praticamente todas as plantas de usos sagrados nas culturas indígenas.

Desde o século XVI, a relação da Europa cristã revestiu-se de um esforço, em relação ao mundo colonial, de extirpação dos usos indígenas de drogas sagradas em prol de uma cosmovisão onde o vinho ocupava espaço privilegiado. O surgimento do sistema moderno de mercantilismo e dos estados absolutistas deu lugar preponderante ao grande comércio de álcool destilado, ao mesmo tempo que reprimia o uso de certas drogas nativas, especialmente as alucinógenas, chamadas por alguns antropólogos de "enteógenas", devido ao seu uso sagrado.

Além dos fermentados e destilados alcoólicos, outras substâncias nativas da América, África e Ásia integraram-se ao mercado mundial e tornaram-se peças-chave do sistema mercantilista e da acumulação primitiva de capital, com usos farmacológicos (quina) e psicofarmacológicos (tabaco, ópio, café, chá e chocolate). O seu papel na constituição da economia moderna é tão grande que o Brasil obteve a maior parte dos escravos africanos por escambo direto com a África, onde se trocavam homens por tabaco e aguardente. Até hoje, ainda so-mos o maior exportador de tabaco do mundo, a ponto do ramo florido dessa planta fazer parte do brasão nacional, ao lado do ramo frutificado do café.

Diante desse mercado, que inclui o das drogas psicofarmacológicas lícitas (ansiolíticos, sedativos, antidepressivos, estimulantes), o das drogas ilegais e o do tabaco, dos álcoois, do café, do chá e de outras substâncias de usos regionais (como o mate, o guaraná, o *kat*, a efedra, o bétel, a *kawa kawa*, a noz de cola etc.) e que constitui um dos maiores fluxos econômicos do mundo, o historiador que quer compreender a sua gênese depara com a ubíqua e contínua presença das drogas em cada cultura e de uma imensa rede de significados culturais, ritos e práticas de socialização nelas consubstanciadas.

O consumo de tabaco e álcool, assim como das drogas legais e ilegais em geral, passou a ser objeto de uma forte intervenção reguladora estatal desde o início do século XX, que redundou em tratados internacionais, legislações específicas, aparatos policiais e numa conseqüente hipertrofia do preço e do lucro comercial. Ao mesmo tempo, desenvolveu-se um imenso aparato de observação, intervenção e regulação dos hábitos cotidianos das populações. O dispositivo das políticas sexuais e raciais se constituiu em um dos fundamentos da luta ideológica nesse período. O controle dos hábitos populares tornou-se objeto de corporações policiais, teorias médicas, psicólogos industriais, administradores científicos. O surgimento do taylorismo e do fordismo foi concomitante aos mecanismos puritanos da Lei Seca e a discriminação racial de imigrantes serviu de pretexto para a estigmatização do ópio chinês e da *marijuana* mexicana nos Estados Unidos.

Um dos núcleos da atividade normatizadora da medicina sobre hábitos foi a campanha contra a masturbação desencadeada no final do século XVIII e intensificada no XIX. A masturbação foi o comportamento central atacado como paradigma do vício, da tentação, da perda do controle de si para si mesmo, especialmente a infanto-juvenil. Uma das matrizes das noções de intervenção médica e estatal sobre o controle do corpo origina-se dessas campanhas contra a masturbação. O médico mais representativo que diagnosticou no erotismo a pior das doenças foi o suíço Dr. Simon-André Tissot, cujo livro *Tentamen de morbis ex manustupration ortis* (Louvain, 1760), tornou-se referência oficial da opinião médica e pedagógica que identificava na masturbação a pior e a mais perigosa causa das doenças e dos óbitos. Tissot condenava, além da masturbação, toda prática que incorresse na imobilidade do corpo e na excitação da imaginação, como a leitura contínua. A denúncia da leitura incluiu-se na crítica geral às prática solitárias, e a medicina buscou infiltrar-se cada vez mais em todos os interstícios da subjetividade.

O lento declínio do consenso médico que considerava a masturbação uma doença grave fez que muitos profissionais continuassem a considerá-la nociva, causadora não mais de psicoses, mas de neuroses.

Freud escreveu diversos artigos defendendo essa posição e divergindo da opinião contrária de Wilhelm Stekel, que não via nenhum mal no hábito do prazer solitário. Em 1912, a discussão na sociedade psicanalítica de Viena acerca do onanismo culminou numa declaração diplomática de uma controvérsia que se prolongava há anos sobre a questão e, em particular, sobre a sua nocividade. Embora conclua que o tema do onanismo é "inesgotável", Freud esquiva-se de tomar partido na disputa de fundo sobre a nocividade da prática, contestada veementemente por Stekel.

Até os anos 40 do século XX, os manuais de pediatria norte-americanos continuaram a condenar as práticas masturbatórias e propunham como "terapia" a circuncisão completa das meninas, a cauterização do clitóris ou meios mecânicos de coerção (Szasz, 1978, p.214-41). Freud, por sua vez, afirmou, numa carta a Fliess, em 1897, que os hábitos compulsivos, os vícios, como fumar cigarro ou cheirar cocaína, eram todos derivativos da masturbação: "me ocorreu que a masturbação é um hábito fundamental, o 'vício primário', e que apenas como substituição é que aparecem os outros vícios – por exemplo, álcool, tabaco, morfina etc." (apud Szasz 1978, p.229). O combate cerrado à masturbação no século XIX, relaciona-se com as atuais campanhas contra as drogas como uma forma de "masturbação química".

Assim como na "droga", o conceito de "vício" deve ser investigado tanto na sua polissemia contemporânea como na sua constituição histórica. De um conceito moral abstrato, oposto à virtude, para uma noção de comportamento excessivo, especialmente de natureza sexual, recentemente adquiriu o sentido de um paradigma do abuso de drogas. A noção de um hábito ou de um costume, assim como os termos técnicos de adição ou dependência, usados para designar quadros de comportamentos considerados compulsivos ou obsessivos, abrange, contudo, esferas muito amplas da atividade humana. O sexo, o jogo, o trabalho, a comida, o esporte são todos comportamentos que podem revestir-se das características atribuídas ao vício. Definir vício não é uma tarefa fácil. Como distinguir hábitos de compulsões? Há hábitos não-compulsivos? Vícios são os maus hábitos e hábitos os bons costumes?

O vício, segundo o sociólogo Anthony Giddens, é "uma incapacidade de administrar o futuro". Todos os vícios seriam, nessa visão, "patologias da autodisciplina". Mas esse mesmo sociólogo inglês é obrigado a reconhecer a constatação de Michel Foucault de que a "invenção do viciado é um mecanismo de controle, uma nova rede de poder/conhecimento", assim como "um passo à frente na caminhada para a emergência de um projeto reflexivo do eu" (Foucault, 1993, p.88). Até mesmo a busca do desconhecido, a sede de aventura, quando levada ao extremo levaria ao vício. Como escrevia o médico francês Octave Doin, em 1889: "o estado mental tão especial dos hereditários, dos degenerados ... que consiste sobretudo numa apetência, numa sede de desconhecido e de sensações ainda não experimentadas. Esta sede do desconhecido se encontra, evidentemente, entre os indivíduos mais ponderados e é mesmo a base de todos os nossos conhecimentos científicos. Mas, no hereditário degenerado, esta busca é levada ao extremo e chega ao delírio" (apud Max Milner, 2000, p.180). Até a curiosidade experimental em geral, indispensável entre os homens de ciência, chegou a ser considerada pela medicina oitocentista como uma "predisposição neuropática hereditária (de) estudar a sua organização mental e experimentar sobre ela". A busca de sensações raras seria o sintoma dos "degenerados".

De alguma forma, todos somos viciados. Tudo pode viciar: coca-cola ou cocaína, álcool ou cafeína, aspirina ou dimetiltriptamina. Todos somos drogados. Mas existe, entretanto, uma dicotomia ideológica básica entre droga e fármaco (Basaglia, 1994), a primeira é vista como veneno e o segundo, como remédio, que fundamenta a definição de drogas ilícitas e lícitas. O divisor de águas, a matriz constituidora de todos os problemas decorrentes do uso de drogas ilícitas é o sistema da proibição. Ao compararmos drogas e alimentos, o que as diferencia é o regime jurídico e político que regula o direito à livre escolha. Não nos referimos aos obesos como viciados em comida, nem aos açougueiros ou às doceiras como traficantes de colesterol ou de açúcar. Não ocorrem tampouco proibições da propaganda desses alimentos ou a imagem de obesos e diabéticos nos pacotes de açúcar. Os alimentos e as drogas sempre se constituíram como os principais produtos da cultura material, em paradigmas da relação de si para consigo, ou seja, nos mecanismos auto-regulatórios da obtenção do prazer. São o terreno onde se desenvolve e se educa a vontade no exercício da autocontenção.

Referindo-se ao puritanismo na sua relação com o sexo e o prazer em geral, Max Weber explica a relação entre medicina e sexualidade escrevendo que: "os puritanos e os higiênicos racionalistas do sexo geralmente percorrem trilhas muito diferentes, mas se entendem nisso perfeitamente ... para o puritano, o especialista era o teórico moral, agora é o médico; mas, a reivindicação de competência para dispor sobre questões, que nos parece algo estreito, é, em sentidos opostos, a mesma em ambos os casos" (Weber, 1980, p.206).

A "competência" e a autoridade para "dispor sobre questões" é o que estabelece o espaço para o exercício do direito de escolha. O que comer, que remédio tomar, como se divertir, como enfrentar a dor. A questão política é a definição do âmbito da auto-regulação do indivíduo. A autonomia ou heteronomia das decisões humanas é o que está em causa, ligada à própria constituição da noção de reflexividade do eu e da plasticidade psíquica, cujo desenvolvimento seria uma das marcas típicas das conquistas no terreno das liberdades individuais da época contemporânea.

O consumo de drogas não é autonomamente franqueado aos indivíduos, mas regulamentado, normatizado, vigiado e, ao mesmo tempo, impingido, estimulado, propagandeado. Se algumas substâncias são proibidas e perseguidas, outras são vendidas e exaltadas. O âmbito da liberdade humana de decisão a respeito das práticas relativas ao próprio corpo é determinado pelas condições históricas do sistema de produção mercantil do capitalismo, no qual a própria essência do mecanismo de reprodução ampliada do capital baseia-se no incentivo às formas de consumo de mercadorias baseadas não num valor de uso intrínseco, mas num fetiche da forma-mercadoria que se sobrepõe à efetivas satisfações de demandas sociais. O consumo das mercadorias-fetiche é estimulado por complexos e cada vez mais poderosos mecanismos de criação de comportamentos de consumo compulsivo. A publicidade, municiada por técnicas comportamentalistas, como as desenvolvidas pelo fundador do behaviorismo John Watson para a indústria do cigarro, impinge o consumo compulsivo às pessoas.

Toda a relação com os produtos da cultura material é transformada em vício, programada em laboratórios de técnicas psicológicas e veiculada pela publicidade com apelos de consumo compulsivo. Assim criam-se, desde a infância, os viciados em marcas, tais como Mc Donald's ou Coca-Cola. O traço "espetacular" do capitalismo contemporâneo, identificado por Guy Debord, é a prevalência de uma cultura do simulacro, onde a produção de imagens preenche todas as telas e os cartazes com fetiches consumistas explorados por meio de técnicas publicitárias insidiosas e de propaganda sistemática como a grande compulsão hodierna, o vício máximo do consumo, a dependência das mercadorias como objetos que escravizam as pessoas.

Na época contemporânea, a imagem passou a ser o sustentáculo principal de um capitalismo pós-moderno, baseado em uma "economia simbólica", em que a fetichização geral da cultura anunciada pelos filósofos da escola de Frankfurt tornou-se geral e completa com a industrialização do entretenimento e do lazer, a padronização da alimentação e a importância crescente da propaganda (a "era do marketing"), o nome da marca tornando-se mais significativo do que o próprio produto (Fontenelle, 2002).

As psicoterapias tendem a enfocar a questão da droga a partir do prisma exclusivo de sua clínica, ou seja, de gente que busca auxílio, de quadros toxicômanos de dependência mórbida ou patológica de um hábito, muitas vezes sem perceber que tal diagnóstico abrange um sistema cultural, o da lógica do capitalismo tardio, marcado pela irracionalidade sistêmica do mercado e pela sua representação fetichizada como ideal de consumo compulsivo de mercadorias. Usos não-nocivos das drogas como técnicas vitais ou tecnologias corporais poucas vezes são considerados como típicos.

A recorrência histórica dos diversos usos de drogas como um recurso diante da depressão, um remédio para a angústia, um consolo para a dor de existir, um veículo extático, um lubrificante social ou uma via dionisíaca de vazão do instinto, da paixão e da festa lúdica, ressalta um outro aspecto epistemológico fundamental: a importância da experiência da consciência alterada quimicamente para a constituição da psicologia como ciência no século XIX, sobretudo no auxílio do questionamento da relação entre a consciência de si e a consciência do mundo, ou seja, na formação de uma experiência e de uma teoria da subjetividade, em cuja origem encontram-se todos os dilemas da crise do sujeito, cuja consciência de si foi denunciada como ilusão. A relação da noção da autonomia crítica do sujeito com o direito às experiências de alteração voluntária da consciência por meio de psicofármacos é o tema de fundo que perpassa todo o debate sobre consumo de drogas, regulamentações, proibicionismo, dependência etc.

Os dois pólos extremos de todo consumo humano são os mesmos que foram designados de bulimia e anorexia em relação à alimentação, mas que são, antes de tudo, modelos de estruturas de comportamento. Voltaire dizia que "todos os excessos são condenáveis, até mesmo os da abstinência". O excesso de moderação também é perigoso. A questão que permanece subjacente é qual o padrão de julgamento e a quem cabe julgar os limites e as fronteiras subjetivas de cada um. As fronteiras das autonomias, das liberdades e dos direitos individuais no âmbito neurofarmacológico ainda não foram ampliadas, continuando sob a guarda combinada das autoridades médicas e policiais. O terreno da farmacologia, assim como suas designações e nomenclaturas, tais como as do par fármaco/droga, é não só dos mais rentáveis como um dos mais propícios ao exercício do biopoder.

Referências bibliográficas

BALIC, Michael J.; COX, Paul Alan. *Plants, People, and Culture. Science of Ethnobotany. New York: Scientific American Library, 1997.*

BARLÉU, Gaspar, *História dos feitos recentemente praticados durante oito anos no Brasil.* Prefácio e notas de Mário Guimarães Ferri. Belo Horizonte, São Paulo: Itatiaia/Edusp, 1974. (Col. Reconquista do Brasil, v.5).

BASAGLIA, Franca Ongario. "*Fármaco/Droga*". In: *Enciclopédia Einaudi.* Lisboa: Imprensa Nacional-Casa da Moeda, 1994. v.23.

BELTRÁN, Gonzalo Aguirre. *Medicina y magia.* El processo de aculturación en la estructura colonial.México: FCE, 1992. (Obra Antropológica VIII).

BERRIDGE, Virginia. Dependência, história dos conceitos e teorias. In EDWARDS, Griffith; LADER, Malcolm. (Col.) *A natureza da dependência de drogas.* Porto Alegre: Artes Médicas, 1994.

BOXER, Charles R. *Os holandeses no Brasil (1624-1654).* São Paulo: Companhia Editora Nacional, 1961. (Brasiliana, v.312).

CARDIM, Fernão. *Tratados da Terra e gente do Brasil.* Belo Horizonte, São Paulo: Itatiaia/Edusp, 1980.

CARNEIRO, Henrique S. *Comida e sociedade.* Uma história da alimentação. Rio de Janeiro: Campus, 2003.

CARNEIRO, Henrique S. *Amores e sonhos da flora*. Afrodisíacos e alucinógenos na botânica e na farmácia. São Paulo: Xamã, 2002.

_______. *Filtros, mezinhas e triacas, as drogas no mundo moderno*. São Paulo: Xamã, 1994.

CHAST, François. *Histoire contemporaine des medicaments*. Paris: La Découverte, 1995.

DAGOGNET, François. *La raison et les remèdes*. Paris: PUF, 1984.

EDWARDS, Griffith; LADER, Malcolm. (Col.) *A natureza da dependência de drogas*. Porto Alegre: Artes Médicas, 1994.

ESCOHOTADO, Antonio. *Historia de las drogas*. Madrid: Alianza, 1989. 3v.

EVANS SCHULTES, Richard; HOFMANN, Albert. *Plantas de los dioses*. México: FCE, 1993.

FLANDRIN, Jean-Louis; MONTANARI, Massimo. (Org.) *Histoire de l'Alimentation*. Paris: Fayard, 1996.

FONTENELLE, Isleide Arruda. *O nome da marca*. McDonald's, fetichismo e cultura descartável. Rio de Janeiro: Boitempo, 2002.

FOUCAULT, Michel. *Últimas entrevistas*. O dossier. Org. Carlos Henrique Escobar. Rio de Janeiro: Taurus Editora, 1993.

FREUD, Sigmund. *O mal-estar na civilização*. São Paulo: Abril Cultural, 1978. (Col. Os Pensadores).

GIDDENS, Anthony. *A transformação da intimidade*. São Paulo: Edunesp, 1993.

GRUZINSKI, Serge. *La colonización de lo imaginario*. Sociedades indígenas y occidentalización en el México español. Siglos XVI-XVIII. México: FCE, 1993.

GUERRA, Francisco. *Historia de la medicina*. Madrid: Ediciones Norma, 1989. t.I.

HARWICH, Nikita. *Histoire du chocolat*. Paris: Desjonquères, 1992.

LAQUER, Thomas. *Inventando o sexo*. Corpo e gênero dos gregos a Freud. Rio de Janeiro: Relume Dumará, 2001.

LASCH, Christopher. *Refúgio num mundo sem coração*. A família, santuário ou instituição sitiada? Rio de Janeiro: Paz e Terra, 1991.

LINHARES, Temístocles. *História econômica do mate*. Rio de Janeiro: José Olympio, 1969.

MAXWELL, Kenneth. *Marquês de Pombal. Paradoxo do Iluminismo*. 2.ed. Rio de Janeiro: Paz e Terra, 1996.

MELLO, Evaldo Cabral de. *Rubro veio*. O imaginário da restauração pernambucana. 2.ed. Rio de Janeiro: Topbooks, 1997.

MILNER, Max. *L'imaginaire des drogues*. De Thomas De Quincey à Henri Michaux. Paris: Gallimard, 2000.

NARDI, Jean Baptiste. *O fumo brasileiro no período colonial*. Lavoura, comércio e administração. São Paulo: Brasiliense, 1996.

ORTA, Garcia da. *Coloquios dos simples, e drogas he cousas mediçinais da India, e assi dalguas frutas achadas nella onde se tratam alguas cousas tocantes amediçina, pratica, e outras cousas boas, pera sabe*. Goa: Ioannes de Endem, 1563.

ORTIZ, Fernando. *Contrapunteo cubano del tabaco y el azúcar*. Havana: Editorial de Ciencias Sociales, 1991.

PIGNARRE, Philippe. *O que é o medicamento?* Um objeto estranho entre ciência, mercado e sociedade. São Paulo: Editora 34, 1999.

PISO, Guilherme. *História Natural do Brasil ilustrada*. Trad. Alexandre Correia, seguida do texto original, *De Medicina brasiliensi*, da biografia do autor por Affonso de Taunay, e de comentários sobre a sua obra. Edição comemorativa do primeiro cinqüentenário do Museu Paulista. São Paulo: Companhia Editora Nacional, 1948.

PITA, Sebastião da Rocha. *História da América Portuguesa*. Introd. e notas de Pedro Calmon. Belo Horizonte, São Paulo: Itatiaia, Edusp, 1976.

RIBEIRO, Márcia Moisés. *A ciência dos trópicos*. A arte médica no Brasil do século XVIII. São Paulo: Hucitec, 1997.

SANTIAGO, Jésus. *A droga do toxicômano*. Uma parceria cínica na era da ciência. Rio de Janeiro: Zahar, 2001.

SCHIVELBUSCH, Wolfgang. *Histoire des stimulants*. Paris: Le Promeneur, 1991.

SEIBEL, Sérgio Dario; TOSCANO JUNIOR, Alfredo. (Ed.) *Dependência de drogas*. São Paulo: Atheneu, 2001.

SOUSA, Gabriel Soares de. *Tratado descritivo do Brasil em 1587*. 4.ed. São Paulo: Companhia Editora Nacional, Edusp, 1971. (Col. Brasiliana, v.117).

STUBBS, Jean. *Tabaco en la periferia*. Havana: Editorial de Ciencias Sociales, 1989.

SZASZ, Thomas. *La persécution rituelle des drogués, boucs émissaires de notre temps*. Le contrôle d'État de la pharmacopée. Paris: Editions du Lézard, 1994 (Cerimonial Chemistry, 1974).

_______. *Notre droit aux drogues*. Paris: Editions du Lézard, 1994.

_______. *A fabricação da loucura*. Um estudo comparativo da Inquisição e do movimento de Saúde Mental. 2.ed. Rio de Janeiro: Zahar, 1978.

TAUNAY, Affonso de E. *História da Cidade de São Paulo*. São Paulo: Melhoramentos, 1953.

THIEBLOT, Marcel Jules. *Poaia, ipeca, ipecacuanha. A mata da poaia e os poaieiros do Mato Grosso*. São Paulo: Escola de Folclore/Livramento, 1980.

WEBER, Max. *A ética protestante e o espírito do capitalismo*. São Paulo: Abril Cultural, 1980. (Col. Os pensadores).

WERTHEIMER, Michael. *Pequena história da psicologia*. 4.ed. São Paulo: Ed. Nacional, 1978.

WILBERT, Johannes. *and shamanism in South America*. Yale University Press, 1987.

Da etiqueta canibal: beber antes de comer

Ronald Raminelli
Universidade Federal Fluminense

Tradicionalmente, concebe-se o início da história da antropologia somente quando se fundiram teoria e prática no trabalho de campo. O emprego de reflexões filosóficas para o entendimento da cultura e da sociedade produziu teorias e métodos, formando um saber autônomo em relação às demais ciências. A etnografia produzida por não-profissionais estava, porém, excluída dessa disciplina, formando-se uma fronteira entre a antropologia acadêmica e as práticas etnográficas. Esse enquadramento relegou ao esquecimento inúmeras reflexões consideradas como meras narrativas de viagem, correspondências ou documentos da administração colonial. Os estudos de Pels & Salemink (2000, p.53-81) demonstram que a antropologia não se forjou somente a partir de conceitos e idéias oriundas da academia. Exemplo curioso e convincente é a história do conceito de "fetichismo", oriundo do comércio feito pelos holandeses com as comunidades da África ocidental.

A expansão marítima e as Conquistas promoveram o convívio entre europeus e povos diversos, criando oportunidades de reflexão e comparação entre costumes e ordenamentos sociais (Raminelli, 2001). O domínio sobre os povos do além-mar dependia da sensibilidade e observação de agentes coloniais. Missionários e colonos redigiram relatórios capazes de instrumentalizar tanto intervenções em busca de aliados quanto empreendimentos bélicos. Os temas coloniais, por certo, forjaram conhecimento que, mais tarde, seria indispensável para a antropologia acadêmica, razão para relativizar a fronteira entre prática etnográfica e ciência antropológica. Neste capítulo, analiso como colonos e missionários perceberam o emprego da bebida nos rituais de tupis e aproveito a oportunidade para pontualmente indicar como a documentação quinhentista tornou-se central nas análises sobre a cultura tupinambá.

A mandioca era cultivada em todas as searas da colônia e logo seria também parte da culinária africana. Era mantimento mais ordinário, considerado pão da terra, alimentava índios e brancos, substituindo o trigo na mesa dos primeiros colonos. Fernão Cardim comparava a mandioca à cenoura, apesar de mais grossa e mais comprida. A planta, porém, possui ramos verdes e tenros, miolo branco e certos nós, onde se quebram com facilidade. Para cultivá-la, bastava enterrar em pequenas covas um pedaço de ramo. Após cerca de seis a nove meses, o arbusto estava maduro com grossas raízes que eram o próprio mantimento.

Debaixo da terra, as raízes duravam quase oito anos, tornando-se cada vez mais grossas. Por isso, dispensavam a conservação em celeiros. Para consumir uma raiz bastava desenterrá-la; estava sempre fresca. A mandioca engordava todos os animais, mas ao homem provocava muitos danos se consumida crua.

A culinária indígena transformava as grossas raízes em vários produtos. Em forma de farinha, sustentava guerreiros e viajantes por longas jornadas, e eram transportadas em cabaças. Depois de curtidas na água, essas raízes eram colocadas em caniços ao fumo, onde se enxugavam e secavam de maneira que se guardavam sem corrupção. Para ingeri-las, eram pisadas em pilões grandes até tornarem-se farinha muito alva, que mais parecia trigo, produto que originava um biscoito empregado por índios e portugueses como alimento de guerra. Diferentemente da mandioca, o aipim não matava caso fosse ingerido cru. Cozido ou assado, originava farinhas e beijus, ainda comuns na culinária nordestina. Com essa espécie, os índios faziam uma bebida, que, segundo Cardim, "é tão fresco e medicinal para o fígado que ele se atribui não haver entre eles doentes do fígado" (Cardim, 1997, p.110-13).

Como o jesuíta português, o huguenote Jean de Léry descreveu essas raízes demonstrando enorme conhecimento dessa planta nativa que logo se tornou alimento básico de europeus radicados em terras brasílicas. Durante o preparo, as mulheres arrancavam-nas do solo, secavam-nas no fogo e somente depois ralavam para fazer uma farinha muito alva. Para beneficiar a mandioca, elas usavam frigideiras de barro, onde faziam a uhi antam, farinha dura e seca consumida como suprimento nas expedições guerreiras, e a uhi pon, que era mais agradável e semelhante ao miolo de pão branco. Quando dissolvidas em água, formavam uma papa muito apreciada. O vegetal requeria, porém, habilidade no preparo: alimentava, mas também provocava a morte. A raiz ressecada perdia o caldo venenoso e tornava-se adequada ao consumo. O aipim, contudo, não fornecia apenas farinhas, podia ser assado na brasa ou fogo e, ao contrário da mandioca, não era venenoso (Léry, 1994, p.237-56).

As roças de mandioca e aipim sustentavam da casa grande à senzala e, logo no início da colonização, seriam introduzidas por portugueses quinhentistas no Congo e em Angola. Essas plantas possuem calorias em abundância, são riquíssimas em carboidrato, além de exigir poucos cuidados na lavoura. Nos territórios americano e africano, eram preferidas para a alimentação de escravos, por serem resistentes às formigas, praga denunciada por vários testemunhos como a verdadeira maldição. Provenientes de terras brasílicas, essas roças alcançaram a África central a partir do rio Congo e, em seguida, a costa norte da Guiné, mas somente no século XVII chegaram a

São Tomé e Príncipe. Com intenso tráfico negreiro, o cultivo finalmente estabeleceu-se em Moçambique e ao longo da costa africana oriental durante o século XVIII. Disseminou-se com tanta rapidez por território africano que alguns testemunhos consideraram-nas como nativas, recusando, portanto, a origem americana. Devido à ausência de registros anteriores à viagem de Colombo, não há como negar que a disseminação dessas lavouras resultou da expansão marítima européia e da integração dos litorais africano e americano (Russell-Wood, 1992, p.166-8).

Em vários episódios, missionários católicos, marcadamente jesuítas, comentaram que, a princípio, a mandioca era desconhecida entre os índios. Seria são Tomé o difusor do produto entre os americanos que logo se tornaria base alimentar. Nessa viagem mítica pela América, o apóstolo, além de viabilizar a sobrevivência dessas populações, revelou-lhes os ensinamentos divinos e iniciou o processo de conversão, que mais tarde seria retomado pelos próprios jesuítas (Holanda, 1985, p.104-25).

Para além da origem quase sagrada, nem sempre essas raízes conduziram os ameríndios ao caminho do cristianismo. Desde o início da colonização, a mandioca tornou-se tema debatido entre missionários, cronistas e viajantes, pois ora alimentava cristãos ora conduzia tupis ao estado de embriaguez, à guerra e ao canibalismo. Em princípio, o vegetal era alimento cristão e único traço ainda preservado entre as comunidades nativas da catequese empreendida, em priscas remotas eras, pelo apóstolo São Tomé. As mesmas raízes, porém, levavam os índios às borracheiras, aos desregramentos, ao aniquilamento dos princípios cristãos, desvirtuavam a conversão e deixavam, segundo os missionários, as almas dispostas a ouvir a voz do "senhor de todos os males".

Consumida em importantes momentos, a bebida provinha de diferentes plantas. As mais apreciadas eram as feitas de mandioca, doce ou amarga, de milho e de caju. Somente as mulheres podiam prepará-las, os homens que executassem a tarefa eram considerados ridículos, além de arruinar a bebida ou tirar-lhe a virtude. De preferência belas, as moças eram encarregadas desse trabalho com a vigilância das mais velhas e, assim, mascavam frutas e misturavam-nas à saliva, provocando a fermentação. As propriedades inebriantes dependiam dessa operação, revestindo-se, aos olhos dos tupinambás, de significação mística (Métraux, 1979, p.171-4). As mulheres, porém, deveriam ser virgens ou ao menos guardar a castidade durante certo tempo.

Na Baía de Guanabara, Jean de Léry tentou produzir a bebida, recorrendo a um método mais limpo: "Para nós, desde o início em que estávamos naquele país, pensamos em evitar a mastigação de quando estas mulheres selvagens faziam o cauim" (Léry, 1994, p.254). A experiência de pilar mandioca, evitando a mastigação, não deu bom resultado, confessou o huguenote. Faltava um ingrediente indispensável, a saliva, apesar do nojo provocado entre os visitantes. Aos poucos eles se acostumaram com o procedimento, pois um processo semelhante, e não menos limpo, também era empregado na produção do vinho. As uvas, contou Léry, eram amassadas com pés nem sempre asseados. Assim, quando comparado à produção do vinho de uva, o cauim era muito mais aprazível por resultar da mastigação de belas jovens.

No Maranhão, o próprio comandante francês Rasilly considerou a bebida nativa excelente, com gosto picante e bem agradável (d'Abbeville, 1614, p.302). Lá não eram a mandioca e o aipim os ingredientes mais apreciados nas borracheiras, mas o caju, *acaiou*. Produzia-se a bebida durante todo o tempo da colheita da fruta, que durava entre quatro e cinco meses por ano. Os frutos esponjosos e cheios de sumo eram espremidos e o líquido – chamado de acaiou-caouin – mais parecia vinho branco francês, que quanto mais velhos melhores (d'Abbeville, 1614, p.301). Os potiguaras, os caetés e os tabajaras disputavam as plantações de caju nas proximidades do litoral nordestino. Os primeiros controlavam-nas movidos pelo amor ao caju e às bebedeiras: "Essa fruta amadurece somente uma vez por ano, a saber, em dezembro e janeiro, na qual época os índios, por amor ao caju, não têm gosto pelo trabalho" (Herckman, 1886, p.276). Depois de fabricar grande quantidade de "vinho", pouco se preocupavam com os afazeres do dia seguinte. A bebida ficava em grandes vasos de barros, confeccionados por mulheres exclusivamente para as solenidades. Com o gargalo estreito, eram enormes, bojudos e capazes de conter entre 40 e 50 potes. Para as festividades as mulheres preparavam entre 15 e 20 vasilhames (d'Abbeville, 1614, p.302).

Quando não mais havia caju, produzia-se outra bebida, igualmente muito forte, denominada caouin-été. Com raízes de macachet que eram fervidas em enormes vasilhas, as índias produziam essa iguaria. Deixavam as raízes esfriar para mastigá-las e cuspi-las em outro recipiente de barro. Misturavam a massa com água e levedura de farinha de milho, fervendo até o completo cozimento. Não se podia tomar a bebida em seguida, pois era preciso esperar a parte mais sólida assentar. A karacou era uma outra bebida, doce, preparada a partir de raiz de mandioca (manioch-caue) mastigada, farinha de milho e água. Fervida em panela de barro, tornava-se caldo espesso, semelhante a uma sopa, no qual se adicionava milho cozido e mastigado, formando um caldo mais claro e fluído (d'Abbeville, 1614, p.302).

Anchieta ainda mencionou o costume tupinambá de produzir "vinhos" empregando abacaxis. Como não sabia nomear, descreveu-os como fruto à moda de pinha, cujas folhas eram como babosa, cheiravam como melões e carregavam muito sumo. O "vinho que os índios fazem deles é muito forte e se toma a miúdo dele" (Anchieta, 1988, p.438). Provenientes do sertão, as jabuticabas eram frutas raras, caracterizavam-se pela casca, gosto e forma de "uva ferral". Cardim comentou que desta fruta os índios faziam vinho e o cozinhavam como o de uvas (Cardim, 1997, p.98). O "vinho" branco era ainda oriundo de palmeira, árvores tão admiráveis quanto misteriosas, pois representavam a cruz, a Igreja Católica e as demais criações de Deus. De seu tronco os maranhenses extraíam vinho branco, vinagre e aguardente (d'Abbeville, 1614, p.220-1).

Em Cabo Frio, André Thevet teve contato com um morbixauaçu que o presenteou com farinha de raízes e cauim, bebida produzida com avati, espécie de sorgo. Eram grãos pretos e brancos que mais pareciam ervilhas. Com outras raízes, confeccionavam bebida de coloração semelhante ao vinho clarete. "Esta beberagem é muito apreciada pelos selvagens, que com ela se embriagam, tomando-a como nós outros bebemos vinhos, conquanto seja o cauim espesso como mosto de vinho" (Thevet, 1978, p.89).

Nas capitanias do litoral sul, o cauim era bebida fermentada produzida a partir da mistura de caldo extraído da mandioca e saliva de jovens índias. Consumia-se o líquido em vários momentos da vida social e religiosa tupinambá. As bebedeiras eram freqüentes no nascimento, na primeira menstruação das moças e na perfuração do lábio inferior dos mancebos. Para além de ritos de passagem, eles consu-miam cauim em cerimônias mágicas realizadas nos momentos anterior e posterior à guerra. O estado de embriaguez marcava igualmente as cerimônias canibalescas, o trabalho coletivo da tribo na roça do chefe e as assembléias. Havia, enfim, dias especiais de festas, quando bebiam durante dois a três dias, sem ingerir nenhum alimento. Para torná-las ainda mais animadas, cantavam e percorriam todas as casas, conclamando os vizinhos para os bailes e músicas, convidando-os também para a ingestão da bebida fermentada. Depois de bêbados, faziam muitas algazarras e quebravam a cabeça uns dos outros, além de tomar mulheres alheias, reprovava Cardim (1997, p.169).

Para além dos ritos de passagem, o consumo de bebidas era indispensável durante os trabalhos coletivos nas hortas do chefe.Freqüentemente, os principais distribuíam mantimentos entre seus comandados, comentou Yves d'Evreux, e por essa razão deviam ter grandes hortas que deveriam ser cultivadas. Para que todos participassem dos trabalhos na terra, os chefes ofereciam cauinagem geral. Isso era feito com grande alegria, em uma ou duas manhãs. Todos degustavam da bebida e se gostassem compunham canções cantadas ao som dos maracás: "Ó vinho, bom vinho, nunca teve algo parecido, ó vinho, bom vinho, nós o beberemos à vontade, ó vinho, bom vinho, nós não o acharemos com a preguiça". E chamavam de preguiçoso o vinho que não tinha força de rapidamente os embriagar (d'Evreux, 1985, p.61-2).

Esses testemunhos nos permitem entender que a bebedeira era investida de caráter religioso, pois os nativos consumiam cauim nos ritos de passagem, em momentos decisivos para a comunidade, como nas guerras e nos festins canibais. A partir desses dados, Alfred Métraux (1979, p.171-4) desenvolveu argumento sobre o caráter sagrado da bebida entre os tupis. O consumo era, portanto, cercado de regras e in-terdições capazes de guiar os indivíduos durante os ritos. Os testemunhos fornecem tantos detalhes sobre o consumo alcoólico que se tornou evidente a centralidade da bebida na cultura tupi.

Para beber, era preciso atingir a puberdade, pois o consumo do cauim era expressamente proibido às crianças. Nenhum mancebo se casava antes de capturar o inimigo, permanecendo virgem até que o tomasse e o matasse. As moças não conheciam homens antes da menarca, que era festejada com grandes festas e bebidas, rito que as introduzia no mundo adulto. Depois de casados, os rapazes "começavam a beber, porque até aí não consentiam seus pais, ensinando-os que bebessem com tento, e fossem considerados e prudentes em seu falar, para que o vinho lhe não fizesse mal, nem falassem cousas ruins...". Empregando uma cuia, os velhos lhes davam o primeiro vinho e seguravam-nos pela cabeça para não vomitar o líquido, pois caso acontecesse não seriam considerados valentes (Cardim, 1997, p.168).

Enfim, o jovem somente considerava-se núbil a partir da participação na borracheira organizada para festejar a própria virilidade. O rapaz apresentava-se, nessa ocasião, inteiramente pintado e recoberto de ornamento plumário.

Nos festejos, os adultos bebiam durante vários dias até o término de todos os potes de cauim. Esgotado o cauim da primeira cabana, os índios passavam às seguintes. Cada cabana preparava a sua própria bebida que seria consumida por toda a aldeia. Segundo Hans Staden, as reuniões aconteciam rotineiramente uma vez por mês, quando eles percorriam todas as cabanas até os suprimentos terminassem (Staden, 1999, p.149). Nesse tempo, não se comia– a ingestão de sólidos era proibida e somente era permitido festejar o vinho. Os moradores vizinhos recebiam convite para também desfrutar da bebida e, na data marcada, chegavam em grande quantidade. Entravam na aldeia e dançavam alegremente com enfeites de pena e maracá à mão. Demonstravam muita habilidade para a dança, mas eram insuperáveis nas bebedeiras, destacou Claude d'Abbeville. O frei relatou que não bebiam sempre, somente em dia de reunião festiva, como quando matavam prisioneiros para comer ou quando decidiam a guerra, quando se reuniam para tratar de questões importantes ou por mero prazer. Do contrário, acreditava-se, se não houvesse celebrações etílicas, as decisões poderiam ser malsucedidas (d'Abbeville, 1614, p.303).

No dia festivo, todos se dirigiam à maloca onde haveria mulheres para servir a bebida. Pronta na véspera, a bebida deveria ser aquecida em grandes panelas antes de ser ofertada ao convidados. A bebida era consumida morna. Depois de aberto o primeiro pote, iniciava-se a cerimônia da cauinagem, contando com a participação de homens e mulheres adultos. Os velhos permaneciam em redes, conversavam e fumavam cachimbos (petunoire); os demais cantavam e dançavam com maracás. As mulheres ficavam com os maridos e juntos faziam um barulho incrível: "fazem um par e juntos fazer um barulho inacreditável" (d'Abbeville, 1614, p.303). Os hóspedes dançavam cada qual por si, passavam diante das moças e recebiam, nessa ocasião, uma cuia cheia de bebida. Improvisavam-se canções, recitadas aos sons dos maracás durante as voltas em torno das malocas. Os velhos recebiam tratamento especial, eram os primeiros a se sentar e a receber a bebida, pois desfrutavam de honrarias de guerreiros reconhecidos, sobretudo aqueles aparentados ao anfitrião. Durante a borracheira, todos dançavam, cantavam e assobiavam e, assim, encorajavam-se e exortavam-se reciprocamente a manterem-se valorosos e fazerem muitos prisioneiros de guerra. Gabriel Soares de Sousa também percebeu a inexistência de fronteiras entre homens e mulheres durante o consumo de cauim: "Esse gentio é muito amigo do vinho, assim machos como fêmeas..." (Sousa, 1987, p.311). As mulheres poderiam beber tanto quanto os homens, pois ao servir a bebida não se esqueciam de provar e bebericar na mesma medida dos homens (Léry, 1994, p.251).

As moças solteiras serviam o cauim em cuias, compostas de metade de uma cabaça. Todos bebiam e cantavam, mas "não comem nada enquanto bebem, o que fazem de maneira que vêm a cair de bêbados por esse chão". A borracheira levava a desatinos, segundo Gabriel Soares, provoca brigas, acirrava ciúmes e impunha castigos contra as mu-lheres. Como forma de preservar as fêmeas, os homens metiam-se em brigas que, por vezes, resultavam em mortes (Sousa, 1987, p.311). Os ânimos inflamavam-se na proporção das cuias tomadas e as rixas eram freqüentes, por reinar liberdade sexual em demasia, admoestou Fernão Cardim: "de bêbados fazem muitos desmanchos, e quebram as cabeças uns aos outros, e tomam as mulheres alheias, etc." (1997, p. 169).

O bom vinho era aquele que logo embriagava e provocava vômito, melhor pretexto para continuar a beber. De fato, os índios bebiam durante três dias e três noites e, depois de saciados e completamente bêbados, vomitavam e colocavam tudo para fora. De estômago vazio, estavam dispostos a começar tudo novamente – se não o fizessem, eram considerados efeminados. Léry não deixou de perceber que havia uma regra na ingestão de bebida, uma etiqueta tupinambá: "O que é ainda mais estranho e é preciso pontuar é que entre os tupinambás não comem nada durante suas bebedeiras" (Léry, 1994, p.250).

A bebida fermentada era particularmente violenta para as mulheres, que se entregavam a contorções grotescas e se comportavam como possessas, fazendo macaquices (*singeries*) que provocavam risos. O frei Yves d'Evreux confessou nunca ter se divertido tanto quando presenciou uma dessas bebedeiras. Alteradas, as mulheres esgrimavam-se umas contra as outras, empregando copos (*gobelets*) cheios de vinho. Consumiam um após o outro, "fazendo mil caretas e gestos" (d'Evreux, 1985, p.62). A cauinagem constituía única oportunidade de mulheres de dançar lado a lado aos homens, pondo-lhes a mão nas ilhargas. Os maranhenses não passavam um só dia sem dançar, eram os maiores dançarinos do mundo, considerou d'Abbeville. Quando não estavam em guerra, passavam boa parte da vida no ócio e, no tempo restante, empregavam-se na dança, nas festas, na caça e na pesca. As moças e as mulheres, porém, nunca dançavam com os homens, exceto durante a cauinagem. Mas nada havia de desonestidade nos bailes: "também não vemos tantos escândalos e maledicências que cheguem aqui pelas danças plenas de lascívia e dissoluções (d'Abbeville, 1614, p.299).

O frei d'Abbeville, porém, descreveu com cores tenebrosas as cerimônias nativas. Nunca sentiu tamanho espanto, comentou o francês, quando entrou em uma cabana onde realizavam a cauinagem. Inicialmente deparou com grandes vasilhames de barro cercados de fogo e com a bebida fumegando; em seguida, viu homens e mulheres enfeitados de penas multicoloridas. Alguns estavam deitados e pela boca e pelas narinas exalavam fumaça de tabaco; outros dançavam, saltavam, cantavam e gritavam. A seus olhos, mais pareciam símbolos ou figuras infernais. E se o Diabo se deleitava na companhia de Baco e buscava por meio da dança perder as almas, por certo comprazia-se infinitamente dessas cerimônias. Os índios sempre pertenceram ao Diabo, razão para a barbárie, crueldade e embriaguez. Eles somente encontravam satisfação em dançar e "cauinar" quando se apresentava uma oportunidade. Durante dois a três dias seguidos, sem repouso, nem para dormir, até que todos os potes se esvaziassem. E o que era mais estranho, eles bebiam e fumavam sem comer o que quer que fosse (d'Abbeville, 1614, p.239).

O missionário francês certamente desconhecia as cartas jesuíticas endereçadas a Roma. Mesmo assim, compôs um retrato da cauinagem que em nada se difere do produzido por José de Anchieta em 1555, quando de São Vicente escreveu a Inácio de Loyola. Contou que viu seis mulheres nuas no terreiro que cantavam "a seu modo e fazendo tais gestos e meneios que pareciam os mesmos diabos: dos pés à cabeça estavam cheias de penas vermelhas; em suas cabeças traziam umas como carochas de pena amarela; em as espaldas levavam uma braçada de penas que parecia com de cavalo, e por alegrar a festa tangiam umas flautas que tem feito as das canelas dos contrários quando os hão de matar. Com estes trajes andavam ladrando como cães e contrafazendo a fala como tantos momos que sei a que os possa comparar...". Essas cerimônias antecipavam em sete ou oito dias a execução do prisioneiro e o festim canibal (Anchieta, 1954, p.386). O jesuíta não se contentou em narrar ao superior da ordem religiosa as similaridades entre os ritos indígenas e os festins diabólicos tão em voga na Europa da Contra-Reforma. Recorrendo ao teatro, exibiu aos catecúmenos o repúdio cristão à bebedeira, considerada aliada dos diabos e devastadora à conversão das almas. As festas de cauim eram um retrocesso, produtoras de hereges e fiéis ao demônio. No célebre "Auto de São Lourenço", o Guaixará, o rei dos diabos, tornou-se personagem capaz de sintetizar todo repúdio do jesuíta aos males da bebida. O texto era uma denúncia explícita aos males da bebida:

Meu sistema é agradável
Não quero que seja constrangido,
nem abolido,
Pretendo
alvoroçar as tabas todas.

Boa cousa é beber
até vomitar cauim
Isso é a apreciadíssimo
Isso se recomenda
isso é admirável. (Anchieta, 1948, p.25)

O teatro anchietano evidencia as ameaças dos demônios e a premente conversão das almas. Apesar da ênfase na demonologia, inúmeras vezes o missionário forneceu elementos indispensáveis para a compreensão do uso da bebida na cultura tupi. Nas últimas décadas, a historiografia enfatizou a estratégia jesuítica para conversão das almas. O debate fazia-se em torno da imagem do índio, da conversão e do combate à escravidão. As análises em torno de interesses materiais e espirituais da ordem esconderam, porém, aspecto da maior relevância, ou seja, a capacidade de reflexão sobre os costumes locais. Antes dos tupinólogos, os missionários criaram um modelo de explicação para os rituais tupinambás que se tornaria fundamental para o trabalho dos antropólogos da atualidade. Para além da demonização, a rede jesuítica trocou cartas e histórias, disponibilizando à Companhia de Jesus enorme acervo informativo.

Direcionada a Roma, a correspondência permitia à cúpula da ordem religiosa intervir a distância, formar novos quadros para atuar e converter os povos. A centralidade era o principal motivo para relatar o cotidiano, os entraves, os sucessos, as peculiaridades, enfim as experiências vivenciadas no ultramar. Provenientes de mundos apartados, a correspondência e as publicações eram indispensáveis ao bom andamento de projetos de conversão do gentio, seja ele chinês, japonês, congolês ou tupinambá (Raminelli, 2001).

Nesse sentido, as reflexões de José de Anchieta mostram-se reveladoras de uma enorme sensibilidade etnográfica. Por detrás da linguagem dos contrários, da luta entre o bem e o mal, o missionário percebeu uma lógica que unia o cauim, a vingança, o canibalismo e a guerra, explorando o intricado mecanismo que conduzia suas ovelhas para longe da catequese. Antes do festim canibal, os índios bebiam e relembravam os atos de bravura, exaltavam a vingança e a luta contra os inimigos. Os nossos catecúmenos, afirmava o padre, ao evitar o cauim, apartavam-se um pouco dos seus antigos costumes. Do cauim provinham os males que desencadeavam todos os demais, ou melhor, o canibalismo e a guerra. De fato, prosseguiu o jesuíta, quando bêbados, eles renovavam as memórias dos males passados e vangloriavam-se dos feitos. Em seguida, tornavam-se ardentes os desejos de matar o inimigo e de comer carne humana: *Dum enim cum maxime ebrii sunt, praeteritorum malorum memoria excitatur, in quibus cum gloriari coeperunt, continuo hostium interficiendorum desiderium et carnis humanae fames exardescit* (Anchieta, 1954, p.176).

Como Anchieta, o antropólogo Eduardo Vieira de Castro afirmou que o cauim de milho e mandioca excitava a memória de vingança e promovia a continuidade da tradição tupinambá: "admiravelmente constantes em sua inconstância" (Viveiros de Castro, 1992, p.62). Para entender a alma selvagem, Viveiros de Castro recorreu aos escritos jesuítas sobre os ritos canibais e das bebidas no complexo da guerra tupi. Para Anchieta, preocupado com os entraves à catequese, o cauim desencadeava a desordem, ou melhor, conduzia os catecúmenos ao passado, ao tempo anterior à conversão, mantinha a "inconstância da alma selvagem". Extinguir a cauinagem era o meio de viabilizar a catequese e prosseguir a expansão da cristandade. O cauim tornava-se o motor da tradição, promotor das resistências e tão inimigo dos padres quanto o rei dos diabos, o Guaixará. Os vínculos dessa trama não se encontram com a mesma clareza nos demais testemunhos.Os soldados da Companhia de Jesus perceberam as artimanhas da tradição e promoveram, tempos depois, uma reflexão ainda mais sofisticada. Em 1610, o padre Jácome Monteiro escreveu a *Relação da província do Brasil* e retomou a sábia argumentação de Anchieta:

> Um dos mores apetites, que tem esta nação, é a matança dos inimigos, pelo que fazem extremos, donde nasce meterem-se com facilidade em evidentes perigos de morte, à conta de serem havidos por esforçados, que entre eles é a suprema honra e felicidade, tomando novos nomes, conforme aos contrários que matam, dos quais chegam alguns a ter cento e mais apelidos, em os relatar são miúdos, porque em todos os vinhos, que é a suma festa deste gentio, assi recontam o modo com que os tais nomes alcançaram como se aquela fora a primeira vez que tal façanha acontecera: e daqui vem não haver criança que não saiba os nomes que cada um alcançou, matando os inimigos, e isto é o que cantam e contam. Contudo os cavaleiros nunca fazem menção dos seus nomes, como mataram, como entraram na cerca dos imigos, como lhe quebraram as cabeças. Assim que os vinhos são os memoriais e crónicas de suas façanhas. (Monteiro, 1949, p.409-10)

Os vinhos atuavam como crônicas, preservavam o passado, as matanças, as bravuras. Permitiam aos cavaleiros lembrar de nomes esquecidos, de inimigos executados, de feitos memoráveis. A embriaguez reativava a tradição, imortalizava ou ressuscitava os mortos e o orgulho dos campos de batalha. Conclamava a vingança e a guerra sem fim. Em sociedades iletradas, pensava o padre Monteiro, a cauinagem era um meio de reativar os heróis, os bravos cavaleiros. Comparáveis às crônicas portuguesas, o cauim guardava o passado. No tempo de João de Barros e Diogo do Couto, cronistas dos feitos portugueses no Oriente, as crônicas eram testemunhos da valentia e da fidelidade ao rei, realizações que por vezes seriam lembradas pelos próprios protagonistas ou por seus descendentes nas petições dirigidas ao "el-Rei", pois a crônica era parte da lógica de petições e atribuição de mercês (Olival, 2001). Apesar da sensibilidade etnográfica, os jesuítas não poderiam conceber os tupinambás com feições fora de seus próprios padrões.

Deve-se destacar, enfim, os preciosos subsídios fornecidos por Anchieta e Monteiro para análise de Eduardo Viveiros de Castro sobre a cultura tupinambá. Para além das fronteiras entre antropólogos e etnógrafos, não se pode menosprezar a capacidade reflexiva desses missionários, quando perceberam os vínculos entre a tradição e a bebida, entre a preservação da guerra e a cauinagem. Os argumentos não eram retórica erudita, estavam profundamente imbuídos da prática da catequese. O conhecimento etnográfico não era prático por ser executado por não-profissionais, mas o era por ser observação indispensável para o sucesso da catequese – estava profundamente vinculado ao resgate de almas.

Longe do mundo acadêmico, os missionários buscavam entender as tradições locais a partir da intervenção européia, seja ela oriunda da conversão seja do emprego de nativos como braços nas lavouras e nos demais empreendimentos coloniais. A praticidade da reflexão, por certo, tornou menor a sensibilidade etnográfica dos missionários. Considero, porém, as análises produzidas pelos padres como indispensáveis para elaboração do conhecimento antropológico e espero ter demonstrado as contigüidades entre etnografia quinhentista e etnologia indígena contemporânea.

Referências bibliográficas

ANCHIETA, José de. *Auto representado na festa de São Lourenço*. São Paulo: s. n., 1948.

_______. Carta do Ir José de Anchieta ao P. Inácio de Loyola, Roma. São Vicente (fim de março) de 1555. In: LEITE, Serafim. (Org.) *Cartas dos primeiros jesuítas do Brasil*. São Paulo: IV Centenário da Cidade de São Paulo, 1954. v.II.

_______. Informação da província do Brasil, para nosso padre - 1585. In: *Cartas, informações, fragmentos históricos e sermões*. Belo Horizonte, São Paulo: Itatiaia, Edusp, 1988.

CARDIM, Fernão. *Tratados da terra e gente do Brasil*. Transcrição de texto, introdução e notas de Ana Maria de Azevedo. Lisboa: Comissão Nacional para as Comemorações dos Descobrimentos Portugueses, 1997.

D'ABBEVILLE, Claude. *Histoire de la mission des peres capucins en l'Isle de Maragnon et terres circunvoysines*. Paris: Imprimerie de François, 1614.

DANIEL, João. (padre) *Tesouro descoberto no rio Amazonas*. Rio de Janeiro: Biblioteca Nacional, 1976.

D'EVREUX, Yves. *Voyage au nord du Brésil*; fait en 1613 et 1614. Présenté et annoté par Hélène Clastres. Paris: Payot, 1985.

HERCKMAN, Elias. Descrição geral da capitania da Paraíba. *Revista do Instituto Arqueológico e Geográfico de Pernambuco*, v.31, p.239-88, 1886.

HOLANDA, Sérgio Buarque de. *Visões do paraíso*. São Paulo: Ed. Nacional, 1985.

LÉRY, Jean de. *Histoire d'un voyage faict en la terre du Brésil* (1578). Texte établi, présenté et annoté par Frank Lestringant. Paris: Le Livre de Poche, 1994.

MÉTRAUX, Alfred. *A religião dos tupinambás*. São Paulo: Companhia Editora Nacional, 1979. p.171-4.

MONTEIRO, P. Jácome. Relação da Província do Brasil, 1610. In: LEITE, Serafim. *História da Companhia de Jesus no Brasil*. Rio de Janeiro: Civilização Brasileira, Portugália, INL, 1949. v.III.

OLIVAL, Fernanda. *As ordens militares e o estado moderno*. Lisboa: Estar, 2001.

PELS, Peter; SALEMINSK, Oscar. (Ed.) *Colonial Subjects, essays on the Practical History of Anthropology*. Ann Arbor: The University of Michigan Press, 2000.

RAMINELLI, Ronald. Império da fé; ensaio sobre os portugueses no Congo, Brasil e Japão. In: FRAGOSO et al. (Org.) *O Antigo Regime nos trópicos*, 2001.

RUSSELL-WOOD, A. J. R. *A world on the move*. New York: St. Martin's Press, 1992.

SOUSA, Gabriel Soares de X. *Tratado descritivo do Brasil em 1587*. São Paulo: Companhia Editora Nacional, 1987.

STADEN, Hans. *A verdadeira História dos Selvagens, nus e ferozes devoradores de Homens*. São Paulo: Dantes Livraria Editora, 1999.

THEVET, André. *As singularidades da França Antártica*. Belo Horizonte, São Paulo: Itatiaia, Edusp, 1978.

VIVEIROS DE CASTRO, Eduardo, O mármore e a murta, sobre a in-constância da alma selvagem. *Revista de Antropologia*, v.35, p.21-74, 1992.

In vino veritas: vinho e aguardente no cotidiano dos sodomitas luso-brasileiros à época da Inquisição

Luiz Mott
Universidade Federal da Bahia

Quem rindo o vinho bebe,
chorando desbebe o vinho...

Gregório de Matos, o Boca do Inferno, 1695

São diversas as referências ao consumo de vinho e aguardente nos processos dos sodomitas luso-brasileiros presos pela Inquisição portuguesa. Seja como ingrediente constante nas refeições ou merendas mantidas antes ou depois da consumação de atos homoeróticos, quer na residência de um dos amantes quer em tabernas, ao ar livre ou em tascas púbicas, seja apontado como álibi diariamente lembrado com vistas a excluir ou atenuar a culpabilidade dos réus na prática do "abominável e nefando pecado de sodomia".

De acordo com as palavras de um sodomita que servia como soldado em Angola em meados do século XVII: "com uma peroleira de vinho e uma botija de aguardente fazia dos rapazes o que quisesse porque o vinho e a aguardente fazem perder o juízo".[1] Convém referir, igualmente, que desde a primeira visitação do Santo Ofício às partes do Brasil, já em 1591, era uma preocupação constante nos in-

[1] Arquivo Nacional da Torre do Tombo, Inquisição de Lisboa, Inquisição Lisboa, Processo 1467. (Doravante, abreviado ANTT, IL, Proc.).

terrogatórios inquisitoriais perguntar ao confessando se "estava no perfeito uso do seu juízo ou se tinha tomado vinho" por ocasião do cometimento do pecado ou do crime que o levava agora às barras do Santo Tribunal, visando assim avaliar o grau de responsabilidade criminal ou intencionalidade do delito.

Assim, com base nos processos e sumários inquisitoriais relativos ao pecado nefando, nosso objetivo neste ensaio é reunir e interpretar as informações relativas aos diferentes aspectos dos padrões de consumo de vinho e aguardente pelos sodomitas e fanchonos espalhados pelo mundo lusitano: ocasiões e situações em que se dava o consumo de bebidas alcoólicas; quantidade, medidas e utensílios ligados ao produto consumido; a utilização dessas bebidas como ingrediente visando à socialização, à sedução ou dirimente da culpa criminal.

Em mais de 450 processos e quatro mil denúncias de sodomitas e fanchonos inculpados no abominável crime de sodomia registrados nos cadernos e repertórios do nefando das Inquisições de Lisboa, Coimbra e Évora, encontramos até agora, por meio de pesquisa computadorizada, 34 referências ao consumo de vinho e aguardente, sendo oito no século XVI, dezesseis no século XVII e dez no século XVIII, a mais recuada datando de 1557 e a mais recente, de 1795 (Mott, 1980). Dessas, 25 referem-se ao consumo de vinho, sete de aguardente e duas referem-se genericamente a "bebida". Treze desses episódios ocorreram no Brasil, dezoito em Portugal, notadamente em Lisboa, e um caso com portugueses moradores em Angola, um em Goa e um em Argel. Dos implicados, 25 são brancos, e os outros são representantes de cada uma destas etnias: mourisco, turco, cabra, indiano, negro, mulato e mestiço. Dois outros não têm a raça ou a origem identificada.

Todas as sete menções ao consumo de aguardente ocorreram no Brasil, incluindo também três consumidores de vinho e uma referência apenas como bebida. Quanto à profissão dos homossexuais envolvidos de alguma forma com o consumo de vinho ou aguardente, temos quatro padres, dois fazendeiros, dois soldados, dois escravos, dois estudantes, dois criados, e um representante de cada uma das demais categorias: lavrador, moço de Sua Majestade, ferrador, carvoeiro, sapateiro, cirurgião, músico, embarcado, mestre de meninos, seringueiro, esmoler, além de seis sem profissão conhecida.

Quanto à idade das pessoas envolvidas com consumo etílico, o mais jovem tinha dez anos e o mais velho, 68. Onze tinham menos de trinta anos, cinco entre trinta e quarenta, e seis com mais de cinqüenta anos. Quanto ao local de residência, predomina Lisboa, com doze moradores, incluindo ainda no reino as vilas de Covilhã, Rabaçal, Porto Alegre, Braga, Évora e Monte Mor. No Brasil, os consumidores de aguardente residiam sobretudo nas Minas Gerais – Mariana, Nazaré e Ouro Preto – , mas também moradores no Pará, no Rio de Janeiro, em São Luiz do Maranhão, em Olinda, em São Gonçalo na Bahia e na capitania de São Paulo – em Araritaguaba e em Santo Amaro do Guarujá. A partir dessa pequena amostra, podemos concluir que os sodomitas consumidores de vinho e aguardente refletiam a mesma heterogeneidade étnica, etária, profissional e residencial peculiar a esse subgrupo cuja preferência sexual, no mais das vezes, mantinha-se escondida e clandestina dado que a sodomia era considerada crime tão grave como o regicídio e a traição nacional (Mott, 1992).

Não temos condição de avaliar se os homossexuais de antanho consumiam mais ou menos bebidas alcoólicas que o restante da população. Pesquisas modernas associando o alcoolismo como um dos fatores explicativos da homossexualidade há décadas foram descartadas.[2]

---

[2] O problema do alcoolismo foi largamente reconhecido na sociedade ocidental desde o século XVIII, quando a disponibilidade de bebidas destiladas baratas tornou-as acessível a um largo número de pobres e outras pessoas excluídas sufocar suas mágoas no licor. O papel que o álcool pode gozar no relaxamento das inibições sexuais também foi reconhecido desde a Antigüidade, associando o deus Dioniso e Baco à celebrações orgásticas (Dynes, 1987). Eis uma pequena bibliografia relacionando alcoolismo e homossexualidade: Forest (1983); Hirschfeld (1906); Israelstam & Silva (1983); O'Farrell (1983).

A presença exclusiva do sexo masculino nessa amostra deve-se não apenas ao fato de se tratar de uma população predominantemente de amantes masculinos do mesmo sexo, mas também ao padrão cultural dominante em muitas sociedades machistas ou patriarcais, onde o consumo de bebidas alcoólicas está muito associado à confraternização de homens em espaços públicos monossexuais – tabernas e estalagens em particular, onde raramente as mulheres se faziam presentes. Não encontramos na documentação inquisitorial nenhuma referência ao consumo de bebidas alcoólicas nos 29 processos de lesbianismo relativos ao Brasil – o que sugere que o alto consumo etílico entre lésbicas contemporâneas provavelmente é fenômeno historicamente recente (Belini, 1987).

Ao pesquisar sobre o consumo de álcool entre sodomitas denunciados às inquisições portuguesas, apesar da pequenez da amostra e de se tratar de tema periférico à caracterização penal do pecado nefando, não obstante, encontramos nos processos pesquisados alusão a uma dezena de termos e situações relativos à cultura material e ao universo da vinicultura, permitindo-nos assim esboçar pequenina etnografia sobre tal realidade. Nesses processos são mencionados vinha, uva, adega, pipa, garrafa, borracha, copo, botija, peroleira, quartinho, taberna, além de algumas medidas de volume, que serão citadas ao longo destas páginas. A referência a tais elementos do universo vinário confirma a importância antiga dessa bebida na cultura lusitana, quer na metrópole quer no ultramar, cujos reflexos observam-se no dia-a-dia dessa sub-população de homens amantes do mesmo sexo. Muito poucas são as informações nesses documentos sobre a cultura material da aguardente em terras brasílicas, muito embora fosse a bebida mais consumida pelos colonos: nenhuma referência a cana, canavial, alambique ou canada.[3]

---

[3] Aguardente, segundo o *Dicionário Moraes*, é "álcool extraído do vinho, dos cereais, da cana, das frutas doces e quaisquer outros produtos sujeitos a fermentação e destilação". Canada, segundo o mesmo dicionarista, é "antiga medida portuguesa de líquidos que continha quatro quartilhos ou a 12ª parte de almude ou 2,662 litros".

Em apenas um dos documentos inquisitoriais pesquisados encontramos a aguardente de cana referida como "pinga": datado de 1773, tratase de uma denúncia contra dois irmãos, a mulata Florência e o crioulo Simão, ex-escravos, moradores na Freguesia dos Prados, bispado de Mariana. Diz esse manuscrito que "Florência mandou a um seu inimigo uma garrafa de aguardente com tantos feitiços dentro, que colocando-se numa colher de prata a pinga, ficou preta como carvão e o doente logo morreu". [4] Localizamos apenas três informações sobre recipientes ligados ao armazenamento e ao consumo da aguardente: "garrafinha", botija e copo.

Comendo e bebendo juntos

Iniciamos essa reconstituição histórica observando o vinho como ingrediente presente nas refeições ou merendas dos sodomitas mantidas antes ou depois da consumação de atos homoeróticos, quer na residência de um dos amantes quer em tabernas ou em outros locais públicos.

João Freire, um jovem criado morador de Olinda, em 1595, confessou na mesa do Santo Ofício, quando da primeira Visitação em Pernambuco, que indo algumas vezes à casa do sapateiro André Lessa, "por importunação e instigação do dito que o provocava, lhe mostrou seu membro viril contra sua vontade, deixando o sapateiro tomá-lo na mão, e certa vez convidou-o para jantar e comeram pão, pacovas e beberam vinho e ele, réu, bebeu dois copos, mas ele, posto que ficou no seu juízo, não ficou tanto como agora está". Em seguida, o

[4] ANTT, IL, Caderno do Promotor, n.130. Segundo o dicionarista Moraes, "pinga" é sinônimo de vinho bom, licor ou rapé de boa qualidade. "Estar com a pinga" era usado no mesmo sentido de estar embriagado. Nenhuma associação direta a aguardente de cana. "Cachaça", por sua vez, já no século XVIII referia-se a aguardente ordinária extraída do mel ou borras de melaço e das limpaduras da cana-de-açúcar. Já era usado no sentido de "gozo em fazer alguma coisa por paixão ou hábito".

sapateiro o pôs de bruços e se lançou em cima dele cometendo o abominável pecado de sodomia.[5]

Algumas vezes, faltando vinho em casa, providenciava-se sua compra com vistas a tornar os encontros homoeróticos certamente mais soltos e sensuais: João Antônio, dezoito anos, turco, criado de D. Bartolomeu Veiga, morador de Lisboa, em 1557 é acusado de, na casa de seu senhor, receber furtivamente "moços desbarbados e bem dispostos, criados de fidalgos e também mulheres solteiras", ocasião em que mandava buscar pão e vinho, e se abraçavam e beijavam e dormiam juntos. Reconheceu perante os inquisidores ter mantido mais de uma dezena de encontros sodomíticos dizendo que "sempre estava alegre de vinho quando pecava neste pecado". Foi condenado a prisão perpétua com penas servis nas obras del Rey, recomendado que se apartasse de más conversações, sendo obrigado a comungar três vezes ao ano.[6]

Outro fanchono, Pedro Leonardo, trinta anos, casado, lavrador, natural de Castelo de Tran, na Sicília, preso pela Inquisição de Coimbra em 1616, disse que se encontrou casualmente com Manuel, onze anos, filho de um vendeiro de Rabaçal, que se fazia acompanhar de seu amigo Miguel, ambos a caminho de Lisboa. E que, "estantes à beira de uma estalagem e estando a cear, deu-lhes uva, pão, ovos e meio quartilho de vinho[7] e dizendo que também ia a Lisboa, aí convidou-os a se agasalharem no campo, distante do povoado, numa estrebaria", e nessa paisagem bucólica, o italiano sodomizou o mais jovem.[8]

---

[5] ANTT, IL, Proc. 2557.

[6] ANTT, IL, Proc. 1600.

[7] Quartilho, segundo Moraes, é "a quarta parte de uma canada, ou 35 centilitros. No Brasil, correspondia à canada de Portugal". Quartinho: "moeda equivalente à quarta parte da moeda de 4$800 ou 1$200 réis". Segundo o *Dicionário Aurélio*, quartilho era "antiga unidade de medida de capacidade para litros, equivalente à quarta parte de uma canada, isto é, 0,6655 litro".

[8] ANTT, Inquisição de Coimbra, Proc. 3094.

Este outro episódio teve lugar em Lisboa, em residência de Manuel de Figueiredo, 24 anos, moço de câmara de Sua Majestade, de Cruz da Cata, em 1619, local que servia de ponto de encontro e engate para inúmeros sodomitas. Segundo denúncias do filho do meirinho da Inquisição, "certa vez enquanto merendavam bolinhos e vinho, saiu Manuel Figueiredo e um tal Pacheco e se fecharam por três horas num aposento onde cometeram somitigarias". Disse mais, que o anfitrião blasfemava contra Nossa Senhora chamando-a de Celestina, e que "Santa Helena era feia como uma burra", e que "São Boaventura era amigo de cus".[9]

Estalagens, tabernas e casas de pasto eram igualmente procuradas pelos sodomitas como locais de encontro e socialização, muitos destes *rendez-vous* entremeados por tragos de vinho. O padre João Pisanis, cinqüenta anos, clérigo de missa, natural de Toulouse, então morador da calçada de Santo André em Lisboa, preso em 1560, vestia manto trançado na cinta e borracha ("vaso de couro com bojo e gargalo estreito, para conter água, vinho ou outro liquido"). Ao ser preso, se pôs de joelhos pedindo perdão com lágrimas e soluços. Quando indagado sobre sua vida e costumes, "disse que quando tinha sete, oito anos, guardando uma vinha, com outro moço brincavam de ficar um em cima do outro e depois disto lhe ficou uma má inclinação a este pecado". Confessou diversas sodomias com rapazes e forasteiros. Disse mais: que na "porta de Santo Antão [no centro da velha Lisboa], encontrou numa estalagem um mulato vagabundo de quatorze, quinze anos, forro, do Algarve e convidou-o a pão e vinho e tomou sua natura emeteu-a no seu vaso traseiro". Recebeu pena relativamente branda: "pelo muito atrevimento e pouco temor de Deus, cometendo o mau pecado por muito tempo, sempre agente, que esteja em cárce-

---

[9] ANTT, IL, Proc. 10093.

re estreito e apertado por tempo que mandarem os Inquisidores, obrigado ao jejum de pão e água às quartas e sextas-feiras, uma disciplina às sextas e, após esse tempo, tenha degredo perpétuo para fora do reino".[10]

Foi igualmente numa casa de pasto onde o menino José Gonçalves, dez anos, encontrou em 1682 um soldado que o convidou a comer pastéis e beber vinho e, na presença de um preto, desatacou suas calças e sodomizou-o sobre um banco.[11]

Em 1644, Antônio Nunes, 28 anos, ferrador, casado, morador em Lisboa, disse que há sete anos passados, Gaspar de Basto, que tem fazendas e casa de estalagem, velho com mais de setenta anos, levou-o à sua adega e deu-lhe de beber perguntando-lhe "se acompanhara já com frades e outros desta qualidade"; aí, meteu a mão na braguilha, encostou-se numa pipa e mandou o moço sodomizá-lo, repetindo a cópula oito dias depois.[12]

Um dos episódios mais simpáticos relacionando o amor homossexual com a bebida remete-nos a São João del Rey, ao lugar conhecido como Lamas da Lagoa, ano de 1752. Trata-se de uma denúncia contra um jovem professor, João Pereira de Carvalho, "mestre de meninos", acusado de praticar "o pecado em que se não pode falar" com seu pupilo, Luis Moreira de Carvalho, dez anos. Consta que o professorzinho, então com apenas doze anos, mandara um recado a seu amado por outro menino dizendo: "Luís, vós, se me quereis bem, eu também te quero, e se me quereis mal, eu também vos quero" e que o fosse encon-trar no bananal no lugar que ele bem sabia. Que o pai do Luís disse depois ao mestre que "tinha sido chamado em sua casa para ensinar os seus filhos e o fez pelo contrário, ensinando-os sodomias?". Uma testemunha disse ter visto um escrito do mestre que dizia ao Luís:

---

[10] ANTT, IL, Proc. 1619.

[11] ANTT, IL, 13º Caderno do Nefando, 143-6-38, fl. 34.

[12] ANTT, IL, 6º Caderno do Nefando, 143-6-33, fl. 136.

"meu amorzinho, minha vidinha, vinde para o bananal que eu lá vou com a garrafinha de aguardente". Outro denunciante dá versão levemente diferente para o mesmo bilhete: "minha vida, vinde para o bananal que lá tens o que comer e beber".[13]

Como vimos, a partir desses exemplos, o vinho e a aguardente fizeram-se presentes tanto em refeições domésticas quanto em locais públicos, seja em merendas ou em refeições mais substanciosas, acompanhando o consumo de alimentos variados, entre os quais pão, pastéis, bolinhos, ovos, pacovas (banana-da-terra) e uva. Pão e vinho foi a mistura mais comum nessas refeições frugais.

Vinho sedutor

Em alguns processos e sumários, tendo os amantes do mesmo sexo como réus, transparece, clara ou sub-repticiamente, a utilização de bebidas alcoólicas como ingrediente facilitador da sedução, da conquista ou da manutenção de parceiros sexuais. Tal fato evidencia-se de forma luminar no processo contra o barbeiro André Dias, 39 anos, viúvo, natural de Évora, soldado em Angola em 1652, sendo o sodomita que mais claramente formulou tal assertiva. Pesava sobre si a acusação de ter dormido com outro soldado numa caravela da armada, quando navegava para a África. Apesar do ato sodômico ter ocorrido debaixo de um cobertor, na calada da noite, tornou-se público, provocando grande escândalo na embarcação. Diga-se *en passant* que há registros de outros sodomitas que por pouco não foram arremessados ao mar quando descobertos pelos demais embarcados, temerosos que Deus provocasse o naufrágio do barco como castigo por pecado tão abominável. Cogitaram os marinheiros nessa ocasião denunciá-lo ao Santo Ofício, mas um soldado dissuadiu os demais, dizen-

---

[13] ANTT, IL, 20º Caderno do Nefando, 149-7-698, fl. 192

do que o faltoso "estava cheio de vinho, querendo beijar e convidando a muitos soldados para dormir juntos, e lhes dava vinho e dádivas para os seduzir". Como sói acontecer em longas travessias marítimas, cada qual levava em sua matalotagem algumas pipas de vinho, néctar preciosíssimo para alegrar o coração e passar mais rápido o tempo nessas intermináveis viagens transoceânicas. Daí o dito soldado utilizar o vinho como moeda em troca de serviços sexuais de outros embarcados. Um marinheiro ouviu esse soldado sodomita dizer que "com uma peroleira de vinho e uma botija de aguardente fazia dos rapazes o que quisesse, porque o vinho e a aguardente fazem perder o juízo". Por seus excessos sodomíticos e etílicos, foi condenado a cinco anos de galés.[14]

Também nos Brasis, outro soldado incorre no mesmo deslize sensual, motivado pelo excesso da bebida: em 1729, o paulista Inácio Pereira, apelidado o Querеca, servindo no Forte da Ilha de Santo Amaro, no Guarujá, capitania de São Paulo, é acusado de "cometer os moleques para com ele sumitigar" e que o vigário "deu-lhe uma correção pastoral, pelo referido, ao que o acusado negou, dizendo que se o fez, estava bêbado pois é dado à bebida".

Neste outro caso, a bebida aparece como elemento mantenedor da relação homoerótica: em 1621, Thomas Mendes, filho do meirinho da Inquisição de Lisboa, denuncia que Manoel Coelho e Garcia Castelhano copulavam entre si e "o Coelho era o agente e que o Garcia Castelhano que lhe pagava os copos e lhe dava dinheiro". [15] Eis mais uma expressão idiomática daquela época ligada à etnolingüística vinária:

---

[14] ANTT, IL, Proc. 1467. "Peroleira", segundo Moraes, é "botija de barro grossa e comprida, afunilada para baixo, em que se guardam azeitonas". Botija, por sua vez, é "vaso de barro de forma cilíndrica, como a da garrafa, gargalo curto e pequena asa ou sem ela, para vinagres, azeites etc.". Segundo o Aurélio, botija é "vaso cilíndrico, de grés, de boca estreita, gargalo curto e uma pequena asa".

[15] ANTT, IL, Proc. 9467.

"pagar os copos" era usado como sinônimo do que hoje chamamos de "pagar a bebida" ou "oferecer um trago".

O carvoeiro eborense Francisco Magalhães, 35 anos, confessou espontaneamente que, em 1646, um mancebo de meia estatura, 25 anos, pouca barba, oficial de agulheiro, morador junto à igreja de São Vicente, pediu-lhe que entrasse na loja de sua casa e lhe deu alguns beijos e abraços "e lhe chamou de mano e pediu que consentisse dormir com ele pelo traseiro; e ele, denunciante, puxou por uma faca para se defender do mancebo". Então o rapaz "o jogou na escada e tentava agarrá-lo de ilharga, aí gritou e acudiram três frades da igreja vizinha de São Pedro, chamando o mancebo de sodomítigo. Disse que já tinha ido comprar agulhas no ano passado, ocasião em que deu-lhe vinho, mais agulhas de presente e um beijo – não se importou porque acha que era "efeito do vinho".[16] Nesse caso, a oferta do vinho certamente teve como objetivo quebrar o gelo, facilitando assim a sedução do desconhecido.

O vinho entra agora como moeda de barganha na tentativa de comprar o silêncio de um cúmplice por uma sedução malsucedida que se chegasse ao conhecimento das autoridades inquisitoriais, poderia ameaçar gravemente a vida do sedutor: o padre Diogo Martins Brandão, deão da Sé da ilha de São Tomé, é denunciado em 1686 junto ao bispo local por Manoel Pinheiro, quinze anos, que, estando a medir sal no navio a caminho do Rio de Janeiro, veio a ele o dito sacerdote convidando-o ir à sua casa para buscar uma carta para seu irmão. Lá chegando, o deão puxou-o para a sua câmara querendo desatacá-lo. Por ter recusado, padre Diogo pediu segredo, "prometendo-lhe dar meia pipa de vinho". [17]

---

[16] ANTT, IL, 1º Caderno do Nefando Évora, 145-5-23, fl. 26.

[17] ANTT, IL, 14º Caderno do Nefando, 143-6-39, fl. 62. A "pipa", segundo Moraes, continha 25 almudes, variando contudo seu volume de região para região.

O poder da aguardente

Em alguns processos, mais no ultramar do que no reino, as bebidas alcoólicas funcionavam como estratégia utilizada pelos mais abastados para seduzir sexualmente ou dobrar as resistências de subalternos a seus avanços homoeróticos. Tal se patenteia neste curioso episódio ocorrido na capitania de São Paulo, em 1741, na vila de Nossa Senhora da Penha de Araritaguaba. Seu protagonista é o "cirurgião aprovado" Lucas da Costa Pereira, natural da ilha do Funchal. Contra este reinol constava que "come carne nos dias proibidos, não ouve missa e é acostumado a ter atos sodomíticos, sendo agente com vários negros boçais para cujo fim os sustenta com largueza". Segundo denúncia do escravo Domingos, congolês, quarenta anos, que serviu ao cirurgião por quatro meses, este "foi agente quatro vezes de pé com o capote aberto, em atos sodomíticos com negros da minas não batizados e, para os atrair, regalava-os com comida e aguardente brindando-os ele primeiro e que uma vez pegou também em seu membro". Beneficiou-se este sodomita da largueza territorial da colônia, pois tendo-se retirado para as minas de Goiás, jamais foi encontrado pelos agentes do Santo Tribunal.[18]

Também no extremo Norte, na capitania do Pará, outro senhor branco utiliza a aguardente como elemento facilitador de suas conquistas homoeróticas junto à escravaria. Em 1767, João, angolano, escravo dos religiosos do Carmo, trinta anos, disse que ouviu vários negros reclamarem que o senhor Francisco Serrão de Castro acometia seus escravos para pecarem no nefando e que, quando era rapaz, uma vez o dito senhor "o obrigou a segurar em seu membro mijando-lhe nas mãos e dando-lhe depois um lenço para se limpar e um copo de aguardente, recomendando-lhe que não dissesse o que tinha com ele

[18] ANTT, IL, 19º Caderno do Nefando, 143-7-43, fl. 411.

passado". Outro escravo confirma ter recebido o mesmo copo de aguardente em iguais circunstâncias.[19]

Novamente a bebida aparece intermediando relações homoeróticas, só que agora tendo como atores sodomitas negros, revelando assim que a utilização deste néctar precioso como elemento de sedução não era apanágio dos senhores brancos, ultrapassando assim as barreiras estamentais.

Em 1693, na Capitania da Bahia, na Freguesia de São Gonçalo, vários escravos denunciam perante o comissário do Santo Ofício, que o mestiço Francisco Rodrigues, cativo de Antonio de Moura Rolim, morador de Cajaíba, assediou sexualmente diversos escravos e forros da região. Entre eles Lázaro, o qual, vindo ao engenho onde vivia Francisco Rodrigues, este lhe deu bebida e disse que "queria lhe dar uma palavra em segredo". E na casa das caldeiras o fanchono o solicitou para o nefando, oferecendo-lhe cinco tostões: "estendeu um casacão sobre uma caixa de açúcar e lhe disse que se deitasse para fazer o ofício de mulher que ele faria o de homem, a cuja resolução respondeu ele, testemunha, dando-lhe com um bordão, algumas pancadas e correndo atrás dele para lhe dar mais".Também Manuel Capueiro, escravo guineano, 36 anos, disse que o dito sodomita "após lhe oferecer de beber, o convidou a dar uma palavra em segredo, oferecendo-lhe dinheiro e começou a afagar-lhe, lançando-lhe os braços como que o quisesse abraçar".[20]

Outro negro, este morador em Évora, tem seu nome registrado nos Cadernos do Nefando acusado do mesmo crime. Em 1657, um jovem sapateiro de dezenove anos, Álvaro Salgado, denuncia que na ermida de Nossa Senhora da Luz, fora da vila, foi ter com ele um negro, Bento Folgado, cinqüenta anos, que se ofereceu para arranjar-lhe um mestre sapateiro onde trabalhasse, propondo que passasse a noite

---

[19] ANTT, IL, Proc. 12894.

[20] ANTT, IL, 15º Caderno do Nefando, 143-6-40, fl. 227

em sua loja. Cearam e foram para mesma cama, o negro sem camisa e o rapaz vestido. Aí, com a luz apagada, o negro começou a passar a mão pelo corpo do moço até chegar em seu membro viril. Desgostoso, o rapaz impediu e o negro se aquietou. No meio da noite, contudo, o dito rapaz acordou com o negro em cima de si e, ao gritar, o negro tapou-lhe a boca com a mão e derramou semente de homem no meio de suas pernas. "Na noite seguinte, na mesma ermida, o negro apareceu de novo, oferecendo-lhe vinho. Como recusasse, o negro tirou a espada e deu-lhe uma cutilada, cortando-lhe o chapéu". Negro ousado e violento, convenhamos!

Bêbados

Em inúmeros processos, tanto de sodomia quanto de blasfêmia, solicitação *ad turpia* e outros crimes do conhecimento do Santo Oficio, os inquisidores e seus deputados tinham por hábito perguntar qual o estado de consciência dos réus, num claro reconhecimento de que deviam ser relevadas ou consideradas menos graves aquelas faltas cometidas sob forte efeito da bebida. Em Olinda, em 1594, o visitador perguntou ao pajem João Batista, quinze anos, um dos cúmplices do sapateiro André Lessa, "se estava o dito sapateiro bêbado ou fora de seu juízo, respondeu que não estava bêbado e que em seu siso estava". [21] A mesma pergunta foi feita a Fernão Roiz de Souza, 25 anos, amante do 1º Governador e Capitão Geral do Estado do Brasil (1602-1607), Diogo Botelho, inculpado de muitos atos sodomíticos, seja com este seu "caso" seja com marinheiros e forasteiros que perambulavam pelo porto de Salvador, não raras vezes, praticando *ménage à trois*. Após detalhada acusação dos hábitos homoeróticos desse ilustre governador da Bahia, consta no processo que o visitador D. Marcos Teixeira teria "perguntado se sabia

---

[21] *Denunciações e confissões de Pernambuco*, 1593-1595, p.280.

que os cúmplices estavam em seu perfeito juízo, ou costuma vam sair dele, e a tomar do vinho... Respondeu que nunca vira os ditos cúmplices fora de seu juízo, nem tomados do vinho...". [22]

Na documentação inquisitorial, o estado de embriaguez alcoólica é referido sob diferentes termos: estar alegre de vinho, esquentado pelo vinho, chumbado de aguardente, tomado do vinho, turbado com aguardente, bêbedo, [23] cheio de vinho, dado à bebida.

Chamar alguém de "bêbado" era um dos insultos mais graves na sociedade colonial: na primeira visitação de Pernambuco, consta que a mulata Lianor Fernandes estava pelejando com o padre Francisco Teixeira, vigário da igreja de São Pedro Mártir, proferindo "reais palavras injuriosas chamando ao dito padre de bêbado, filho de cornudo e de puta". [24]

Antônio Luís, mulato escravo, filho de mãe mourisca, preso pela Inquisição de Évora em 1575, disse que "estava tomado do vinho quando Gaspar Dias tirou sua natura e deu sobre as queixadas dele, réu".[25] Segundo avaliação dos inquisidores, por se tratar de "pessoa incorrigível, sendo tão estragado no pecado de sodomia que não se tinha esperança alguma de emenda e conversão, antes, parece que se trata de pessoa muito prejudicial à república, corrompedor da honestidade dos mancebos", foi condenado à morte na fogueira.

Em Ouro Preto, no ano de 1735, Lourenço Ferreira Esteves, seringueiro, natural de Vila Real, entregou carta ao comissário do San-

---

[22] Segunda Visitação do Santo Oficio às partes do Brasil, 1618, p.383.

[23] Eis a definição que o Moraes dá para *bêbedo* (mais usado do que bêbado): "aquele que tem o juízo perturbado pelo excesso de vinho ou de qualquer outra bebida alcoólica ou por excessivo uso do ópio, do tabaco etc. Pessoa dada a bebedice, a embriagues; nome que se dá a um homem desprezível, diz-se é um patife, um canalha, um bêbedo, também a mulher descarada, sem pejo".

[24] *Denunciações e confissões de Pernambuco*, 1593-1595, p.355

[25] ANTT, Inquisição Évora, Proc. 5013.

to Oficio local dizendo que "por temor do castigo e por temer que os seus escravos o declarem, confessa que turbado com aguardente, cometeu sodomia com os seguintes seus escravos: José Muria,Teresa, angolana; Inácio, Mina; Mariana, angolana; e três vezes com o moleque Antônio". [26]

Entre os sodomitas consumidores de vinho e aguardente, encontramos tanto os que apenas esporadicamente tomavam um gole quanto os habituados a grandes porres. O padre Bartolomeu de Góes, cinqüenta anos, conhecido como "o punhetário", apelido recebido por ser useiro em manipular a genitália dos jovens penitentes no confessionário, morador de Alcântara, no arcebispado de Lisboa, preso em 1605, alegou estar "tomado de vinho" quando proferiu certos impropérios contra a Santa Fé Católica, num "momento de cólera", pedindo perdão por tamanha desfaçatez.[27]

Diversos são os fanchonos que, ao serem inquiridos na mesa do Santo Ofício, relatam ter previamente bebido vinho ou aguardente quando cometeram as nefandices que agora os levava às barras do Santo Tribunal. Outro sacerdote, o padre Rui Nunes, trinta anos, morador de Fundão, na Freguesia de Covilhã, acusado por vários rapazes de tê-los forçado a atos sodomíticos, disse em sua confissão que, de fato, seduzira um rapaz seu vizinho prometendo ensinar-lhe a ler, escrever, vestir, calçar e dar mil reais e, quando se encontraram, "tinham bebido muito vinho que poderia ter feito alguma coisa que não é lembrado". Apertado pelos juízes, reconheceu ter praticado a "coxeta", penetração intra-femural, escapando assim de pena mais severa, reservada à sodomia perfeita, isto é, penetração do membro viril desonesto no vaso traseiro com derramação de semente de homem.[28]

---

[26] ANTT, IL, Caderno do Nefando, n. 821.

[27] ANTT, IL, Proc. 1312.

[28] ANTT, IL, Proc. 1967.

Alguns desses homossexuais, como o padre Fernão Pereira da Costa, 57 anos, cabra natural de Goa, morador de Porto Alegre, no Alto Alentejo, detido em 1620, mesmo dentro dos cárceres secretos do Tribunal da Fé, nem por isso, abandonou sua compulsão pela bebida. Segundo denúncia de frei Fernando Mendonça, estando ambos presos nos cárceres há vinte dias, viu o dito padre e outro cristão novo chamado Flor de Lis "falarem palavras desonestas com outros presos e presas, pois bebe muito vinho e instiga os presos e presas a não se confessarem, dizendo que muito cedo hão de ter uma hora muito formosa em que todos serão soltos e livres com muita honra". Foi condenado a seis anos de degredo na ilha do Príncipe.[29]

O maranhense Francisco Coelho, cinqüenta anos, descendente de pais açorianos, casado, dono de fazenda e um sítio de farinha em Majoba, a duas léguas de São Luiz, é dentre os sodomitas sobre quem mais detalhes sabemos a respeito de seus excessos alcoólicos. É acusado em 1672 de "cometer por várias vezes, com brancos e índios, o pecado nefando" De acordo com as acusações de diversos vizinhos, inclusive de sua própria esposa, "quando o réu bebia" ou "estando bêbado", praticava muitos desatinos, querendo manter cópula anal com ela, "chamando os escravos para dormir em sua rede". O excesso de aguardente realmente tirava-o do sério, tanto que, certa vez, hospedado na residência de um seu conhecido, "indo fora fazer suas necessidades, ajudado pelo dono da casa, pegara na sua natura dizendo se lhe servia aquilo nas mãos, levando uns pescoções sob umas pacoveiras". Um de seus cúmplices, o índio Pascoal, disse que "seu senhor certa vez lhe deu tanto aguardente a beber e que depois de bêbado tivera dele o que quis, comunicando por detrás". Outra vez, "indo à busca de um novilho na ilha de S. Francisco, bêbedo, na casa do alferes, na rede, pegara um negro da terra, seu escravo, pelo cós da

---

[29] ANTT, IL, Proc. 6789.

ceroula, chegara-o para si e o metera entre as pernas, segurando-o muito bem entre as pernas, indo-lhe desatacando as ceroulas, querendo comunicar por detrás, o que com efeito fizera se ele e outro morador não acudiram logo a entravar e desviar o pecado que determinava cometer". Passados uns tempos, foi encontrado "ao meio-dia, deitado bêbado numa estrada, com o braço por cima de um rapaz índio e, chamando ao réu, este lhe disse que se fosse com todos os diabos". O pai do índio Pantaleão disse que seu filho reclamava muito que seu senhor queria embebedá-lo.

Em sua primeira prisão, o promotor determinou averiguar "se o acusado estava no seu juízo ou bêbado" quando cometeu tamanhos desatinos. Ao que várias testemunhas disseram que, de fato, estava "fora de seu juízo", e que era mesmo viciado na bebida.

Quatro anos após sua primeira denúncia, as culpas contra Francisco Coelho só faziam aumentar, incluindo detalhes deliciosos e inéditos das ousadias cometidas por esse incorrigível sodomita e bebum maranhense. Uma das testemunhas disse que ouviu-o dizer para o índio Rodrigo: "ô sodomítigo, passa para cá que eu te quero cortar esse caralho porque é maior que o meu! E o dito réu pegou no índio qual debaixo e qual de cima e, à noite, depois de beberem uma botija de aguardente do engenho da Andiroba, saíram passando por entre uns pés de algodão, fizeram fogo para beberem fumo e andando bêbados qual debaixo qual de cima, ouviu-se dizer ao índio 'deita-te aqui sodomítigo' e viu Francisco Coelho pegar ao índio pelas gadelhas e ambos caíram no chão e andaram em cima um do outro. E que vira o dito estar medindo seu membro com o dito índio e juntava um ao outro e lhe ouviu dizer – o teu é maior– e ele, testemunha, o repreendeu, mas ele lhe respondeu que o índio era seu escravo, que podia fazer dele o que quisesse... e que chamava ao índio Cunhã Caraíba, que vem a ser nessa língua, sua mulher". Apesar de tantos e saborosos detalhes, inclusive etnolingüísticos, após longos sumários realizados no

Maranhão, concluem os inquisidores que, de fato, o acusado "perdia o juízo" quando sob efeito de aguardente, mas tudo indicava que todas essas acusações não passavam de ardilosa calúnia de sua mulher, insatisfeita com o marido e desejosa de ver-se livre da companhia de um bêbado contumaz. Foi absolvido![30]

Também em Minas Gerais outro sodomita aponta a mistura de aguardente com o "pito" como responsável pela perda do juízo. Infelizmente, é impossível saber de qual fumo se tratava em ambos os casos: se o tabaco ou a maconha. Suspeitamos que no primeiro caso, no século XVII no Pará, tratava-se de *nicotiana tabacum* e, neste segundo, de *canabis sativa* (Mott, 1986). Em 1749, em Vila Rica, na Freguesia de Nossa Senhora da Conceição, o músico açoriano Antonio do Carmo denuncia-se perante o comissário Felix Simões de Páscoa que, "para desencargo de sua consciência e por não poder ir a Lisboa, confessava ter pecado no nefando como agente e paciente com Valentim Pereira, rapaz pardo morador em sua casa, morador seu pai na passagem do Ribeirão, e tal fatalidade lhe sucedera há dois anos e meio, e que, há quinze meses passados, estava chumbado de aguardente em Congonhas do Campo, numa festa de S. José dos Pardos, teve um ato de sodomia - sendo agente e paciente - com um moleque cujo nome ignora e que com outros músicos rapazes por muitas vezes se deitara na cama e com eles estava com brincos desonestos fazendo pulsões nas mãos dos ditos rapazes, outras vezes por entre as pernas, e que os ditos rapazes eram João Antunes, mulatinho, Felipe Nunes, pardo, José Coelho, filho do capitão,Tomás Espírito Santo, ajudante do tenente, e que todas as vezes estava "esquentado com aguardente e com pitar". Concluiu dizendo estar arrependido e prometendo "se emendar do dito vício e não tornar a beber aguardente nem usar do pito".[31]

---

[30] ANTT, IL, Proc. 1717

[31] ANTT, IL, 20° Caderno do Nefando, 149-7-698, fl. 89.

Também heterossexuais e bissexuais confessam-se perante o Tribunal da Fé de terem praticado cópula anal sob forte efeito de bebidas alcoólicas: um tal Gregório Freire Correia, em 1795, em Lisboa, disse que, "esquentado pelo vinho", penetrou o vaso traseiro de sua mulher D. Margarida Cândida de Almeida, que consentiu só para o satisfazer. E novamente, "esquentado muito pelo vinho, foi passear e encontrou dois soldados e os convidou para consentirem no mesmo pecado que minha mulher tinha caído; e com um soldado de Alencastre não conseguiu; e com o de Setúbal, que disse que estava pronto, conseguiu e mais tarde nesta mesma noite, encontrando-se outro soldado do 2º Regimento da Armada, convidou-o para o mesmo delito ao que ele estava pronto. Sabendo ser culpa tão grave, veio pedir perdão". [32]

Outro beberrão aficionado à sodomia heterossexual remete-nos ao arraial de Nossa Senhora de Nazaré, nas Minas Gerais, no ano de 1751. Maria Álvares Pimentel denuncia que seu marido, o caboclo João Leite do Prado, não só a forçava a suportar a cópula anal, como "cuspia-lhe nas partes vivendas por desprezo", ameaçando-a de morte se viesse se confessar. É feito sumário de culpas e conclui-se que esse caboclo mineiro realmente "perde o juízo com bebidas" e, segundo confirma sua própria filha, "matrimoniava sua mulher pelo sexo".[33]

Amnésia etílica

Alguns sodomitas alegaram que, tomados do vinho, ou esquentados pela aguardente, tiveram perda temporária da memória, tornando-se irresponsáveis por seus crimes libidinosos: se de fato sofreram de amnésia etílica ou tal esquecimento e falta de controle não passava de desculpa esfarrapada, jamais poderemos saber.

---

[32] ANTT, IL, 20º Caderno do Nefando, 149-7-698, fl. 362.

[33] ANTT, IL, 20º Caderno do Nefando, 149-7-698, fl. 254.

O jovem mourisco forro Gil, vinte anos, "de média estatura, desbarbado, anda vestido de vermelho, com calças de pelote", preso em 1566, acusado de ter agarrado e sodomizado um rapaz cristão, disse que "bebera vinho na ocasião do pecado, um quartinho e meio, e que estava bêbado e não sabia o que fazia". Acrescentou mais um atenuante à sua defesa: que "em sua terra, sendo mouro, era costumado a dormir com moços por detrás porque disto não tinha outra pena senão metê-lo na cadeia e pagar dinheiro e soltá-lo, mas que depois de cristão nunca mais cometera esse pecado". Meticulosos, os inquisidores ordenam averiguação e constata-se que, de fato, o mourisco estava bêbado quando cometeu o abominável pecado de sodomia, razão pela qual teve pena relativamente branda: foi sentenciando a remar seis anos nas galés do rei, sem soldo, com seqüestro de seus parcos bens. [34]

Outros sodomitas alegaram em sua defesa a mesma desmemória causada pelo excesso de bebida: Simão de Brito, 34 anos, natural e morador em Braga, no Minho, preso em 1620 por suspeitas no pecado nefando, apresentou defesa alegando que "se toma muito do vinho e fica doido sem juízo", tanto que num dia de São João, um touro que matava gente estava solto e todos fugiram e ele, réu, se deixou ficar e o touro o levou nos cornos e por milagre não o matou". [35]

Outro que se disse desmiolado devido à bebedeira foi o mestre cozinheiro Antônio Pereira, pardo, 68 anos, filho de escravos, morador de Lisboa, preso em 1600. Confessou que, certa noite, "estando deitado na cozinha, em casa de seu senhor, "bêbado e sem saber o que fazia, chegou Bastião e meteu o membro em sua boca, em seguida ele tomou o membro na mão, olhou e disse que fosse embora e não entrasse mais na cozinha. Depois Bastião contou a outras pessoas, seus inimigos, que o ensinaram a vir confessar". Em sua defesa, o procurador

---

[34] ANTT, IL, Proc. 2033.

[35] ANTT, IL, Inquisição Coimbra, Proc. 5437.

disse que o réu é bom cristão e cumpre suas obrigações, que foi casado duas vezes e tem muitos filhos, que teve diferenças com muitos criados e sempre dormiu na cozinha, que era o lugar mais público da casa; que é muito velho e doente, sem forças para cometer tal ato, concluindo com argumento pétreo – "o réu bebe vinho que o tira do juízo e muitas vezes lhe faziam muitas travessuras e torpezas".[36]

Termino este repertório de sodomitas que alegaram estar bêbados ou sob efeito da bebida como atenuante para seus atos pecaminosos com uma carta escrita em 22 de março de 1753, no Rio de Janeiro, por um desconhecido minerador, enviada à Inquisição de Lisboa, onde diz: "Eu, Bernardo Gomes da Costa, me denuncio perante Vossas Mercês da culpa abaixo expressada: estando fora do juízo por demasia de vinho, chamei ao escravo mina Francisco, de Goiás, estando nas minas de Paracatu, sendo paciente do negro há três anos passados, não tendo confessado antes por estar preso".[37]

O vinho como ritual e mezinha

Os processos de sodomia que nos tem servido de matéria-prima neste ensaio fornecem ainda algumas interessantes e pouco conhecidas pistas etnográficas sobre aspectos da cultura do vinho na região mediterrânea. Eis um ritual amatório utilizando o vinho como ingrediente: em 1661, a Santa Inquisição recebe a denúncia que Manoel Ribeiro, 22 anos, olhos azuis, claro, cabelo castanho, baixo, "andava amigado com um turco de quem era escravo e usava dele como sua mulher", e depois largou-o mandando ganhar pela cidade o seu jornal, enquanto não se resgatasse. Consta depois que esse guapo lusitano se amigara com mouras e adotara "o costume dos mouros galantes

[36] ANTT, IL, Proc. 5882.

[37] ANTT, IL, 20º Caderno do Nefando, 149-7-698, fl. 138.

e namorados, dando um corte em seu braço esquerdo na frente de uma enamorada e derramando no vinho o bebera fazendo demonstração de seu amor, e algumas vezes repetira o mesmo, cortando do pulso até o lombo e viu o dar seis ou sete feridas. Era muito amigo dos mouros, comendo e bebendo com eles".[38] Agora o vinho é usado como ingrediente na preparação de mezinha para curar uma chaga anal: em documento sem data, dos meados do século XVIII, informa-se que um moço de embarcações e fragateiro de nome José, residente em Belém, nos arredores de Lisboa, 25 anos, "agarrando um menino de três anos incompletos, filho de um chocolateiro francês, o levou para o armazém do qual saiu a criança chorando muito, toda ensangüentada e rasgado o orifício com a pica. Chamado o médico, este aplicou-lhe vinho tinto cozido com menta".[39]

Em outros documentos relativos ao Brasil, sobretudo denúncias contra supostos feiticeiros também nos meados dos setecentos, novamente encontramos o vinho utilizado como ingrediente curativo: a uma menina possessa pelo demônio, no Rio de Janeiro, "o médico mandou dar-lhe uma colher de vinho com açúcar", e uma "feiticeira" de Sabará, Minas Gerais, para curar pessoas "acometidas por calundus, usava um remédio que compõe de vinho e do suco de várias ervas que pisa para o dito efeito".

Mas este tema, a utilização de vinho e aguardente em rituais de cura e feitiçaria é assunto para um próximo ensaio.

---

[38] ANTT, IL, 12° Caderno do Nefando, 143-6-37, fl. 158.

[39] ANTT, IL, 20° Caderno do Nefando, 149-7-698, fl. 121.

Referências bibliográficas

BELINI, Ligia. *A coisa obscura*. Mulher, sodomia e Inquisição no Brasil Colonial. São Paulo: Brasiliense, 1987.

DYNES, W. *Homosexuality, A Research Guide*. New York: Garland Pub, 1987.

FOREST, Gary G. *Alcoholism and Human Sexuality*. Springfield, IL: Charles Thomas Editor, 1983.

HIRSCHFELD, Magnus. *Der Einfluss des Alkohols auf das Geschlechtsleben*. Berlin: Michaelis, 1906.

ISRAELSTAM, S.; LAMBERT, Silvia. Homosexuality as a cause of alcoholism, a historical review. *International Journal of the Addictions*, v.18, p.1085-107, 1983.

MORAES E SILVA, Antônio. *Dicionário da língua portuguesa*. Fac-símile da 2.ed. (1813). Rio de Janeiro: Revista de Língua Portuguesa, 1922.

MOTT, Luiz. Pagode português, a subcultura gay em Portugal nos tempos inquisitoriais. *Ciência e Cultura*, v.40, p.120-39, 1980.

_______. A maconha na história do Brasil. In: HENNAN, A. (Ed.) *Diamba sarambamba*. Textos sobre a maconha no Brasil. São Paulo: Editora Ground, 1986. p.117-35.

_______. Justitia et misericórdia, A Inquisição Portuguesa e a repressão ao abominável pecado de sodomia. In: NOVINSKY, A.; TUCCI, M. L. (Ed.) *Inquisição. Ensaios sobre mentalidade, heresias e arte*. São Paulo: Edusp, 1992. p.703-39.

O'FARRELL, T.; CAROLYN E WEYLAND, Diane Logan. *Alchool and Sexuality, An Annotated Bibliography on Alcoholism*, 1983

Aguardente de cana e outras aguardentes: por uma história da produção e do consumo de licores na América portuguesa*

Leila Mezan Algranti
Universidade de Campinas

Uma história dos licores e das bebidas espirituosas na América portuguesa induz, imediatamente, a pensar na aguardente de cana, mais conhecida como cachaça, pinga ou caninha, e outros muitos nomes atribuídos a esse produto tão fortemente identificado com os hábitos alimentares do brasileiro, o que nos faz perguntar: a cachaça é nossa?

Pergunta insólita, já que nos leva ao que Jean Louis Flandrin (1996, p.16) denominou a questão das origens e paternidades dos hábitos alimentares, ou seja, da adoção de um alimento, de um modo de preparo, de um novo gosto, chamando a atenção para as discussões pouco frutíferas que desperta.

De fato, a história da alimentação ultrapassa o nível imediato das origens e adentra o interior das estruturas do cotidiano, isto é, dos gestos e das práticas que se transformam como tudo o mais na história. A maneira de preparar um alimento, de consumi-lo e de aclimatar um produto vincula-se às necessidades de um determinado povo, grupo ou segmento social, mas também às condições climáticas, tecnológicas, econômicas e sociais. O alimento é um signo social e a alimentação, um fator de identidade cultural, assumindo um papel central no sistema de vida e de valores dos indivíduos.

---

* A pesquisa realizada para este estudo contou com o apoio do CNPq.

Nesse sentido, há algumas décadas, os historiadores têm procurado desvendar a complexidade dos comportamentos alimentares em determinadas sociedades e ampliado suas abordagens, transpondo os limites de uma história dos alimentos pura e simples, buscando uma história dos hábitos alimentares, da transmissão do saber culinário, dos aspectos simbólicos da alimentação, da sociabilidade e comensalidade que o ato de comer e de beber proporcionam.

O segmento das bebidas, por sua vez, apresenta algumas particularidades interessantes nessa nova história da alimentação: além de menos ex-plorado do que os alimentos sólidos, quando recebe atenção, privilegiam-se certas bebidas, como o vinho, o chá, o café e o chocolate. O primeiro pela sua presença marcante na alimentação, desde a Antigüidade, e os demais exatamente pelo motivo inverso: o caráter de novidade e de sua adesão tardia ao mundo ocidental, já na época moderna. Embora o grande desenvolvimento do consumo de açúcar esteja associado ao hábito dos europeus de beber chá, café e chocolate, a partir da segunda metade do século XVII, a aguardente de cana – subproduto da indústria açucareira – não recebeu o mesmo destaque nos estudos sobre a história da alimentação. Isso ocorre, possivelmente, pelo seu caráter secundário em relação ao açúcar, mas também pelo fato de seu consumo estar ligado às camadas menos favorecidas e ao comércio com a África.

De qualquer forma, na América portuguesa, entre os séculos XVII e XVIII, momento em que as chamadas "novas bebidas" começavam a ser difundidas, produzia-se vinho de várias frutas, mas também importava-se vinho da metrópole, de diversas origens e localidades. A presença freqüente das tamboladeiras[1] nos inventários seiscentistas

---

1 *Tamboladeira*: " utensílio de prata ou louça para se apreciar a cor ou o cheiro do vinho. Disco de prata com que se avalia a grossura do vinho"; copo de beber vinho, sem pés (ou com pé sem ponta, servindo de cabo) e que, com a base sem cone ou arredondada, como uma cuia, cambaleava e caía quando vazio. Cf. glossário do fichário sobre a casa brasileira, Acervo Ernani Silva Bruno, Museu da Casa Brasileira, São Paulo.

paulistas é reveladora do consumo de vinho na sociedade colonial. Elas serviam para se avaliar a espessura, o aroma e a cor do vinho, podendo ser de prata ou de louça. Porém, com os frutos da terra, fabricavam-se também outras bebidas alcoólicas - os licores - transformados muitas vezes em especialidades caseiras, exibidas e ofertadas como mimos a visitantes e hóspedes.

Os processos de fabricação de álcool, por sua vez, sempre variaram de acordo com a matéria-prima utilizada, podendo ser obtido de todas as substâncias que contêm glicose, como grãos de cereais, polpa de beterraba, sucos de frutas, uvas ou cana-de-açúcar, como ensinava o médico Edouard de Pomiane a seus leitores, no início do século XX. Ele observava que o álcool-bebida era de importação recente na Europa e datava do século XVII contemporâneo, portanto, da aguardente de cana, cuja referência mais antiga para o Brasil, segundo Câmara Cascudo, é de Pyrad de Laval que esteve na Bahia em 1610[2]. Pode-se supor, portanto, que a expansão do hábito de ingerir tal bebida vincule-se ao desenvolvimento da agroindústria açucareira na América portuguesa a partir desse período. Contudo, cabe lembrar que há referências bem anteriores ao vinho da cana-de-açúcar, como no livro de Marco Polo (século XIV) e também com relação ao conhecimento do processo de destilação do álcool, presente no *Roman de la Rose* de Guillaume de Lorris (cerca de 1236). Não se pode esquecer ainda que álcool e alambique são palavras de origem árabe e que os conhecimentos técnicos que sugerem devem ter chegado à Península Ibérica juntamente com o açúcar e com os doces feitos de açúcar, tão difundidos em Portugal e Espanha, os quais também foram introduzidos pelos mouros.

---

2 Edouard de Pomiane, *Beien Manger pour bien vivre – essai de gastronomie théorique*, Paris, Editions Albin Michel, 1922, 274 (Apud Cascudo, 1957, v. 2, p.415).

Por sua vez, o consumo de licores e aguardentes, especialmente a destilada da cana-de-açúcar, foi tão amplamente difundido e popularizado no nosso país, que produziu todo um folclore sobre a bebida, resultando em trovas, versos e ditos populares que remontam, inclusive, à época colonial. O consumo de licor permeou as camadas sociais, instalou-se na botica caseira e serviu às advertências de médicos e cirurgiões sobre os excessos e males que poderia causar.

Assim, com base na literatura de viagens e nos livros antigos de receitas, gostaria de refletir um pouco sobre alguns caminhos possíveis para a história dos licores na América portuguesa. Pretendo contemplar tanto a aguardente de cana como aguardentes produzidas a partir de outros produtos, ou seja, abordar um segmento da história da alimentação que envolve um produto destinado tanto ao consumo doméstico como ao comércio, presente em mesas singelas e opulentas em diferentes momentos de sociabilidade no mundo colonial.

Os licores e os processos de fabricação na América portuguesa

Antes de tratarmos da sua fabricação – que, como outras bebidas, são fabricadas a partir do álcool –, convém esclarecer que os licores, ainda no século XIX, eram considerados bebidas espirituosas ou doces, obtidas por destilação ou pela mistura de essências aromáticas com álcool e açúcar. Eram apreciadas principalmente se as proporções dos diferentes ingredientes fossem convenientemente combinadas e se se tivesse o cuidado de escolher um álcool bem puro, sem cheiro (Anônimo, 1895, p.261). Isso significa que, além de técnicas apropriadas, as receitas desempenharam um papel importante no processo de fabricação, o que nos leva aos repertórios de receitas, uma fonte indispensável para se recuperar a trajetória da produção dos licores em diferentes momentos históricos.

Assim, o licor não era um mero composto de álcool, água, açúcar e essências. Ele demandava conhecimentos e técnicas, e o destilador preparava seus licores como o cozinheiro seus molhos e condimentos. Como destacou Alfonso Reys, "assim como a arte de cozinha está no cortejo de sabores em torno de um sabor principal, o licorista se entrega a uma orquestração semelhante, sujeita a suas leis harmônicas e a suas doses precisas" (1953, p.164). Dessa forma, o processo de fabricação de licores esteve associado durante muito tempo à doçaria, e suas receitas devem ser buscadas nos livros antigos de copa e/ou confeitaria destinados aos doceiros e confeiteiros, já que sua ausência é observada na maior parte dos compêndios gerais de culinária portuguesa dos séculos XVII e XVIII. Estes eram obras de caráter abrangente, nas quais os pratos de alimentos salgados costumavam receber maior atenção (Rodrigues, 1987; Rigaud, 1999). Referindo-se às bebidas fermentadas e espirituosas, o *Doceiro nacional*, obra de caráter mais específico e publicada no Brasil no final do século XIX, destacava que, como as limonadas, os licores eram feitos pelos confeiteiros, assim como o hydromel e os vinhos artificiais, sinal de que a tendência à especialização na produção e na transmissão desse saber persistia (Anônimo, 1895, p.251).

Também o autor do *Manual do distillador e licorista* (1883) advertia o leitor sobre as peculiaridades do processo de fabricação dos licores, bem como sobre suas qualidades tônicas e confortativas. Considerava a obra um auxiliar precioso à horticultura nacional, que poderia "aumentar o bem-estar de muitas famílias laboriosas", sugerindo novamente uma profissão e atividade especializadas (C.J., 1883). Portanto, se esse saber específico é enfatizado nos manuais do século XIX, faz-se necessário buscar em obras equivalentes para os séculos anteriores as origens dessa especialização.

Quanto à produção propriamente dita, as aguardentes ou licores inflamáveis – segundo o *Traité des aliments*, de Louis Lemery, publicado em 1705 – eram obtidos a partir de diferentes matérias. Os indianos, diz ele, "retiram espíritos bastante fortes do arroz, das tâmaras e de sucos de outras ervas. Nos lugares onde se faz açúcar, se retira por destilação bastante licor ardente e inflamável da cana-de-açúcar. Ele se chama rum" (1705, p.527). Trata-se, portanto, da aguardente extraída da cana e que se popularizou no Brasil – a nossa cachaça – à qual Luís da Câmara Cascudo dedicou um livro repleto de referências preciosas intitulado *Prelúdio da cachaça*. Nele, o autor dedica-se, entre tantos outros aspectos, à identificação de suas origens, enfatizando que foi no Brasil que o termo cachaça passou a designar a bebida "obtida da cana-de-açúcar, do caldo ou do melaço, como as tarifas nas Antilhas, atração comercial na segunda metade do século XVII nas regiões do idioma espanhol" (Cascudo, 1986, p.21). A expressão "rum", utilizada nas colônia inglesas para designar o "vinho de cana-de açúcar", foi utilizada, de acordo com Tousaint-Samat (1982, p. 679-80) no final do século XVII, como abreviação de *rumbullion* ou *rumbustion*, um termo presente no dialeto crioulo de Barbados .

Não foi possível, entretanto, estabelecer quando o termo cachaça passou a ser aplicado à aguardente de cana. De acordo com Cascudo(1986, p.14), a cachaça portuguesa do século XVI, mencionada em documentos seiscentistas e anteriores, "era uma espécie de aguardente obtida com as borras das uvas", correspondente à bagaceira atual. Informa, ainda, que nos séculos XVI e XVII, na América portuguesa, não havia uma bebida com o nome cachaça, com base alcoólica. Utilizava-se o termo garapa azeda ou aguardente para designar a bebida alcoólica, conforme se pode inferir do texto de Antonil (apud Cascudo, 1986, p.17). Esta era obtida com a fermentação da garapa, ou seja, do caldo de cana azedo e devia ser evitada nos engenhos, porque provocava a embriaguez. A garapa (não- alcoólica) feita das espumas sobrantes da segunda caldeira, por sua vez, bebia-se imediatamente e ainda doce.

Como esclarece Câmara Cascudo (1986, p.18), portanto, "os nomes de aguardente e cachaça confundiram-se numa recíproca sinonímia" e ninguém se preocupou em distinguir a origem da bebida: "do caldo de cana, cana, caninha, aguardente, ou de mel, melado, melaço, cachaça". Porém, é geralmente como aguardente que a bebida alcoólica extraída da cana-de-açúcar será designada nos documentos relativos à América portuguesa entre os séculos XVI e XVIII, como nos relatórios dos vice-reis, no *Compêndio narrativo do peregrino da América*, de Nuno Marques Pereira, ou na obra de Antonil. Nesses últimos, encontra-se associada prioritariamente aos hábitos dos escravos.

Uma outra forma de designar a aguardente (água-da-vida ou eau-de-vie) era jeribita, termo utilizado por Gregório de Matos, no século XVII, e em documentos referentes a São Paulo no mesmo período, conforme aponta Câmara Cascudo. No famoso *Engenho de Sergipe do Conde*, na Bahia, destilava-se aguardente no século XVII, apesar dos riscos de embriaguez na senzala. Mas nas propriedades de menor porte, também se preparava cachaça, chamada de garapa doida, guardada em vasos fermentados, que substituía aquela destilada e produzida nos alambiques (Cascudo, 1986, p.21-3). Por outro lado, o processo bastante simples de fabricação de aguardente e a difusão da lavoura de cana-de-açúcar justificaram sua expansão no período colonial, quando, com poucos escravos, uma engenhoca e um alambique, se podia obter a bebida, quer para consumo doméstico quer para o comércio local ou externo.[3]

Nos inventários de São Paulo e Santana de Parnaíba do século XVII, nota-se a presença de alambiques, como no de Domingos Jorge Velho.[4] Esses podiam ser feitos de barro ou de cobre, dependendo das posses do fabricante e da sofisticação da produção. No inventário dos bens apreendidos de Ignácio José de Alvarenga Peixoto, por sua vez

---

[3] Sobre o baixo custo da fabricação da cachaça ver a memória de J. F. Dutrone (1801, p.352).

[4] Inventários e testamentos, São Paulo, Publicação Oficial do Arquivo do Estado de São Paulo, 1670, vol. XVIII, p.44.

constam dois alambiques de cobre: "um que leva dezesseis barris e outro dezessete".[5] Mas geralmente eram utilizados aparelhos simples como observaram Spix & Martius em São Paulo, ao se referirem à produção da região:

> muitos desses engenhos preparam açúcar, sobretudo melado, apenas para o necessário para o consumo particular; e os alambiques em muitas fazendas são tão insignificantes que somente podem dar algumas medidas de cachaça. Esses pequenos aparelhos encontram-se na maioria das cento e noventa fazendas de criar, tanto quanto o terreno permite a cultura da cana para o sustento da casa. (1938, v. 1, p.211)

As aguardentes – como os demais licores – eram obtidos, portanto, por destilação, fermentação ou por simples mistura. A técnica da destilação foi introduzida pelos portugueses, já que os índios não sabiam destilar, embora, assim como os africanos, utilizassem bebidas fermentadas. Na América portuguesa eram feitas com caju, macaxeira (mandioca), pacova ou banana-da-terra, milho, abacaxi, batatas e jenipapo, misturadas ao mel de abelha, se quisermos mencionar as mais comuns. Enquanto na África, a palmeira do dendê, os sorgos e milhos ou as infusões de sementes serviam para o mesmo fim (Cascudo, 1957, v.2, p.411-12).

Visitando o Nordeste no final da primeira metade do século XVII, Nieuhof descreveu o processo de fabricação de vinho ou licor de mandioca (aipy). Ele se refere a dois processos: o primeiro, mais conhecido, que envolvia a fermentação por mastigação, utilizado pelas índias mais velhas, e o segundo, que consistia em tomar a raiz de mandioca descascada e cortada em fatias, triturá-la e ferver em água até o ponto

---

5 Autos da Devassa da Inconfidência Mineira (1789-1791), Rio de Janeiro, Ministério da Educação/ Biblioteca Nacional, 1936-1937, vol. 1, p.425.

de ser espremida. O viajante comparou a bebida assim obtida ao soro do leite e a considerou de paladar bastante agradável, sendo servida ainda quente (Nieuhof, 1942, p.304-5).

Mas mesmo o processo de destilação (a chamada fabricação por processo quente) não prescinde da fermentação, já que o álcool não é um produto natural, como enfatizou o autor do *Manual do distillador e licorista*: "ele provém da fermentação vinosa de substâncias sacarinas, durante a qual são decompostas em ácido carbônico, álcool e alguns produtos secundários. Submetendo este líquido fermentado à destilação, obtém-se uma solução aquosa do álcool". Essa solução é a chamada "aguardente", quando contém até 50% de álcool; "espírito", quando possui mais de 50% de álcool, e "espírito retificado", quando nela se acham até 96% de álcool (C. J., 1883, p.1-2).

No compêndio sobre a cana-de-açúcar, traduzido por frei José Mariano Veloso, a fermentação da cana é explicada de forma detalhada e comparada à fermentação da vinha, mas especialmente à das maçãs e das pêras:

> o mosto da cana (chamaremos com este nome o suco espremido das canas fermentadas, diz o autor), posto em tonéis, continua a fermentar, como o suco das maçãs e das pêras. As matérias feculentas se separam pela mesma ação da fermentação; uma parte se precipita, a outra é rejeitada debaixo da aparência de uma escuma espumosa, muito abundante... submetendo-se o vinho da cana à destilação, se tira uma aguardente, que chamamos de aguardente de vinho de canas.[6]

---

[6] Logo no início do capítulo IV "Fermentação e destilação dos melassos", o autor informa: os primeiros melaços amargos são fermentados e destilados em oficinas próprias ou casas particulares denominadas de destilar, ou do alambique (Dutrone, 1801, p.347-9). Na primeira parte destas casas se põem de pé, sobre canteiros, tonéis ou coxos, que se chamam vasos de fermentação. Estes recebem os melaços diluídos com água, com tal proporção, que cheguem no areômetro ou pesa licores a 11 até 12 graus..." (Dutrone, 1801, p.143-4).

Referindo-se aos licores em geral, e não somente à aguardente de cana, o *Manual do distillador* informava aos aprendizes que, no ato da destilação, passavam primeiramente os vapores que continham quase só álcool; em seguida, os vapores mais aquosos e, finalmente, só os vapores de água. Esse primeiro destilado produzia uma aguardente fraca, a qual retificada, isto é, submetida à segunda destilação, oferecia um produto mais alcoólico. Multiplicando-se as retificações, podia-se obter até 96% de álcool (C. J., 1883, p.3-5). Como os manuais desse tipo tinham como objetivo não só a técnica de obtenção do álcool, mas, fundamentalmente, ensinar a fabricação da bebida, eles oferecem muitas receitas detalhadas contendo os produtos utilizados e as respectivas medidas, como pode ser observado na receita de licor de canela oferecida pelo manual e transcrita a seguir:

> Pique-se e ponha-se a macerar durante dois dias em 6 quilos de álcool e 2 de água: 240 gramas de canela de Ceilão, 180 gramas de flor de canela, 60 gramas de raiz de violeta. Destile-se seis quilos e meio, juntando 2 quilos de açúcar, tinja-se de encarnado e filtre-se. (C. J., 1883, p.80)

Quanto aos licores feitos por mistura, chamado de processo frio, embora mais fáceis de serem preparados e semelhantes no gosto e aroma aos destilados, foram menos considerados pelos especialistas, por "provocarem grandes dores de cabeça". Por isso, recomendava-se aos confeiteiros escrupulosos que abandonassem esse método de fabricação (C. J., 1883, p.271). Contudo, é bem provável que a maior parte das referências presentes na literatura de viagens do século XIX sobre o consumo e produção de licores na América portuguesa, reporte-se aos licores obtidos por mistura, especialmente àquelas que dizem respeito às pequenas propriedades rurais e ao ambiente urbano. Uma observação de Henry Koster (1936), que viveu em Pernambuco onze anos, confirma nossa impressão: "Até recentemente somente um número reduzido de plantadores possuía alambique para destilação, e se limitavam a vender mel produzido aos pequenos destiladores".

Nos compêndios de culinária especializados em doces são freqüentes as receitas de licores caseiros obtidos com a mistura de frutas, água, açúcar e álcool. O *Doceiro nacional* oferece muitas delas à base de frutas secas ou frescas. No *Manual do distillador*, na parte referente ao processo frio de fabricação, encontra-se, por exemplo, a seguinte receita de licor de abacaxi:

> Ponha-se a digerir por alguns dias 18 litros de álcool de 90 graus, cascas de 3 abacaxis e de 4 laranjas com 18 gramas de baunilha, 65 gramas de cássia super fina, 60 gramas de cravo. Filtre-se e agregue-se 14 kg de açúcar candi branco dissolvidos em 12 litros de água destilada. (C. J., 1883, p.25)

Assim, engarrafados e bem fechados com rolhas, esses licores facilmente fabricáveis conservavam-se por muito tempo e eram consumidos e ofertados em situações variadas, nas mais diversas localidades da América portuguesa.

É, portanto, em obras técnicas como o *Manual do distillador ou de culinária* como o *Doceiro nacional* que podemos encontrar descrições mais detalhadas sobre o processo de fabricação das bebidas, as quais acabam por transmitir informações compiladas a partir de fontes distintas, muito possivelmente referentes a períodos anteriores. Os cronistas e viajantes, cujas narrativas são sempre muito ricas para o estudo do cotidiano e das práticas dos colonos, fornecem geralmente mais informações sobre o consumo dos licores do que sobre o processo de fabricação propriamente dito. Mas consultando-as, é possível extrair algumas informações sobre os produtos utilizados (arroz, café, mandioca, cará, laranja) e sobre as técnicas utilizadas (por mistura ou destilação) e, especialmente, refletir sobre sua difusão e transformação ao longo da colonização. Assim, as obras de caráter técnico, preocupadas em ensinar os ofícios, os livros de receitas e as memórias especializadas são fontes importantes e disponíveis ao historiador que se debruça sobre as formas de produção das bebidas espirituosas.

Mas uma história dos licores e de suas transformações pode revelar, além de informações desse tipo, as formas de consumo das bebidas, bem como os significados que os indivíduos lhes atribuíam.

O consumo e o comércio das aguardentes

Com relação ao consumo das aguardentes, a julgar pelos depoimentos dos viajantes do século XIX, podemos dizer que a aguardente extraída da cana-de-açúcar era a bebida preferida das classes menos favorecidas na América portuguesa, como a dos negros (escravos e livres), mas também a dos brancos, como se pode inferir a partir de duas passagens de Saint Hilaire em seu diário sobre a viagem ao Rio de Janeiro e Minas Gerais. Visitando Peçanha, em Minas, em 1817, ele comentou: "apesar da extrema fertilidade da região, seus habitantes são pobres... O gosto pela aguardente é quase geral em todo esse local; as mulheres não estão mais isentas que os homens, e os brancos a ela se entregam quase tanto como a gente de cor" (Saint-Hilaire, 1974, p.177-8).Em outro momento, referindo-se aos fazendeiros dos arredores de Guanhães, o viajante observou: "em geral, os que nessa zona cultivam a cana-de-açúcar acham menos lucro em fazer melaço do que aguardente (cachaça), por causa do grande consumo que fazem desse licor os numerosos negros empregados no distrito diamantino, vizinho desse" (ibidem, p.167).

Embora as observações de Saint-Hilaire se refiram ao final do período colonial, elas chamam a atenção para dois aspectos importantes a serem considerados em uma história do consumo da aguardente na América portuguesa: o primeiro é a possibilidade de se investigar quem consumia os diferentes tipos de aguardente e, certamente também, onde e como era consumida. O segundo aspecto diz respeito à quantidade de aguardente consumida e, portanto, instiga o estudo da dinâmica econômica dessa produção enquanto atividade mercantil, que proporcionava, além de lucro, a sobrevivência de determinados grupos sociais. Assim, várias questões despontam a partir das narrativas de viagem, tanto ao historiador da cultura – mais interessado nas práticas alimentares, nos significados atribuídos a determinado alimento e em seus valores simbólicos – bem como aos estudos de caráter socioeconômico, diretamente ligados às análises sobre o mercado consumidor, os lucros auferidos, o montante da produção e os grupos sociais envolvidos nesses processos. Quem produz? Quanto produz? E para o que ou para quem produz? São algumas das questões que poderíamos formular.

Atente-se, contudo, que ao procurar responder a questões desse tipo, o historiador não necessariamente estaria enveredando por uma história das relações de produção, isto é, uma história econômica da produção da aguardente. Ao contrário, optando-se por esse viés, continua em foco uma maior aproximação com os indivíduos e seus hábitos alimentares, como detectar o gosto pela aguardente, a sociabilidade que ela envolve e até mesmo os excessos que provoca, o alcoolismo.

Os viajantes Leithold & Rango (1966, p.89) visitando o Rio de Janeiro, em 1819, consideraram, como outros estrangeiros, a cachaça uma bebida de "gosto detestável", embora apreciada pelos negros, "pior em gosto e muito mais forte do que a nossa aguardente de trigo", dizem eles.

Se a literatura de viagens pode responder a algumas dessas perguntas, as fontes notariais como os inventários, os registros de escritura doméstica dos colonos (os cadernos de receitas e despesas), as correspondências oficiais e mesmo a legislação são fontes alternativas que propiciam análises apuradas, especialmente quando os recortes cronológicos e espaciais são bem delimitados e circunscritos. Cabe assim, ao historiador, selecionar suas fontes, a partir da formulação de problemáticas e hipóteses bem definidas. Ou seja, escolher caminhos que o levem aos agentes históricos e suas práticas alimentares.

Vejamos alguns exemplos, portanto, do que se pode aferir em termos do consumo das aguardentes na literatura de viagens, partindo das perguntas: onde, como e quem consumia esses licores.

Em meados do século XVII, Johann Nieuhof (1942) informava em sua *Memorável viagem marítima e terrestre ao Brasil* que os índios bebiam habitualmente água, "mas também fabricavam um certo licor, de farinha ...", e começavam a se habituar "com aguardente de cana que, entretanto, não se lhes permite levar para suas aldeias, a fim de não abusarem das bebidas alcoólicas". Sugere, portanto, que além dos índios apreciarem vários tipos de licores, havia uma preocupação em se dificultar o acesso deles às bebidas espirituosas, informação confirmada por Saint-Hilaire (1974, p.214) quando diz que os índios macunís "são apaixonados pela aguardente" e que, quando alguém lhes dava uma dose desse licor, importunavam-no com outros pedidos.

O gosto dos índios pela bebida foi observado cinqüenta anos mais tarde por Avé-Lalleman (1961, v.1, p.199) que possuía duas garrafas em sua expedição "só para eles" (os índios), a fim de mantê-los interessados no trabalho. Rugendas (1972, p.110) também associou a aguardente de cana às classes inferiores, propondo-a quase como um remédio contra os alimentos pesados que ingeriam, tais como o milho, o feijão e a carne-seca, "caso contrário, diz ele, lhes seriam nocivos".

Nos arredores do Rio das Velhas, Saint-Hilaire (1975, p.134) observou que os mestiços de índios e negros compravam de agricultores locais, que perambulavam pela região, "cachaça, rapadura, lingüiças e carne de porco salgado", ou seja, a aguardente fazia parte dos componentes básicos da alimentação dos menos favorecidos . A informação é confirmada por Spix & Martius (1938, v.1, p.16) em relação aos habitantes mais humildes de Belém, os quais, embora se alimentassem de peixe seco e farinha d'água, também não dispensavam a aguardente de cana, considerada "bebida dos homens". Os ricos, segundo os mesmos viajantes, bebiam vinhos portugueses... Os pescadores de Recife, por sua vez, penduravam na estaca das jangadas "o saco de farinha e a cabaça de aguardente" (Tollenare, 1956, p.18). Mas, de acordo com George Gardner (1975, p.158), também as mulheres apreciavam a aguardente de cana, como se nota a partir da seguinte obser-vação: "as mulheres de classe baixa são também muito dadas a beber cachaça".

Ao que tudo indica, o hábito de beber cachaça era generalizado entre as classes mais humildes, independentemente do gênero e da condição legal dos indivíduos (livres ou escravos). Os escravos do Rio de Janeiro chegavam a comprá-la clandestinamente com o dinheiro obtido em pequenos serviços avulsos, como enfatizou Tschudi (1953). É claro que devia ser apreciada pelos efeitos próprios das bebidas espirituosas, mas não se pode ignorar o nível calórico existente nas bebidas alcoólicas e a importância que esse fator devia assumir em dietas pobres e insatisfatórias, como era a dos escravos.[7]

Mas se os mais humildes consumiam a aguardente de cana, junto ao alimento diário, quase como um complemento alimentar, ela era também usufruída nas vendas que serviam de espaço de sociabilidade. Percorrendo o interior do Rio de Janeiro, rumo a Minas Gerais, Saint-Hilaire (1974) observou que as vendas eram bastante numerosas, embora sem muitos recursos, encontrando-se apenas "algumas garrafas de aguardente de cana, algumas peças de vasilhames de barro, um pouco de fumo...". Os mais abastados, por sua vez, consumiam a aguardente de cana como aperitivo ou nos momentos de relaxamento e convívio social após o jantar, como relata Bates (1944, p.284 e 299) já em meados do século XIX . Assim, pura, queimada (flambada) ou mis-

[7] O viajante chama a atenção para sua presença na alimentação dos escravos, observando: "às vezes, mas não regularmente, um pouco de cachaça" (Tschudi, 1953, p.54-5).

turada com café, ela atraía os convivas de um lauto jantar nas palavras do naturalista francês. Além da cachaça, os membros da elite também apreciavam e produziam aguardente de caju, de abacaxi e de laranjas, como na casa de um fazendeiro que hospedou Saint-Hilaire (1974, p.285 e 323) em Minas Gerais e lhe serviu "excelente aguardente de laranja, a qual fabricava adicionando açúcar ou mel". De acordo com Spix & Martius (1938, v.1, p.27), também os proprietários de terra em Belém destilavam cachaça e licores finos , assim como o dono de uma fazenda que "gentilmente" acolheu John Mawe (1978, p.101), nos arredores do Rio de Janeiro, e o presenteou com licores fabricados com frutas da própria fazenda. O hábito entre os membros da elite de presentear visitantes e amigos com licores também foi observado por Debret (1940, v.1, p.240), no Rio de Janeiro .

Assim, a aguardente de cana, bem como as outras aguardentes confeccionadas com os frutos da terra serviam como alimento básico diário ou complementar; eram utilizados como oferenda e gentileza; participavam da comensalidade e de outros rituais domésticos, dependendo da origem e da condição social dos envolvidos. Percebe-se, portanto, que em uma sociedade fortemente hierarquizada como a que existia na América portuguesa, os alimentos adquiriam significados diferenciados de acordo com a condição de quem os consumia, mas podia ser apreciada por indivíduos de diferentes segmentos sociais.

Um exemplo bem característico diz respeito ao alcoolismo. A dependência química que a aguardente de cana poderia produzir nos indivíduos foi geralmente abordada pelos contemporâneos em relação aos escravos, de onde resulta a preocupação em se prevenir seu excesso. Se Antonil já a mencionava, advertindo que "o que se há de evitar nos engenhos é embriagarem-se (os escravos) com garapa azeda, ou aguardente, bastando que lhes conceda a garapa doce, que lhes não faz dado", Jorge Benci imputava aos negros uma maior propensão aos vícios e ao pecado. Segundo o jesuíta, enquanto os brancos aprendiam a pecar somente com lições "muito repetidas", os negros não necessitavam de muito tempo, já que eram "hábeis para todo gênero de maldades". Daí acreditar na necessidade em se prevenir o ócio. Ao criticar as razões alegadas pelos senhores que obrigavam seus escravos a trabalharem aos domingos, Benci (1977, p.178 e 192) lembrou que um dos argumentos utilizados era que "nos domingos e dias santos, quando não trabalham, ou se entregam ao vinho ou a danças e bailes desonestos, ou fazem pendências, em que ou ferem ou saem feridos, ou cometem outros semelhantes gêneros de maldades".

A crença na tendência à embriaguez e ao vício da bebida por parte dos escravos também transparece na documentação da polícia do Rio de Janeiro no início do século XIX, quando o escrivão fazia questão de assinalar que determinado escravo havia sido preso pelas rondas por estar em desordens, bebendo. A bebida, ou a embriaguez dos afro-descendentes, parece ser, nesses casos, mais uma das responsáveis pelas prisões e ameaças que a comunidade de origem africana despertava entre a população branca.[8] Consultando-se, portanto, as obras dos cronistas, é possível localizar várias referências sobre o alcoolismo no período colonial, especialmente em relação aos escravos, bem como sobre as moléstias que causava. Também os registros dos hospitais da Misericórdia podem oferecer informações sobre os males provocados pelo excesso de consumo da cachaça entre as classes menos favorecidas, especialmente os registros de óbitos preservados pela Irmandade.

As fontes sobre o consumo das aguardentes são, portanto, variadas, assim como suas possibilidades de análise. Cabe destacar ainda que, se elas propiciam o estudo da produção e do consumo interno na colônia enquanto alimento, não é possível ignorar as características

---

[8] Arquivo Nacional, Rio de Janeiro, códice 403.

curativas que lhe foram atribuídas, nem a sua presença nos rituais e crenças africanos e indígenas, como destacou Câmara Cascudo. Dados que impulsionavam ainda mais seu consumo.

Em relação à produção visando ao mercado externo, a aguardente de cana adquiriu importância como moeda de troca no tráfico de escravos na África até meados do século XIX, mas foi também presença obrigatória na ração diária distribuída à tripulação das embarcações negreiras e até mesmo oferecida aos escravos aprisionados nos porões, para ajudar a "esquecer, aturdir-se, resistir", como comentou Câmara Cascudo (1986, p.24). Os registros das câmaras municipais de Salvador e Rio de Janeiro trazem indicações sobre a importância da aguardente nesse comércio e sobre as limitações impostas à sua saída, como sugerem as observações feitas, por exemplo, por Vivaldo Coaracy sobre o Rio de Janeiro no século XVII.

Preocupada com a concorrência que a bebida poderia causar ao comércio dos vinhos portugueses, a Coroa portuguesa limitou a produção em seus domínios americanos. A carta régia de 13 de setembro de 1649 proibiu a fabricação do "vinho de mel" em todo o Estado do Brasil, mas ela prosseguiu em todas as partes, apesar do interdito, que acabou suspenso em 1661. Em 1690, D. Pedro II proibia novamente seu envio para Angola, incitando o contrabando. Mas com a descoberta do ouro e a necessidade de escravos, a lei caiu em abandono, a produção se generalizou e o consumo interno e externo da bebida se expandiu (Cascudo, 1986, p.25-7). Em 1819, Martius (apud Cascudo, 1986) observava do Pará que grandes quantidades de aguardente eram enviadas para os Açores e para Portugal.

De qualquer forma, o consumo de cachaça foi sempre em grande parte associado às camadas humildes. Considerada como substituto do vinho, a bebida foi vista como estimulante, como responsável por doenças como a hepatite e a hidropisia e também como subterfúgio para enganar a fome (Richard Burton apud Frieiro, s.d., p.241). Foi designada como bebida de macho, de heróis, de pobre. Tantos atributos, tantas abordagens possíveis!

Conforme o gosto e o consumo foram se generalizando, a aguardente de cana provocou opiniões contraditórias de George Gardner (apud Frieiro, s.d., p.242) que, em 1840, a considerou bebida consumida por todas as camadas sociais. Enfim, ingerida pura ou misturada com gengibre, aniz, limão e outras frutas, a aguardente de cana predominou enquanto bebida espirituosa na América portuguesa. Os demais licores, fabricados a partir de produtos diversos, ficaram mais restritos às habilidades dos pequenos proprietários, dos fazendeiros e das sinhás que os destinavam ao consumo doméstico; ou das religiosas confeiteiras, que os vendiam para aumentar a renda de seus estabelecimentos.

Esse caráter seletivo do consumo de certos licores não foi exclusivo da América portuguesa. Tomando como referência o consumo de vinho na França, Teuteberg e Flandrin (1996, p.725) destacaram que, embora o gosto pelas aguardentes e licores tivesse aumentado na Europa a partir do século XVII, "tais bebidas atingiam uma parcela minoritária da sociedade já que, em 1815-1824, só se consumia 0,9 litro por pessoa por ano". Segundo os mesmos autores, em menos de um século e meio, o consumo atingiu 11,6 litros em 1935-1938, decrescendo sensivelmente nas décadas seguintes. Mas essas aguardentes eram majoritariamente feitas de batata. Do que se pode inferir que o gosto pela aguardente de cana foi mais difundido nas zonas produtoras de cana e, ao contrário do açúcar, não se expandiu amplamente na Europa.

Hernani de Carvalho (2002), em um artigo intitulado "A cachaça, vista pelo folclore", resume de forma pitoresca não só a difusão do hábito de beber aguardente no Brasil, mas também as mudanças ocorridas em seu consumo. Consumo este, como enfatizamos, marcado pelas distinções sociais desde o período colonial. Diz ele:

> Quando a cachaça era bebida de negro (e subia a cabeça...), dizia-se embriaguez, bebedeira, mona, porre, pifão, puxando-um-fogo e que tais. Estes designativos que menosprezam o alcoólatra da cachaça, com a entrada dos brancos para o cordão da "branquinha" tudo se modificou: uma dose de uma cachaça é uma "batida"; um porre de cachaça é uma crise etílica passageira; um cálice de cachaça na mesa de um bar chique chama-se abrideira; um coquetel à base de cachaça antes de um jantar chique chama-se aperitivo.

E conclui: "Até entre as classes sociais há diferenciação entre termos dos cachaceiros..." (Carvalho, 2002).

Não há como negar que os ditos e expressões populares são de fato uma fonte inesgotável de referência ao historiador da cultura. Assim, se porventura a cachaça não é nossa, ela certamente galgou a escala social e, entre os séculos XVII e XXI, tornou-se um produto fortemente identificado com a alimentação do brasileiro, bem como o acompanhamento preferido em muitos pratos de nossa culinária.

Referências bibliográficas

ANÔNIMO. *Doceiro nacional*. Rio de Janeiro: Garnier, 1895.

AVE-LALLEMANT, Robert. *Viagem pelo norte do Brasil em 185*. Rio de Janeiro: Ministério da Educação e Cultura, INL, 1961.

BATES, Henry Walter. O *naturalista no rio Amazonas (1848-1859). São Paulo: Editora Nacional, 1944.*

BENCI, Jorge. *Economia cristã dos senhores no governo dos escravos*. São Paulo: Grijalbo, 1977.

C. J. *Manual do distillador e licorista confeccionado por C.J, segundo os melhores autores*. Rio de Janeiro: H. Laemmert & C livreiros editores, 1883.

CASCUDO, Luis da Câmara. *História da alimentação no Brasil*. São Paulo: Companhia Editora Nacional, 1957. 2v.

CASCUDO, Luis da Câmara. *Prelúdio da cachaça*: etnologia, história e sociologia da aguardente no Brasil. Belo Horizonte: Livraria Itatiaia, 1986.

CARVALHO, Hernani de. A cachaça vista pelo folclore. *Jangada Brasil*, ano 5, n.49. (http,//jangadabrasil.com.br/setembro49/especial02.htm), 2002.

COARACY, Vivaldo. *O Rio de Janeiro no século XVII*. Rio de Janeiro: José Olympio, 1944.

DEBRET, Jean Baptiste. *Viagem pitoresca e histórica ao Brasil (1816-1831)*. São Paulo: Martins Ed., 1940. t.1.

DUTRONE, J. F. *Compêndio sobre a canna e sobre os meios de se lhe extrair o sal essencial ao qual se ajuntão muitas memórias ao mesmo respeito, dedicado a colônia de São Domingos or J.F. Dutrone*, doutor em medicina, traduzida por ordem de Sua Alteza, O Príncipe Regente. Por Fr. José Mariano Veloso. Lisboa: Typographia Chalographica e Literária do Arco do Cego, 1801.

FLANDRIN, Jean Louis. Introdução. In FLANDRIN, Jean Louis; MONTANARI, Massimo. (Dir.) *História da alimentação*. São Paulo: Estação Liberdade, 1996. p.15-23.

FRIEIRO, Eduardo. *Feijão, angu e couve, ensaio sobre a comida dos mineiros*. Belo Horizonte: Centro de Estudos Mineiros, Imprensa da UFMG, s. d.

GARDNER, George. *Viagem ao interior do Brasil* (1836-1841). São Paulo, Belo Horizonte: Edusp, Itatiaia, 1975.

KOSTER, Henry. *Viagens ao Nordeste do Brasil* (1809-1815). São Paulo: Editora Nacional, 1936.

LEITHOLD, T. Von; RANGO, L. Von. *O Rio de Janeiro visto por dois prussianos*. São Paulo: Editora Nacional, 1966.

LEMERY, M. Louis. *Traités des aliments*. 2.ed. Paris: Pierr Witte, 1705.

MAWE, John. *Viagens ao interior do Brasil* (1807-1810). São Paulo, Belo Horizonte: Edusp, Itatiaia, 1978.

NIEUHOF, J. *Memorável viagem marítima e terrestre ao Brasil* (1640-1649). São Paulo: Martins Fontes, 1942.

REYES, Alfonso. *Memórias de cocina y bodega*. México: Fondo de Cultura Económico, 1953.

RIGAUD, Lucas. *Cozinheiro moderno ou nova arte de cozinha* (1785). Sintra: Colares Editores, 1999.

RODRIGUES, Domingos. *Arte de cozinha* (1680). Lisboa: Imprensa Nacional/Casa da Moeda, 1987.

RUGENDAS, João Mauricio. *Viagem pitoresca ao Brasil* (1825-1830). São Paulo: Edusp, Martins Ed., 1972.

SAINT-HILAIRE, Auguste de. *Viagem pelas províncias do Rio de Janeiro e Minas Gerais* (1816-1817). São Paulo, Belo Horizonte: Edusp, Itatiaia, 1974.

_______. *Viagem à província de Goiás* (1819). São Paulo, Belo Horizonte: Edusp, Itatiaia, 1975.

SPIX, J. B.; VON MARTIUS, C. F. *Viagem pelo Brasil* (1817-1820). Rio de Janeiro: Imprensa Nacional, 1938.

TEUTEBERG, Hans Jurgen; FLANDRIN, Jean Louis. Transformações do consumo alimentar. In: FLANDRIN, Jean Louis; MONTANARI, Massimo. (Dir.) *História da alimentação*. São Paulo: Estação Liberdade, 1996. p.708-29.

TOLLENARE, L. F. *Notas dominicais tomadas durante uma viagem em Portugal e Brasil em 1816, 1817 e 1818*. Salvador: Progresso Ed., 1956.

TOUSSAINT-SAMAT, Maguellonne. *Histoire naturelle et morale de la nourriture*. Paris: Larousse, 1982.

TSCHUDI, J. J. *Viagem às províncias do Rio de Janeiro e São Paulo*. São Paulo: Martins Ed., 1953.

Os quilombos, a noite e a aguardente nas Minas coloniais

Carlos Magno Guimarães
Universidade Federal de Minas Gerais

Este ensaio trata da sociedade escravista mineira colonial, na qual a aguardente de cana esteve presente integrando tanto a realidade dos quilombos quanto sendo responsável por sua inserção na dinâmica social. A noite foi o ambiente no qual a interação entre elementos das diversas categorias sociais tiveram, naquele contexto, sua presença mais evidente.

A presença da aguardente e de outros tipos de bebidas alcoólicas nas sociedades escravistas foi uma constante. Isso se deu não só no âmbito interno, mas também nos seus mecanismos externos de reprodução, como tráfico de escravos. Integrando a dinâmica dessas sociedades como hábito cotidiano de parte da população escrava, o consumo de aguardente era visto não só como problema, mas também como elemento de conteúdo político favorecendo a manutenção do escravismo.

O consumo da aguardente por parte das populações dos quilombos suscita várias questões, destacando-se aquelas relativas à sua obtenção: seria produção interna ou apenas um comércio clandestino? Esta segunda hipótese remete à possibilidade de existência de uma rede de relações entre parcelas da sociedade escravista e as comunidades formadas por escravos fugidos (Guimarães, 1983). Este era um dos vínculos que firmavam a inserção dos quilombos naquela sociedade.

Merece referência o fato da aguardente ter sido utilizada também pelas tropas encarregadas da repressão aos quilombos, o que permite identificar hábitos semelhantes nos diferentes agentes que compunham os pólos de uma das contradições características das sociedades escravistas (rebeldia *versus* repressão).

Os referidos aspectos serão abordados com ênfases distintas. O ensaio pretende localizar os diferentes contextos onde a aguardente esteve presente, no bojo da sociedade escravista colonial. No fundo, trata-se de perceber, para além da trajetória histórica do produto, a sua importância como elemento intermediador de relações sociais em contextos e processos históricos específicos.

I

A participação da aguardente (de cana) como elemento integrante do tráfico de escravos que abasteceu a colônia e o império brasileiros é referência constante na bibliografia que trata de tais períodos (Alencastro, 2000; Florentino, 1995; Gorender, 1978; Verger, 1987).

Ao lado de outros produtos utilizados como moeda na aquisição de escravos no continente africano, a aguardente teve importância fundamental, principalmente a partir da segunda metade do século XVIII.[1] Tal relevância pode ser apreendida quando considerada no processo amplo que envolveu realidades e grupos de interesses distintos.

[1] Com relação ao costume (largamente difundido na literatura que trata do tráfico) de atribuir à aguardente e/ou ao tabaco a natureza de moeda, é necessário um esclarecimento. Do ponto de vista da teoria econômica, uma moeda é definida pelo seu caráter de equivalente geral ou universal. Estudos mais aprofundados devem ser feitos, com relação ao tabaco e à aguardente no contexto do tráfico, para esclarecer o papel desses produtos. Essa questão adquire relevância quando considerado o fato de que permite refletir sobre as especificidades do tráfico, e evitar anacronismos com atribuir às realidades coloniais um caráter que estaria circunscrito à teoria econômica (ver Marx, 1976; Godelier, s.d).

A inserção da aguardente de cana e de outras bebidas destiladas na África ocorreu na seqüência de um longo processo que destruiu as condições de produção da bebida dominante (vinho de palma), que fazia parte do cotidiano de grande parte das populações africanas. Esse processo, que se desenrolou concomitante ao desenvolvimento do tráfico de escravos, acabou por transformar o continente africano em um imenso mercado no qual a aguardente brasileira, dentre outros produtos, acabou ocupando lugar de destaque.

A transformação de parte da população africana em consumidora da aguardente brasileira significou, na realidade, a assimilação de seu consumo por uma parcela da população que, posteriormente, seria apresada e transferida, como escrava, para a colônia produtora da bebida. Dito de outra forma, o significado é que, na África, as populações tiveram seus hábitos modificados de acordo com traços da dinâmica cultural da sociedade que iria recebê-los e explorá-los como escravos. Acresce-se a isso o fato de que a sociedade colonial brasileira tinha, desde a primeira metade do século XVI, a aguardente como um de seus hábitos de consumo tanto da população em geral como das classes subalternas.

Aquela sociedade, que acabou também por se tornar um imenso mercado consumidor de aguardente, não se constituiu, como tal, por meio de um processo pacífico. Os interesses conflitantes entre os produtores reinóis (de vinhos e destilados) e os brasileiros (de aguardente) levaram a que, em 1649, a Coroa proibisse a venda de aguardente no Brasil. Essa proibição tinha, entretanto, duas exceções: não se aplicava a Pernambuco e o uso da bebida ficava restrito à população escrava, não sendo permitida a venda, mas apenas a produção para o próprio consumo (Alencastro, 2000, p.247-325). Essa proibição, que vigorou até 1689, não teve a eficácia esperada pelos interessados, dada a impossibilidade da uma fiscalização eficiente.

A participação da aguardente no processo que acabou por transformá-la em moeda para a troca por escravos deve ser vista de uma perspectiva de ignorar a fetichização do produto, pretende desvendar o caráter que adquiriu tanto no plano econômico quanto no político e cultural. Na realidade, a aguardente foi o produto que inter-mediou um amplo movimento, que tinha em uma extremidade a captura de povos inteiros para serem escravizados e, na outra, a exploração destes (já na condição de escravos). Nessa perspectiva, o produto teve um conteúdo político que remetia à imensa estrutura de dominação e explo-ração que se expressou tanto na empresa do tráfico quanto na sociedade escravista colonial.

A natureza econômica da aguardente, além de servir como moeda para o tráfico, remete a duas outras questões: por um lado, o caráter escravista de parte de sua produção e, por outro, a sua inserção no processo de acumulação engendrado pelo caráter colonial da produção. A primeira questão remete ao fato de grande parte da produção colonial de aguardente se realizar por meio da utilização de escravos no processo produtivo. A segunda diz respeito à acumulação viabilizada tanto pelo tráfico quanto pela produção escravista colonial. É importante lembrar que a acumulação aqui referida era efetivada tanto pela concentração de escravos em mãos dos proprietários individuais quanto na colônia como um todo.[2]

Localizada no plano mais amplo do antigo sistema colonial (Novais, 1979, p.57-116), trata-se agora de identificar a presença da aguardente na dinâmica interna da sociedade escravista brasileira.

II

Para a caracterização do contexto na perspectiva que nos interessa, faz-se necessária a identificação da aguardente como produto de con-

[2] Acumulação aqui entendida como processo por meio do qual a riqueza se concentra sob forma de trabalho realizado e sob forma de força de trabalho (potência). Nesse caso, a acumulação se dá mediante a concentração do trabalhador, agente do processo de trabalho: o escravo.

sumo cotidiano (Heller, 1989) de parte da população colonial brasileira, na qual estava inserida parcela da população escrava das Minas Gerais, objeto deste trabalho.

Ao se consolidar por meio da produção açucareira nordestina, a colonização do Brasil desde o início criou as condições para que a aguardente, destilada da cana, se tornasse produto de consumo rotineiro das populações de baixo poder aquisitivo. Embora envolvendo certa complexidade na sua fabricação, a produção de aguardente não demandava grandes recursos, considerando-se a possibilidade de o alambique poder ser feito de barro e a cana poder ser moída em en-genhocas acionadas manualmente (Vainfas, 2000, p.199-202; Costa Filho, 1963, p.124).

Segundo Luiz Felipe de Alencastro (2000, p.308), "através dos séculos e em todos os países, a bebida alcóolica, além do prazer báquico e da intoxicação, oferece a caloria mais barata que os pobres podem comprar".

Consideradas as facilidades para a fabricação da bebida e a estrutura social rigidamente estratificada pela dominância do escravismo, estavam dadas as condições básicas para que o consumo da aguardente integrasse o universo cultural da maior parte da população colonial. Evidentemente, essa afirmação não contempla a idéia de que o consumo de aguardente ou de qualquer outra bebida alcóolica fosse atributo exclusivo da classe escrava. Mas é para ela que se volta nossa atenção, considerando que foi a responsável pela criação dos quilombos e pelo que eles representaram no contexto da sociedade escravista.

Em que pese o fato de apenas na segunda metade do século XVIII os destilados terem "invadido" o mercado europeu, configurando uma saída para a crise econômica decorrente da queda dos preços agrícolas, na sociedade colonial brasileira a expansão da produção e do consumo da aguardente certamente se deu muito antes.

> Seria impossível imaginar o quotidiano das camadas menos abastadas da população sem as inevitáveis doses de cachaça, mesmo os escra-

> vos para quem a aguardente servia como aliado contra a fadiga do trabalho nas plantações e nos engenhos e contra o frio das terras auríferas. (Silva, 1994, p.34)

A citação de Douglas C. Libby remete a um aspecto fundamental para a compreensão do caráter que a bebida alcóolica adquire no contexto da sociedade escravista, em se tratando do seu consumo pelos escravos. Ao se tornar um mecanismo que preservava a ordem escravista, a aguardente manifestava novamente seu caráter político,[3] na medida em que participava do condicionamento de parte da população, que assim era levada a aceitar os limites impostos pela estrutura de dominação vigente.

Mas, se o consumo da aguardente por parte da massa escrava atuava no sentido de amortecer seu potencial de rebeldia, há um outro lado desse consumo que manifesta um aspecto contraditório. Em importante estudo sobre a vida dos escravos no Rio de Janeiro, na primeira metade do século XIX, Mary C. Karasch trata do que denominou "resistência não violenta" por parte dos escravos. Segundo essa autora, no conjunto da população escrava

> muitos não escolhiam a violência para mudar sua situação, mas tentavam fazer duas coisas ao mesmo tempo: agradar aos seus senhores a fim de obter a alforria e melhorar suas condições de servidão. Assim, escolhiam formas menos violentas de resistência, com rituais espirituais para controlar os senhores, diminuição do ritmo de trabalho e doenças fingidas para evitar o trabalho duro, apatia geral ou fatalismo, insultos e obscenidades e comportamentos autodestrutivos, como excesso de bebida e abuso da maconha... Na visão dos senhores, a bebida, depois da preguiça e do roubo, era o grande defeito da população negra. (Karasch, 2000, p.435)

---

[3] Política aqui entendida conforme Bobbio (1992, v.2, p.954-62).

O uso da aguardente era comum entre os escravos, inclusive mulheres, pois era "um gênero básico barato da dieta dos cativos" e "suplementava dietas inadequadas". Além disso, era "parte importante da vida social dos escravos" (ibidem, p.437).

Em Minas Gerais, o consumo de aguardente pela população em geral, e pelos escravos, fez parte do cotidiano desde o início da co-lonização. Paralelamente, o combate à instalação de engenhos e à fabricação de aguardente também fez parte dos mesmos contexto e dinâmica sociais.

Os motivos alegados pelos governadores, camaristas e mineradores para a repressão à produção e ao consumo da aguardente eram de diferentes naturezas. Em 1716, o governador D. Brás Balthazar da Silveira proibiu a montagem de engenhos sob a alegação de que eles promoviam a ruína das minas. O governador seguinte, D. Pedro de Almeida, conde de Assumar, continuou a repressão aos engenhos por considerar que "eram a perdição deste país", dentre outros motivos, pela grande quantidade de escravos que neles estavam empregados (Costa Filho, 1963, p.105-7).

Durante todo o seu período de governo, Assumar combateu os engenhos existentes nas Minas e agiu sempre para impedir que novos engenhos fossem instalados. Para o conde, entretanto, era forçoso reconhecer que não possuía os mecanismos adequados e suficientes para fazer cumprir as determinações da coroa ou as suas. Segundo Miguel Costa Filho:

> a esta altura, revela-se um motivo, quiçá oculto até então, que influía no ânimo da administração metropolitana... era necessário ter grande atenção para que os referidos "molinotes" não subissem a tal número que prejudicassem a aguardente e os vinhos do reino. (1963, p.113)

Apesar das campanhas implementadas pelos governadores ao longo do século, os mineiros continuaram a levantar engenhos e a fabricar aguardente, que também continuou a ser consumida pelos escravos, os quais, por isto, continuaram a ser vistos como um problema a demandar solução.

Um dos motivos recorrentes para justificar a repressão ao fabrico e ao consumo de aguardente pelos escravos era o risco e a ocorrência de acidentes nas minas, o que acabava por acarretar um duplo prejuízo: a inutilização ou perda do escravo e, por decorrência, a inviabilização do produto do seu trabalho. Muitas áreas de mineração continham grande número de poços profundos, nos quais as quedas geralmente provocavam a morte.

A repressão ao consumo de aguardente nas imediações das minas se fez também, sistematicamente, com o intuito de impedir que as "negras de tabuleiro" funcionassem como intermediárias no desvio dos "jornais" devidos pelos escravos aos seus senhores. Ao longo de todo o século, sucessivos bandos proibiram a venda de comidas e bebidas nas proximidades das lavras (Figueiredo, 1993). A insistência na emissão de tais bandos é a evidência de que a eficácia deles era, pelo menos, duvidosa. É importante ressaltar o fato de que as negras de tabuleiro não vendiam apenas aguardente, mas esta tinha participação importante nessa modalidade de comércio.

Em síntese, a presença da aguardente no contexto dos quilombos mineiros do século XVIII deve considerar o fato de que a bebida em questão participava da realidade africana em um processo de desagregação cultural e do tráfico de escravos, e participava da realidade colonial brasileira como hábito de consumo da população em geral, incluindo aí parte da escravaria. Na realidade colonial, a aguardente evidenciava seu caráter contraditório. Ao mesmo tempo que contribuía para a manutenção da ordem escravista, era combatida como ameaça a essa mesma ordem e como agente que acarretava prejuízos para determinadas categorias: como foi o caso, já citado, dos mineradores proprietários de escravos. É nesse contexto, no qual a aguardente apresenta este caráter, que se localiza, também, sua presença na realidade dos quilombos.

III

A presença da aguardente nos quilombos no Brasil colonial, e em Minas Gerais em particular, toca em alguns aspectos que devem ser abordados separadamente. O primeiro trata da percepção da aguardente como capaz de gerar nos escravos um comportamento rebelde ou desordeiro. O segundo diz respeito à origem da aguardente consumida pelos quilombolas. E, em terceiro lugar, a aguardente deve ser considerada no universo da repressão aos quilombos, já que também ali ela se fez presente.

Com relação ao primeiro aspecto, iniciamos com uma referência a Gomes Freire de Andrade, conde de Bobadela, que por três vezes ocupou o cargo de governador da Capitania de Minas Gerais. O primeiro e o segundo mandato de Gomes Freire ocorreram no bojo de uma onda quilombola: de 1733 a 1748, pelo menos 49 quilombos foram descobertos e destruídos na capitania (Guimarães, 1999). Logicamente, esse contexto influiu na visão que o governador tinha dos escravos e de seu comportamento.

Em resposta a uma consulta da Coroa sobre a possibilidade de implantação de engenhos em Minas, para a produção de melados e aguardentes, o conde argumentou sobre a necessidade de impedir a proliferação destes para evitar que os escravos consumissem aguardente, o que traria como prejuízo danos à saúde deles, além de desordem e rebeldia. Comentando a resposta do conde, afirma Miguel Costa Filho que

> se é certo que... a cachaça levou muitos negros à morte... é de imaginar que muitos terão encontrado nela força, energia e coragem para fugirem

> do cativeiro, para correrem até onde se achavam os seus irmãos de raça, de sofrimento, quando não de sangue, nos quilombos que salpicavam o território das minas como últimos redutos da liberdade. (1963, p.115-16)

A associação da aguardente com a possibilidade de rebeldia por parte dos escravos não era nova na época de Gomes Freire. Segundo Luiz Felipe de Alencastro,

> aproveitando o temor gerado pelos quilombos surgidos na serra dos Órgãos, os importadores de bebidas do Reino afirmavam que o consumo de cachaça havia causado a rebeldia dos negros. Em conseqüência, provisão régia de 1659 aplica penas severas aos infratores, ordenando que todos os alambiques da capitania fluminense fossem trazidos até a cidade a fim de serem amassados e destruídos. (2000, p.316)

A maneira como os dois autores tratam o problema nos remete a duas questões. A primeira refere-se à possibilidade do consumo de álcool ter desencadeado ações que efetivamente contribuíram para que fenômenos como os quilombos pudessem ter adquirido existência histórica. A segunda questão remete aos interesses envolvidos no comércio de bebidas. Até que ponto a associação entre aguardente e rebeldia escrava teria levado à destruição dos alambiques? É necessário reconhecer que os dados não permitem uma resposta satisfatória, embora consideremos que em nenhum dos casos deva ser feita qualquer generalização. Que a aguardente esteve associada a contextos de rebeldia é inegável; que ela tenha sido a causa desencadeadora da rebeldia é, no mínimo, questionável.

O desembargador José João Teixeira Coelho, que transitou pelo governo das Minas Gerais em fins do século XVIII, deixou uma obra, concluída em 1780, onde, dentre inúmeros assuntos, faz referência aos engenhos de cana e aguardente. Segundo ele,

> logo que as Minas foram descobertas e se entraram a povoar, se fez nelas um grande número de engenhos de destilar aguardente de cana. Sua majestade foi informado de que estas fábricas eram prejudiciais à Real Fazenda porque nelas se ocupavam infinitas pessoas que podiam empregar-se em outros ministérios, e também constou ao mesmo senhor que as ditas fábricas eram prejudiciais ao sossego público, o qual se perturbava com as desordens causadas pelas bebedices dos negros. (Coelho, 1994, p.25)

De acordo com Teixeira Coelho, essa constatação é que teria provocado a primeira proibição contra os engenhos, datada de 1715 e assinada pelo então governador D. Brás Balthazar da Silveira. Ainda sobre o comentário do desembargador, cabe a observação de que as bebedeiras que perturbavam o sossego público certamente não estavam circunscritas a uma categoria específica, os escravos.

Se a relação entre aguardente e rebeldia escrava não é redutível a uma explicação - causa-efeito - o próximo aspecto a ser tratado permite uma compreensão mais objetiva da presença da bebida no universo quilombola.

Como ponto de partida, é necessário esclarecer a origem da aguardente consumida nos quilombos ou pelos quilombolas. A presença de plantações de cana, engenhocas e alambiques em alguns quilombos confirma o fato de que essa possibilidade se concretizou em um certo número de casos. Quantos teriam sido jamais saberemos, pela precariedade dos registros feitos. Ao descrever uma das campanhas realizadas contra Palmares em 1645, Décio Freitas (1978, p.42-66) faz referência ao fato da tropa ter atingido "um canavial com a extensão de duas milhas" antes de chegar ao núcleo abandonado do quilombo. Se a informação merece crédito, é bem provável que ela indique não só a presença de engenho, mas também a fabricação de aguardente. É importante lembrar que grande parte dos palmarinos tinha conhecimento e experiência sobre o processo de produção de derivados de cana. O autor refere-se ainda à produção de vinho de palmeira, o que teria sido constatado por uma testemunha que presenciou o mesmo tipo de prática no continente africano.

Em outra obra, onde traça um painel geral do escravismo no Brasil, Décio Freitas (1982, p.42) estabeleceu uma tipologia dos quilombos a partir de suas atividades econômicas básicas. Sobre os quilombos agrícolas, afirma que "uma rudimentar indústria de transformação produzia açúcar, azeite, farinha, aguardente". Esta é, sem dúvida, uma generalização que não se sustenta, embora muitos quilombos possam ter tido canaviais e produção própria de aguardente e rapadura.

Em estudo sobre os quilombos no Rio de Janeiro, Flávio S. Gomes (1995, p.83) faz referência a um quilombo no Rio Moquim, que teria sido identificado no ano de 1848. Informações prestadas por alguns quilombolas presos davam conta de que "o diretor dono do quilombo é um preto de trinta anos de idade, herdeiro de outro já falecido; tem plantações de mandiocas, feijão, milho, cana, de que fazem algum açúcar e cachaça, tudo para o gasto, criações miúdas, e não tem cercados" (ibidem). Embora os mesmos quilombolas tenham negado posteriormente as informações dadas, Gomes acredita que tal quilombo realmente existiu. Assim, fica a constatação, se não de um fato real, pelo menos das possibilidades que as informações suscitam.

Ao tratar dos quilombos do Rio Manso, em Mato Grosso, na segunda metade do século XIX, Luiza R. R. Volpato afirma que

> os quilombolas mantinham roças de cereais, canaviais, fabricavam rapadura e tecido grosseiro. Criavam galinhas e cachorros. Tinham o hábito de buscar sal em Cuiabá, atividade suspensa durante a epidemia de varíola que havia assolado a cidade no ano anterior. (apudReis & Gomes, 1996, p.233)

As informações foram obtidas por um espião que se instalara no quilombo fazendo-se passar por escravo fugido. A tentativa de destruir esse quilombo, em meados de 1871, não deu resultado porque os os quilombolas foram avisados em tempo. Seguindo no encalço dos fugitivos, a tropa os reencontrou três meses depois e mais uma vez a rede de informações dos quilombolas os avisou com antecedência. De acordo com o relatório do capitão que integrava a tropa repressora, a segunda fuga tinha sido

> muito precipitada, pois que as criações, plantações e gêneros alimentícios e mesmo ranchos, todos estavam em perfeito estado, os gêneros eram os seguintes: milho, arroz, feijão e algodão, em diversos paióis, quatro roças de mandioca e duas plantações de milho de tamanhos regulares, quatro pequenos canaviais, diversos fumais, e deste gênero já havia em fabrico nos ranchos alguma porção. (ibidem, p. 235)

Embora nas citações não seja feita referência explícita a alambiques ou engenhocas, é provável que os canaviais tivessem sua produção, ou parte dela, voltada para o fabrico de aguardente.

Tratando dos quilombos maranhenses, também no século XIX, Mathias R. Assunção refere-se às expedições que no ano de 1878 foram enviadas para combate aos quilombos da região. Uma delas deixou a descrição do quilombo São Sebastião que tinha

> 58 casas, cobertas de palha e tapadas de barro, na maior parte com portas e janelas de madeira, sendo 2 denominadas Casas de Santo, bem distintas pelas Cruzes levantadas em frente, 3 de fazer farinha com os competentes fornos, 1 de depósito e eira, outra guardando um alambique de barro ... duas engenhocas de moer cana movidas a mão, grande bananal. (Reis & Gomes, 1996, p.457)

Outro quilombo atacado no mesmo contexto foi o do Limoeiro que tinha, além de "canavial", um "grande número de roças" para as quais "seria necessário mais de um mês para destruí-las" (Maranhão, 1992, p.24 e 28). Também nesse caso não há referência explícita à fabricação de aguardente ou a qualquer outro derivado de cana. Consideramos, entretanto, que a informação remete à possibilidade de que o cultivo da cana estivesse voltado também para essas atividades.

Para os quilombos mineiros do período colonial não temos, até o presente, informações sobre a produção interna de aguardente. Isso não significa que ela não tenha existido. Indica apenas que, se os registros existem, ainda não foram localizados. Pesquisas arqueológicas poderão fornecer dados que preencham essa lacuna. Entretanto, a facilidade que os quilombolas mineiros tiveram para estabelecer contatos comerciais com integrantes da sociedade escravista certamente deve ter contribuído para que a produção interna não tivesse se desenvolvido. É desse comércio que trataremos a seguir.

A análise da documentação relativa aos quilombos, tanto no período colonial quanto no império, permite, de imediato, uma constatação. Os quilombolas sempre conseguiram estabelecer canais de comércio com parcelas da sociedade escravista em quaisquer dos lugares onde os quilombos estivessem implantados, o que joga por terra a idéia do quilombo como um reduto de fugitivos completamente isolado no interior das matas. Essa "rede" comercial é que permitiu aos quilombos a obtenção, não só de produtos necessários à sua sobrevivência, mas de informações preciosas, de caráter estratégico, para sua defesa (Guimarães, 1983).

O primeiro documento ao qual recorremos é uma carta do conde de Assumar a "el Rey", datada de novembro de 1719, na qual o governador de Minas evidencia toda a sua visão negativa com relação à população negra, fosse ela escrava ou forra. Ao condenar a grande quantidade de alforrias concedidas às escravas, Assumar informa que elas passavam

> a buscar meios de ajuntar o cabedal pondo em vendas para melhor convidarem o concurso dos negros da sua nação, e ali servem de todo ajuntamen-

> to a luxúria e a bebedice, e como não tem pela liberdade quem as reprima e as castigue usam de si mui voluntariamente das suas casas de alcouce e recolhendo de noite negros fugidos, roubando-os e fazendo-lhes gastar os jornais de seus senhores... e o pior é que assistem muitas vezes com o ouro, mantimentos, pólvora e chumbo aos quilombos de negros fugidos que nas casas destas depravadas fazem os seus ajuntamentos e tomam as suas resoluções para insultar e desinquietar com o sumo perigo aos brancos nas suas fazendas.[4]

A denúncia de Assumar não é desprovida de sentido. Referindo-se às tais vendas, Luciano R. Figueiredo (1993, p. 44) afirma que os "escravos aí organizavam fugas, além de comercializarem ouro ou diamantes furtados de seus proprietários. Para as vendas dirigiam-se também negros refugiados em quilombos, em busca de pólvora e chumbo para resistência". Embora a aguardente não esteja referida diretamente na citação, é lógico imaginar que seu consumo fazia parte do contexto. Afinal, as vendas definiam a vida noturna na sociedade mineira colonial, sendo assim parte do universo de lazer possível para seus freqüentadores.

No documento de Assumar, referido, o conde investiu também contra o fato de senhores coartarem escravas que, para saldarem suas alforrias, prostituíam-se. A prostituição de escravas e forras na sociedade mineira colonial é explicável, dentre outros motivos, pelo fato de ser uma sociedade escravista ter como uma das bases da economia a mineração, em que a população masculina excedia em muito a população feminina.

A prostituição era exercida tendo como referência a dinâmica geral da sociedade, o que tornava o ambiente noturno mais adequado e seguro. E a freqüência dos quilombolas nas referidas "casas de alcouce"

---

4 Arquivo Público Mineiro, Secção Colonial - Secretaria de Governo [Doravante, APMSC - SG]. Códice 04 fls. 740-748.

não se fazia, à noite, por acaso: "era mais fácil circular pelos meios urbanos à noite, com menor possibilidade de ser reconhecido; e com maiores possibilidades de dissimulação e fuga, se se fizesse necessário" (Guimarães, 1999).

A preocupação de Assumar levou-o a proibir, ainda no ano de 1719, que os escravos circulassem à noite, após as 21 horas, sem autorização escrita de seus senhores.[5] Também nesse caso a medida foi de eficácia duvidosa, se considerarmos o fato de ela ter sido recorrente ao longo do tempo.

Em 1732, governava a capitania o conde das Galveas, André de Melo e Castro, quando o Conselho Ultramarino enviou denúncia contra o sistema de coartação praticado pelos senhores, que levava à prostituição das escravas. Segundo o documento, "quase todas estas negras recolhem nas suas casas a toda hora do dia e da noite não somente os negros mineiros, mas os negros fugidos... (e) os negros mineiros aí gastam seus jornais em bebidas e luxúria...".[6]

A denúncia do Conselho Ultramarino de certa forma reproduz, mais de vinte anos depois, a mesma preocupação apresentada pelo conde de Assumar quando exercia o governo de Minas. E é inegável que a presença de escravos fugidos nas vendas das coartadas se dava em meio ao comércio e ao consumo de aguardente, e de comportamentos a ela associados como a embriaguez, a exaltação, o canto, as brigas e a prostituição.

Em 1733, o capitão-mor André Vellozo, de Vila Rica, recebeu instruções para ter "grande cuidado em saber se nas casas dos negros forros, ou cativos que estão em vendas ... sem senhores recolhem-se negros de dia ou de noite" para prestarem algum tipo de apoio a quilombolas.[7]

---

[5] APMSC – SG. Códice 11 fl. 270v.

[6] APMSC – SG. Códice 35; doc. 110.

[7] Arquivo Público Mineiro, Secção Colonial – Câmara Municipal de Ouro Preto [Doravante, APMSC – CMOP]. Códice 07 fl. 168.

E dois anos após, em 1735, a câmara de Vila Rica reclamava do fato de que os proprietários das vendas recolhiam à noite "negros calhambolas para venda de todo o necessário" a eles.[8] Em 1736, o reclamante era o capitão-do-mato Francisco Soares que, em correspondência ao governador Martinho de Mendonça de Pina e Proença, alegava que seu trabalho vinha sendo prejudicado porque "em muitas tavernas casas de negros forros e particulares se costumavam recolher os negros fugidos" e os donos se recusavam a permitir que as rondas fossem feitas.[9] Em 1739, foi a vez dos moradores do Itacolomi, Itatiaia e Padre Faria reclamarem da desordem praticada pelos

> negros fugidos cumulados com os das lavras [os quais utilizavam-se] das vendas nas quais faziam seus conciliábulos, constituindo nisto os mesmos vendeiros só a fim de usurparem o ouro a todos, pesando-o de noite coma candeia de longe para não serem conhecidos os negros e talvez com pesos falsificados.[10]

Diante da denúncia, foi tomada a decisão de fecharem as vendas "logo que der Ave Maria" e as milícias foram encarregadas de fazer cumprir a determinação do governador.

O documento citado toca em um aspecto importante ao articular a atuação de escravos fugidos, escravos não-fugidos e forros proprietários das vendas. Embora em situações distintas diante da ordem escravista, os integrantes dessas três categorias articulavam-se em razão de interesses comuns, o que de alguma forma atingia os pilares do sistema sobre o qual se fundava a sociedade. Se as ações desencadeadas não eram suficientes para abalar o escravismo, pelo menos imprimiam à ordem vigente alguns traços que se expressavam no incômodo dos

---

[8] APMSC - CMOP. Códice 32 fl. 17.

[9] APMSC - SG. Códice 59 fl. 11v.

[10] APMSC - SG. Códice 59 fls. 33v 34.

reclamantes. Se os conciliábulos não se voltavam necessariamente para a articulação de um projeto político alternativo à ordem escravista, não se pode perder de vista que ocorriam em um contexto em que a presença de quilombolas de alguma maneira dava forma a um projeto de natureza semelhante.[11] É interessante notar que a ordem do governador beira a ingenuidade ao considerar que nas vendas, e no seu horário de funcionamento, estaria a origem do problema. A decisão de fechá-las na hora da Ave Maria, logicamente, não surtiu o efeito esperado.

O ambiente que envolvia as vendas abertas à noite, os escravos, os quilombolas e a aguardente foi um problema discutido pela câmara de Vila Rica em fins de maio de 1743. Uma ata de reunião daquele colegiado lembra os bandos que tentaram impedir o estabelecimento de

> vendas nas paragens em que possam prejudicar aos mineiros, pelos danos que a estes e seus escravos sucede se está conservando... uma rua inovada chamada pelos roubos e desaforos que nela se fazem - a Rua de Argel - que fica quase por cima ao morro pela parte de trás da rua do padre Faria, onde tudo são vendas e casas de fundição digo de comissão em que se recolhem os negros fugidos e se consome todo o ouro dos escravos... lhe sucede da tal rua é fazerem-se lhe seus escravos calhambolas e fujões dando-lhes nas casas da tal rua coito e escapula por certos becos que nela há... e quando sucede os senhores irem procurar seus escravos têm sempre a fugida pronta de uma rua para outra, pelos becos e ainda próprias casas ... sendo de tudo causa os que moram na chamada rua de Argel dando... grande prejuízo por terem sido causa de se acharem mais de cento e tantas vendas que estavam abertas... além da inquietação e desassossego de bulhas que comumente todas as noites fazem os negros da dita rua.[12]

A citação, embora longa, é necessária, pois permite considerações de diferentes naturezas. A primeira delas é a constatação de uma intensa

[11] Sobre os quilombos, como viabilização de um projeto político, ver Guimarães (1999).

[12] APMSC - CMOP. Códice 49 fls. 68-69.

vida noturna em área urbana, onde a presença das vendas definia parte do espaço social e dos acontecimentos. Em segundo, cumpre registrar a presença dos quilombolas, cuja existência refletia a contestação da ordem vigente e a própria natureza contraditória do escravismo.[13] Finalmente, o consumo de aguardente não estava dissociado do ambiente em questão. Certamente uma parte de "todo o ouro dos escravos" que era "consumido" era utilizada para a aquisição de aguardente e a "inquietação e desassossego" seriam, ainda que parcialmente, conseqüências de seu consumo.

A existência de uma vida noturna intensa remete à necessidade de considerar as possibilidades que se apresentavam para um grande núcleo urbano, de crescimento desordenado, implantado em uma sociedade escravista colonial, a partir de um surto de mineração.

Isso, por certo, definia um ambiente de grande consumo de aguardente, com conflitos de toda ordem, prostituição, roubos, perseguições, mortes, contrabando etc. Não por acaso, as autoridades tentavam interferir nesse contexto para mantê-lo sob controle.

Em março de 1753, Antonio José de Barros e Andrade escrevia a José Álvares Maciel (posteriormente envolvido na Inconfidência Mineira), dizendo estar

> um pouco desgostoso de uma vizinhança... de uns roceiros que são um José de Souza e um seu genro José Vieira morador no córrego do Mel. Estes dois vão buscar à vila carregações de águas-ardentes, farinhas, rapaduras e o mais a esse respeito para venderem a negros fugidos.[14]

A rede de comércio clandestino que dava suporte a quilombolas integrou de forma permanente a dinâmica da sociedade mineira colonial.

---

[13] Sobre os quilombos, como contradição do escravismo, ver Guimarães (1996, p.139-63).

[14] APMSC - SG. Códice 107 fls. 14v e 15.

O documento citado é claro nesse sentido. E no conjunto dos produtos negociados, certamente não faltava aguardente.

Também ilustrativo dessa realidade é um documento da câmara de Vila Rica, de 1754, onde se reclama dos proprietários das vendas, já referidas anteriormente, porque eles

> tem metidos dentro de suas casas o tempo que lhes parece como também os negros do mato... e quando querem sair... saem das mesmas vendas de madrugada de sorte que cada venda é um quilombo, de sorte que as vendas dos brancos são ainda piores do que as mesmas negras.[15]

A associação entre vendas e quilombos não poderia ser mais evidente. Na realidade, ambos se confundem, o que dá às vendas um caráter político, na medida em que elas estariam expressando o caráter de in-surgência contra a estrutura de dominação vigente. Se os quilombos podem ser vistos como implementação de um projeto político alternativo a uma estrutura de dominação, ao atribuir às vendas o caráter de quilombos, os autores do documento estavam, ainda que inconscientemente, atribuindo a elas uma natureza política por sua participação no processo de manutenção e reprodução dos quilombos.

Ao que tudo indica, na visão das autoridades coloniais, o ponto alto da associação negativa entre taberneiros e quilombolas parece ter se dado durante o ano de 1756. Nesse ano, os quilombolas, insuflados pelos taberneiros, teriam tentado articular um movimento de insurreição. O documento, ao tratar do assunto, faz referência

> à conjuração que fizeram entre si os calhambolas de degolarem e acabarem os brancos talvez por indústrias dos taverneiros para melhor conser-

[15] APMSC - CMOP. Códice 63 fl. 174.

> var o seu partido por serem estes tais ou quais gentes que em todo o sentido é prejudicial ao bem comum.[16]

Se é verdade que tal articulação se realizou, também é verdade que o movimento não chegou às vias de fato. De qualquer maneira, fica evidenciada uma possibilidade que esteve presente como preocupação pelo menos na cabeça de determinadas autoridades.

No ano de 1760, o então governador José Antonio Freire de Andrade publicou um bando reafirmando uma proclamação de 1757 que definia o horário de abertura e de fechamento das vendas. Tal medida, logicamente, estava associada ao comércio clandestino com os quilombolas durante a noite.[17] E quatro anos depois, em 1764, o governador Luis Diogo Lobo da Silva constatava que

> os vendeiros e taverneiros são os que amparam os mesmos calhambolas e mais escravos de forma que a horas de terem as mesmas vendas e tavernas fechadas os recolhem em suas casas para lhes comprarem os furtos e lhes venderem o que querem os mesmos negros ainda que seja pólvora e chumbo[18].

Visando acabar com tais práticas, o governador ordenou que as justiças, os capitães-mores e os comandantes dos distritos promovessem buscas "a qualquer tempo", para prender tanto escravos fugidos quanto proprietários das ditas vendas e tabernas. E se ficasse comprovada a venda de aguardente para os escravos, "em dano da saúde pública e incômodo do serviço de seus senhores", os taberneiros estariam sujeitos a pena de oito dias de prisão na primeira vez, duplicando-se a pena a cada reincidência.[19]

---

[16] APMSC - CMOP. Códice 65 fls. 239v - 241v.

[17] APMSC - SG. Códice 50 fls. 80 - 82v.

[18] APMSC - SG. Códice 50 fls. 90 - 96.

[19] APMSC - SG. Códice 50 fls. 90- 96.

Ainda em 1764, o governador editou um extenso bando tratando do comércio exercido pelas "negras de tabuleiro", que circulavam pelas áreas de lavras vendendo comestíveis e bebidas. Contra elas era feita, pelo governador, a acusação de serem "as ditas negras e referidos tratantes os receptáculos aonde cai parar não só muita parte dos furtos que fazem os calhambolas, mas todo o ouro e trastes que das lavras e casas divertem os que não andam fugidos a seus senhores".[20]

As medidas tomadas contra essas profissionais, na tentativa de impedir sua atuação, podem ser avaliadas pelo empenho na edição de bandos, posturas, editais, acórdãos e representações pelas diferentes instâncias do poder colonial (Figueiredo, 1993).

Ainda com relação ao comércio clandestino, por meio do qual a aguardente chegava aos quilombos, merece citação um fato registrado em documento de 1781. No conjunto de ações voltadas para a repressão dos quilombos foi realizada uma batida na casa do alferes Antonio Muniz de Medeiros, onde foi constatada a existência de "uma venda oculta aonde os negros fugidos e garimpeiros se iam prover de mantimentos". O alferes alegou que os produtos destinavam-se à venda para seus próprios escravos, mas, diz o documento, na região, todos sabiam que ele vendia "só aos negros fugidos e garimpeiros, é tanto assim que nunca deixou de haver quilombos ao pé de sua casa, e com tanta liberdade que até as suas escravas iam de dia ao quilombo conversar com os negros fugidos".[21] Dentre as medidas tomadas contra a venda oculta do alferes foi registrada a destruição de cinco barris de cachaça.

Com relação à origem da aguardente consumida pelos quilombos mineiros, a documentação levantada, e antes referida, tende a confirmar que sua origem estava ligada ao comércio clandestino estabelecido com os diversos agentes da sociedade escravista. Vendeiros, taberneiros

---

[20] APMSC - SG. Códice 50 fls. 90- 96.

[21] APMSC - SG. Códice 224 fls. 215 a 217v.

fazendeiros e negras de tabuleiro foram os principais fornecedores de aguardente para os quilombolas. Evidentemente, não está descartada a possibilidade de produção interna por parte dos quilombos, mas, como já foi lembrado, a oferta externa, elástica, deve ter funcionado a ponto de inibir a produção interna.

O terceiro aspecto que contemplamos na relação entre quilombos e aguardente diz respeito à presença dessa no contexto da repressão (aos quilombos). Da mesma forma que, na sociedade escravista, o consumo da aguardente não ficou restrito a uma categoria – os escravos – o mesmo pode ser afirmado no caso da repressão. Se a aguardente foi consumida pelos quilombolas, também o foi pelas tropas e outros agentes repressores.

Em março de 1737, o intendente da Fazenda Real, Manoel Dias Torres, referindo-se à organização de tropas para combate aos quilombos, dizia que "o cabo convoca os moradores, uns vão, outros mandam escravos, outros dão armas, pólvora e bala, e alguns contribuem (com) farinha e cachaça para os mulatos e bastardos, que são os executores mais próprios".[22]

Além de confirmar o hábito de consumo da aguardente pelos integrantes da tropa repressora, o comentário do intendente permite sua ligação com outro importante aspecto relativo à repressão aos quilombos e à manutenção da ordem escravista. É o que diz respeito à participação de escravos como combatentes nessas tropas que eram enviadas para a destruição dos quilombos.

É uma evidência da capacidade de manipulação do escravismo que jogava uma parte dos escravos contra aqueles que se rebelavam. Eram escravos lutando contra escravos para que a ordem escravista fosse mantida. Levantamento realizado sobre os integrantes da tropa de capitães-do-mato atuante nas Minas setecentistas indica que pelo menos

---

[22] APMSC – SG. Códice 56 fls. 37v-38v.

15% deles eram egressos da condição escrava (Guimarães, 1983).Nada, pois, a estranhar no fato da aguardente integrar os hábitos de consumo dos componentes da tropa. Ressalte-se o fato, já referido, de que o consumo da aguardente em nenhuma hipótese pode ser visto como associado exclusivamente à população escrava e/ou forra. A estrutura social escravista e a natureza da aguardente fizeram dela um produto de consumo generalizado principalmente entre as classes subalternas.

O ano de 1766 produziu outro documento ímpar pela riqueza de informações sobre a realidade da sociedade escravista e dos quilombos por ela gerados. Nada menos que 107 moradores do arraial do Paracatu assinaram uma petição, encaminhada ao governo da capitania, na qual duas questões eram tratadas: a presença ameaçadora do quilombo do Paranaíba, que estava colocando em risco a segurança dos moradores, e o mau comportamento dos capitães-do-mato, encarregados do combate aos quilombos na região.

De antemão, cumpre ressaltar o fato de que dois anos antes tivera início a terceira "onda quilombola" que assolou o território das Minas durante o século XVIII e culminou na destruição de 49 quilombos no espaço de uma década (Guimarães, 1999).

No documento referido, os signatários reclamavam tanto do capitão quanto dos soldados-do-mato, pois

> sendo da obrigação deles o andarem sempre em um contínuo... giro o fazem tanto pelo contrário que em abuso das mesmas ordens, quando não andam pelo arraial fazendo insultos por causa da ebriedade de que se tomam... sem cuidarem por modo algum em executar a sua obrigação. [23]

Além da reclamação, os signatários da petição solicitavam ao governador que nomeasse Diogo de Souza Araújo para substituir o capi-

---

[23] APMSC – SG. Códice 60 fls. 110- 113.

tão-do-mato que estava sendo acusado de relapso no exercício do posto. O governador solicitou, então, que o cabo-de-esquadra Manoel Lopes Saraiva apurasse os fatos e este, em correspondência, negou todas as denúncias feitas contra o capitão-do-mato e seus soldados. Quanto à acusação de que o capitão-do-mato ficava em sua roça, o cabo-de-esquadra argumentou que "é certo que em alguma parte hãode desfazer e refazer-se, pois, na verdade, ninguém os quer em suas casas ou roças e poucos os que lhe dão um prato de feijão para comerem. No que respeita a bebedice; a bebedice esta anda anexa ao ofício".[24]

A última observação do cabo-de-esquadra é emblemática ao associar a profissão de capitão-do-mato (e/ou soldados-do-mato) com a aguardente. Sendo uma profissão cujo exercício implicava, por um lado, grandes riscos e, por outro, um preconceito generalizado, o consumo de aguardente colocou-se, de certa forma, inevitável.

Merecem citação, ainda, três casos que associam a aguardente à dinâmica da repressão aos quilombos. Embora não tenham ligação com as Minas Gerais e estejam cronologicamente localizados no século XIX, a singularidade deles nos leva a citá-los.

O primeiro refere-se ao quilombo do Oitizeiro, que foi reprimido na Bahia na primeira década do século XIX. Segundo João José Reis, que estudou o caso, embora faltem dados importantes sobre a expedição da tropa contra o quilombo, alguns detalhes do cotidiano dessa expedição foram resgatados, permitindo dizer que

> talvez para manter a tropa em bom espírito, o capitão distribuía periodicamente fumo e aguardente. Ele mesmo não se privava, e até se favorecia, pois um dos recibos referia-se a "aguardente que se mandou carregar para gasto do dito capitão". Duas canadas de vinho e uma de "aguardente do reino" possivelmente também foram regar a mesa do oficial-do-mato. (Reis & Gomes, 1996, p.343)

---

[24] APMSC - SG. Códice 60 fl. 113.

Se a observação é correta, temos o moral da tropa mantido com a colaboração da aguardente. Não vem ao caso qual a origem da dela: se era produzida na colônia ou no reino.

Os outros dois casos foram levantados por Flávio S. Gomes e estão registrados em seu estudo sobre os mocambos e as comunidades de senzalas no Rio de Janeiro, no século XIX.

Em fins do 1859, houve troca de correspondência ente diferentes autoridades da província do Rio de Janeiro com vistas à repressão aos quilombos localizados na bacia dos rios Iguaçu e Sarapuí. O plano, imaginado pelo chefe de polícia, contemplava a oferta aos taberneiros que negociavam com os quilombolas de 50$000 pela captura de cada fugitivo. Avançando na exposição de seu plano, a autoridade propunha ainda

> instigar e favorecer, com aquela retribuição pecuniária, divertimento de danças próprias dos quilombolas das vendas, fornecendo-lhes bebida comum de tais entretenimentos, e recomendando que os pedestres, disfarçados, com eles convivam a fim de se familiarizarem, e evitar desconfiança. Estabelecida esta... e marcado... com os quilombolas, novo dia de danças... deveria V. Sª ... cercá-los e prendê-los, prevenidos os agentes secretos promotores do divertimento... Realizada a diligência pela forma indicada, deverá V. Sª. fazer logo o cerco do quilombo, obrigando alguns dos apreendidos a mostrá-lo, a fim de serem presos os que ali porventura estiverem. (Gomes, 1995, p.101)

A ingenuidade do plano contemplava a possibilidade de que os quilombolas comparecessem à festa armados. Diante de tal fato, o plano sugeria que

> os agentes secretos também se armem com armas iguais, e sejam os primeiros a depô-las e, lugar certo antes da dança, convidando os quilombolas a imitá-los, sob pretexto de evitar alguma desordem, *efeito quase inevitável*

> *das bebidas* em divertimentos tais... o fornecedor das bebidas dever ser o dono da venda, ou da casa onde se der a reunião para melhor engodo. (ibidem, p.102)

Apesar de todo o trabalho para a elaboração do plano, ele não saiu do papel, dado que o próprio presidente da província não se convenceu de sua exeqüibilidade.

De qualquer maneira, traz à tona a questão, recorrente, da aliança entre quilombolas e taberneiros, possibilitando que aqueles tivessem acesso ao consumo de bebidas não produzidas no interior dos quilombos. O mirabolante plano do chefe de polícia remete também à possibilidade de que o hábito do consumo de bebidas estivesse tão arraigado que poderia até mesmo ser usado como mecanismo no combate aos quilombos.

O terceiro caso consiste em outro plano concebido, em 1876, por Cavalcanti de Albuquerque, então chefe de polícia da província do Rio de Janeiro. Nesse caso, tratava-se da cooptação de um líder quilombola que estaria disposto a trair e a entregar sua comunidade. Segundo o documento,

> o preto Mateus, homem perspicaz e muito ousado, e que exerce grande influência sobre seus sequazes, se presta a entrar em um plano para entregar cerca de sessenta companheiros, isto com o fim de alcançar liberdade para si, e para sua amásia, uma escrava do comendador Xavier do Amaral, fazendeiro em Irajá. É parte principal do plano marcar uma noite de folguedo, sendo convidados os habitantes do grande quilombo de Bomba, servir a todos de aguardente e vinho, com alguma bebida narcótica. Por esta forma embriagados podem ser presos, com probabilidades, e sem risco. (Gomes, 1995, p.121)

Se esse plano foi implementado dessa forma, não o sabemos. O certo é que, em julho de 1876, foi noticiado que o referido quilombo havia sido atacado e destruído. Entre os fugitivos recapturados estavam o líder Mateus e sua companheira, a escrava Marta (Gomes, 1995, p.129-30). Outra dúvida que fica é: qual teria sido a participação da aguardente no processo que culminou na destruição do quilombo? É provável que nenhuma. Essa constatação, entretanto, não reduz a importância que o produto teve na dinâmica social da Minas colonial.

À guisa de conclusão, queremos insistir no fato de que não é nosso objetivo fetichizar a aguardente, colocando-a na condição de sujeito histórico sob o qual ficam camuflados os verdadeiros agentes do processo, quais sejam, quilombolas, escravos, forros, taberneiros, senhores, agentes de repressão, autoridades etc.

Na dinâmica social e no processo histórico tratados, a aguardente participou apenas como produto da atividade humana por meio do qual as mais diversas relações de afinidade e/ou de conflito se estabeleceram entre diferentes agentes e categorias sociais. A "história da aguardente" só tem sentido quando assim considerada.

Nos contextos dos quilombos e da sociedade mineira setecentista, a aguardente foi apenas mais um elemento pelo qual se viabilizou um conjunto de interações entre todos os agentes envolvidos no processo. É só sob essa perspectiva que uma abordagem histórica da aguardente faz sentido.

Finalizando, queremos deixar aqui nossos agradecimentos à historiadora Flávia Maria da Mata Reis pela valiosa colaboração para a versão final deste trabalho.

Referências bibliográficas

ALENCASTRO, Luiz F. O *Tratado dos viventes, formação do Brasil no Atlântico Sul*. São Paulo: Companhia das Letras, 2000.

BOBBIO, N. et al.*Dicionário de política*. Brasília: EdUnb, 1992.

COSTA FILHO, Miguel. A *cana-de-açúcar em Minas Gerais*. Rio de Janeiro: IAA, 1963.

COELHO, José J. T. *Instrução para o governo da capitania de Minas Gerais*. Belo Horizonte: Fundação João Pinheiro, 1994.

FLORENTINO, Manolo G. *Em costas negras. Uma história do tráfico atlântico de escravos entre a África e Rio de Janeiro (séculos XVIII e XIX)*. Rio de Janeiro: Arquivo Nacional, 1995.

FIGUEIREDO, Luciano. O *avesso da memória, cotidiano e trabalho da mulher em Minas Gerais no século XVIII*. Rio de Janeiro: José Olympio; Brasília, EdUnb, 1993.

FREITAS, Décio. *Palmares, a guerra dos escravos*. Rio de Janeiro: Graal, 1978.

_______. O *escravismo brasileiro*. Porto Alegre: Mercado Aberto, 1982.

GODELIER, Maurice. *Horizontes da antropologia*. Lisboa: Edições 70, s. d.

GOMES, Flávio S. *Histórias de quilombolas, mocambos e comunidades de senzalas no Rio de Janeiro – século XIX*. Rio de Janeiro: Arquivo Nacional, 1995.

GORENDER, Jacob. O *escravismo colonial*. São Paulo: Ática, 1978.

GUIMARÃES, Carlos Magno. *Uma negação da ordem escravista, quilombos em Minas Gerais no século XVIII*. Belo Horizonte, 1983. Dissertação (Mestrado) - Faculdade de Filosofia e Ciências Humanas, Universidade Federal de Minas Gerais.

_______. Mineração, quilombos e Palmares. In: REIS, João J.; GOMES, Flávio S. (Org.) *Liberdade por um fio*. São Paulo: Companhia das Letras, 1996. p.139-63.

_______. *Quilombos, classes, estado e cotidiano (Minas Gerais – século XVIII)*. São Paulo, 1999. Tese (Doutorado) - Faculdade de Filosofia, Letras e Ciências Humanas, Universidade de São Paulo.

HELLER, Ágües. O *cotidiano e a história*. Rio de Janeiro: Paz e Terra, 1989.

KARASCH, Mary C. *A vida dos escravos no Rio de Janeiro (1808-1850)*. São Paulo: Companhia das Letras, 2000.

MARANHÃO, Arquivo Público do Estado. *A invasão do Quilombo do Limoeiro*. São Luis: Sioge, 1992.

MARX, Carlos. *El capital*. Crítica de la economia politica. Bogotá: Fondo de Cultura Econômico, 1976.

NOVAIS, Fernando A. *Portugal e Brasil na crise do antigo sistema colonial (1777-1808)*. São Paulo: Hucitec, 1979.

REIS, João J.; Gomes, Flávio S. (Org.) *Liberdade por um fio*. São Paulo: Companhia das Letras, 1996.

SILVA, Maria B. N. (Coord.) *Dicionário da história da colonização portuguesa no Brasil*. Lisboa: Verbo, 1994.

VAINFAS, Ronaldo. (Dir.) *Dicionário do Brasil Colonial*. Rio de Janeiro: Objetiva, 2000.

VERGER, Pierre. *Fluxo e refluxo do tráfico de escravos entre o Golfo do Benin e a Bahia de Todos os Santos dos séculos XVII a XIX*. São Paulo: Corrupio, 1987.

O consumo de aguardente em Minas Gerais no final do século XVIII: uma visão entre os poderes metropolitano e colonial

Virgínia Valadares
Pontifícia Universidade Católica de Minas Gerais

Antes de discutir o consumo de aguardente em Minas Gerais, faz-se necessário que se identifique a relação entre Martinho de Melo e Castro, a quem entendemos que representa o poder metropolitano, e o poder colonial, visto aqui como os governadores que, sendo enviados como homens de confiança do poder real, no convívio e contato com o cotidiano da sociedade mineira, modificam o seu posicionamento em relação a várias determinações metropolitanas, inclusive no que diz respeito ao consumo de aguardente.

O domínio metropolitano nas Minas Gerais consolidou-se pela ação das superestruturas do poder instaladas com os governadores. A violência, entre outros aspectos, foi um traço marcante desse domínio, sendo provocada por um mal orientado exercício de poder. A capitania, região base do Estado absolutista português, viu-se, no século XVIII, "envolvida por uma verdadeira rede de que faziam parte o aparelho administrativo, a justiça e o fisco".[1] A administração aí instaurada servia, em primeiro lugar à Metrópole, e, em segundo,

[1] Alerto, porém, para o fato de que nem sempre as instruções foram transmitidas por escrito. Não raras vezes, foram repassadas oralmente pelo governador anterior e/ou pelos diversos órgãos administrativos da capitania, como aconteceu, por exemplo, a D. Rodrigo José de Menezes, ao assumir o governo das Minas Gerais. Melo e Castro,

aos homens de posses, enquanto estes tivessem interesses comuns com a elite do Reino.

Caio Prado Júnior (1961, p.301) concebe as funções desses governadores como híbridas, pois, ao mesmo tempo que exerciam a responsabilidade das armas, representavam o poder real. Suas atribuições eram, portanto, muito gerais, nem sempre claras, o que gerava choques com outros poderes, como o Judiciário. Ademais, a máquina burocrática, ineficiente e emperrada, esperava que, no curto prazo de três anos, eles resolvessem os mais diversos problemas, na sua maioria subordinados a parecer do Conselho Ultramarino, que também não funcionava adequadamente. As ordens expedidas pelo ministro ultramarino, normalmente ditadas por inclinações conjunturais, constituíam um corpo informe e contraditório.

Assim sendo, traçarei rapidamente o perfil e a mentalidade do ministro de Ultramar, Martinho de Melo e Castro. Ele nasceu em Lisboa, na Freguesia de Nossa Senhora das Mercês, em 11 de novembro de 1716. Sua trajetória política como estadista iniciou-se ainda na época pombalina, sem, contudo, determiná-la nem com ela confundir-se; mas foi parte integrante dessa época, ora compactuando com ela ora mostrando-se neutro diante dela ora com ela confrontando-se.

Castro, em 3 de setembro de 1779, enviou a D. Rodrigo uma carta com as seguintes informações: "Achando-se V. Sª nomeado para o governo das Minas Gerais nenhumas instruções lhe podem ser mais úteis que aquelas com que partiu desta corte o governador e capitão general Dom António de Noronha a quem V.Sª vai substituir. E não cabendo no tempo o poderem-se copiar se expede ordem ao dito governador para entregar a V.Sª não só as ditas instruções e todos os mais ofícios e papéis que depois delas se lhe tem dirigido, mas também que o informe do mais que for concorrente ao bom regime do referido governo" (AHU, Conselho Ultramarino. Cod. 610-1764-1799. f. 136. Carta de Martinho de Melo e Castro a D. Rodrigo José de Menezes, 3 de setembro de 1779).

Era filho de Francisco de Melo e Castro e de Maria Joaquina Xavier Magdalena da Silva, e neto de André de Melo e Castro,[2] quarto conde das Galveias. Seu pai, filho natural de um celibatário, recebera do seu genitor todos os bens patrimoniais, exceto o título, por impedimento régio.

Pela linhagem materna, era neto de Manuel da Silva Pereira, cavaleiro professo da Ordem de Cristo, familiar do Santo Ofício e guarda-mor do consulado de Lisboa. Era também descendente da família dos Castro de Melgaço, tronco da casa dos condes de Rezende e das Galveias. Sua origem social o fez, portanto, parte integrante da aristocracia portuguesa setecentista, embora não possuísse título de nobreza.

Estudou em Évora, no Colégio da Purificação, da Companhia de Jesus. Ainda em Évora, ingressou na universidade, onde fez o curso de Latinidade, Filosofia e Teologia, transformando-se em grande apologista do aristotelismo. A seguir, cursou, em Coimbra, Direito canônico, tornando-se bacharel em 1744. Portanto, a educação que recebeu foi conduzida pelos jesuítas e foi por eles influenciada tanto em Évora como em Coimbra. Melo e Castro aderiu à escolástica e ao aristotelismo, revelando-se opositor dos novos ensinamentos dos oratorianos e das ciências modernas. Era considerado verdadeiro "menino-Isac dos padres da companhia, que o cumulavam de honrarias e distinções, chegando a ser escolhido várias vezes para as disputas que, por então, jesuítas e padres do oratório mantinham" (Amado, 1985, p.141).

---

[2] André de Melo e Castro doutorou-se na Universidade de Coimbra. Começou sua vida profissional como eclesiástico, sendo nomeado deão da capela ducal de Vila Viçosa; abandonou, em 1711, a carreira eclesiástica, exercendo, no reinado de D. João V, a diplomacia junto à Santa Sé; em 1718, tornou-se embaixador extraordinário em Roma, com o Papa Clemente XI; no Brasil, foi o segundo governador de Minas Gerais e quinto vice-rei do Brasil.

A formação cultural de Melo e Castro, de natureza tradicional, levou-o a manter-se no conservadorismo característico do período joanino. Assim, apesar de viver no século da Ilustração, fazia parte do grupo de intelectuais tradicionais. É com essa marca que acompanhou e viveu todas as mudanças e reformas do Estado português.

Em meados de 1739, com apenas 23 anos, foi nomeado por D. João V, cônego da Sé Patriarcal. Apesar de esse posto ser prestigioso e rendoso, sua inteligência e sua vocação levaram-no à carreira política. Ainda por influência familiar, foi admitido na corte, onde ganhou a estima e confiança do príncipe real D. José, sendo ambos praticamente da mesma idade. Ao subir ao trono, já com a maturidade dos seus 36 anos, D. José I, mantendo a amizade a Melo e Castro, favoreceu-o com a carreira diplomática.

Em 1751, com 35 anos, iniciou ele a sua missão diplomática, representando Portugal junto aos Estados Gerais das Províncias Unidas. Para ocupar esse cargo, contou com a aquiescência de Carvalho e Melo,[3] com quem, inicialmente, manteve relações amistosas.

Em Haia, já em 1752, percebe-se, pela correspondência mantida entre Melo e Castro e o conde de Oeiras, uma inexperiência diplomática do embaixador, por um lado, e, por outro, a sua necessidade de permanência na diplomacia, dependendo, para tanto, do apoio do conde. Nesse sentido, a tônica das suas cartas é a gratidão pelos favores recebidos e a preocupação com a saúde de Carvalho e Melo.

---

[3] No regime absolutista, o chefe de Estado, ou soberano, e o governo formavam um todo unificado e indivisível. Entretanto, na prática, nem sempre a teoria funciona, como não funcionou em Portugal, durante o período pombalino. Apesar de D. José I ser juridicamente o chefe de Estado, a sua presença era, às vezes, praticamente ofuscada pela pessoa e pela ação do seu secretário Carvalho e Melo, "autêntico primeiro-ministro, vontade onipresente, verdadeiro governo", segundo afirmação baseada em Francisco Calazans Falcon (1993, p.381).

Analisando uma carta de 24 de agosto do mesmo ano, nota-se o que podia parecer astúcia e uma certa bajulação de Melo e Castro ao conde de Oeiras, ao reconhecer, inclusive, os seus bons préstimos a Portugal. Simultaneamente, Martinho de Melo e Castro demonstrava sua necessidade de crescer politicamente, o talento, a manha e a falsa modéstia, acompanhados de um jogo político, que seria concretizado sete anos depois. Ficava, também, claro, nas entrelinhas, que não desejava permanecer na Holanda, sendo a embaixada apenas um trampolim para galgar posição de maior mando político. Assim, escreve Melo e Castro:

> Tudo agradeço a V. Exª como instrumento da minha pátria, sem me lembrar de mais utilidade, do amor, e zelo com que todos devemos trabalhar, pela sua conservação e aumento. Os papéis públicos já supõem em mim o que certamente não tenho, que é capacidade de instrução para ser ministro; um que aqui sábio holandês diz no Cap. de Portugal Que Joaquim Jozé vai para Luxemburgo, que D. José de Sá vai para Inglaterra, e que Martinho de Melo, filho do governador de Mazagão, fica em Holanda, porém eu como sei que V. Exª só me mandou para aqui, para me aplicar, zombo de todas estas notass, e creio que são dadas por pessoas que sabem tanto de mim, que para me mostrarem no mundo vão buscar meu pai à África. (apud Ferrão, 1926, p.338)

Como representante português junto aos Estados Gerais das Províncias Unidas, Melo e Castro não alcançou projeção no cenário internacional, vivendo, inclusive, pacatamente e com tempo livre para dedicar-se à filosofia aristotélica, como demonstra em carta de 14 de dezembro de 1752:

> Eu continuo... a passar o tempo, para o que deixam bastante livre as noites de inverno, e com o estudo que faço de mais divertido que as filosofias de Aristóteles, e textos de Direito Civil, e Canônico; não me parecem tão compridas como elas são, e como os outros as encarecem. (ibidem, p.339)

Em 1754, após dois anos de permanência na Holanda, Martinho de Melo e Castro alcançou seu objetivo: foi transferido para a corte de Londres, onde ocupou, ainda que sem grande experiência, a representação diplomática portuguesa mais importante e de maior responsabilidade. No novo posto, evidenciou personalidade obstinada, espírito orgulhoso e elevado grau de auto-estima. Carvalho e Melo, por sua correspondência, demonstrou conhecer a personalidade de Melo e Castro, dando-lhe as primeiras orientações e lições políticas. O então conde de Oeiras, com sua experiência na área da política e da diplomacia, tornou-se o instrutor de Melo e Castro, como revela em carta de 30 de agosto de 1753:

> para dizer a V. Sª com a liberdade de velho, e com a sinceridade de amigo constante, 1ª que V.Sª apresente logo a sua credencial aos Estados Gerais, enrevendo-me em ofício que no seu nome beije a real mão de sua majestade com o profundo reconhecimento, que deve à consideração da honra que lhe fez de empregá-lo no seu real serviço. 2ª que V. Sª faça exorcismos contra a tentação de querer convencer à força de discursos as pessoas que tiveram maiores experiências. 3ª que V. Sª tenha por certo que na vida em que se acha não lhe há de servir o amor à sua opinião e a inflexibilidade nela, se não de se precipitar com os que lhe forem superiores, e de se fazer odioso com os que lhe forem iguais. 4ª e finalmente que na vida civil e política sem docilidade e paciência se não fará nem negocio nem progresso: para domar quanto lhe for possível nestes primeiros anos de ministério o seu fértil engenho, até faça habito de ceder sem violência do seu próprio parecer, quando for necessário como quase sempre o é, quando se trata do pessoal interesse, a do amor próprio, que nos costuma enganar sem nos percebermos. (cf. n. 64)

Nessa missiva, Carvalho e Melo informa a Martinho de Melo e Castro que o seu cargo exigia atributos, como gratidão e humildade, para aceitar a opinião dos mais experientes, flexibilidade no seu posicionamento pessoal e paciência para domar o próprio voluntarismo.

Após a assinatura do Tratado de Paris, Melo e Castro recebeu, como presente de D. José I, autorização para visitar a família em Lisboa. Nesse momento, o rei pretendia premiar o seu diplomata com o ingresso no governo, no que não teve o apoio do conde de Oeiras,[4] que alegou a necessidade da permanência dele em Londres. Em vista disso, reassumiu seu cargo na Inglaterra, onde permaneceu até 1770, quando retornou a Portugal como ministro ultramarino.

Em 1770, vagou o cargo de secretário de Estado dos Negócios da Marinha e Domínios Ultramarinos, em virtude da morte de Francisco Xavier Furtado de Mendonça, irmão do Marquês de Pombal. Martinho de Melo e Castro foi, então, chamado a regressar ao Reino, sendo nomeado pelo Decreto de 4 de janeiro de 1770 para titular desse órgão, em que permaneceu até sua morte, em 1795, o que se caracterizou como um dos casos de maior permanência no governo português do século XVIII. Por meio de carta, o próprio conde foi quem o convocou a retirar-se de Londres e a ocupar o novo cargo em Portugal:

> Sua majestade tem nomeado a V. Exª para Secretário de Estado da Marinha, e Domínios Ultramarinos... E querendo o mesmo Senhor, que V. Exª principie a exercitar o dito importante emprego com toda a maior brevidade, que couber no possível. Ordena, que V. Exª logo que receber este aviso, parta para Palmouth e que se embarque no primeiro Paquet bot, que sair daquele porto para passar a esta corte.[5]

É como ministro da Secretaria de Estado dos Negócios da Marinha e Domínios Ultramarinos que Melo e Castro interfere no consumo de aguardente em Minas Gerais.

---

[4] A.N.T.T. Ministério dos Negócios Estrangeiros, Legação de Portugal em Londres Do Conde de Oeiras a Melo e Castro, 19 de julho de 1752 a 28 de julho de 1767.

[5] A.N.T.T.Ministérios dos Negócios Estrangeiros, Lº. 121. Do Conde de Oeiras a Melo e Castro, 20 de novembro de 1769.

A partir de 1777, o objetivo de Melo e Castro em relação à colônia brasileira e, principalmente, à capitania de Minas Gerais era abandonar a flexibilidade do sistema pombalino e implantar um mercantilismo mais rígido e efetivo, atendendo e protegendo, no reino, os interesses dos comerciantes não-privilegiados pelas benesses do sistema pombalino, o clero, os não-comprometidos com o regime anterior e os ingleses.

O ministro manteve sua política econômica com base no pacto colonial, sem se dar conta da crise do sistema colonial,[6] decorrente do desenvolvimento do capitalismo, do esgotamento do antigo regime e da introdução de uma nova divisão internacional do trabalho, já em fins do século XVIII (Maxwell, 1985, p.108 ss).

A fim de minimizar o prejuízo metropolitano, ele tentou reduzir o custo da máquina administrativa, enfatizando, porém, a sua função coletora e fiscalizadora, com o arrocho dos impostos e o controle do comércio interno e externo, chegando, até mesmo, a proibir as manufaturas, pelo alvará de 5 de janeiro de 1785. Tal proibição objetivava manter a economia colonial complementar à metropolitana, por temer-se a concorrência dos produtos coloniais com os produtos lusitanos e a eventual independência político-econômica do Brasil.

Desde os primórdios da mineração, o ouro conviveu com a agricultura. Entretanto, inicialmente, a produção agrícola era local, de gêneros básicos de primeira necessidade, e fazia-se com o objetivo de abastecer os campos de mineração, em crescimento. Embora nas Minas, mais do que no litoral, fosse necessário um período maior para o cultivo da cana-de-açúcar, as duas primeiras décadas do século XVIII assistiram, nessa capitania, a um rápido crescimento do número de engenhos e a uma produção crescente de açúcar e de cachaça, para suprir os trabalhadores.

---

[6] Para Valentim Alexandre (1992, p.81) não houve crise do sistema colonial no final do século XVIII, mas apenas quebra da produção aurífera em Minas Gerais.

Não era economicamente viável, para a metrópole, permitir que se desenvolvessem, na colônia, o crescimento dos engenhos e o consumo da aguardente, pois eles impediriam a realização do pacto colonial, incentivando a concorrência com os produtos do reino. Concorrência esta muito pouco provável, na medida em que, na visão do próprio ministro, consumiam aguardente, bebida vã e ruim, os negros que eram dados à baderna e à confusão social. Mesmo assim, Melo e Castro reclamava do baixo consumo do vinho português em Minas Gerais e queria estimular o seu uso já que ele estava em queda, em razão do sucateamento do produto pelos ingleses e do seu baixo consumo na Inglaterra.

A autogestão da economia, no entanto, levou o então governador D. Rodrigo José de Menezes[7] a escrever ao ministro ultramarino, Martinho de Melo e Castro, dizendo-lhe que os mineiros precisavam de proteção e atenção especiais, pois as Minas não eram uma região agrícola, nem comercial. Contudo, o surto do ouro criara, pela primeira vez, um mercado interno a centenas de quilômetros da costa para produtos, como a cachaça, usada como escambo na compra de escravos em África e o açúcar, antes apenas exportado.

Todo produto local suportava a concorrência dos artigos importados, o que se refletiu, de diversos modos, nos dízimos e nas entradas; pois, enquanto era notória a queda do comércio externo, no interno manteve-se quase o mesmo nível de arrecadação desde 1750.

Nesse sentido, provavelmente, uma das primeiras informações sobre a Capitania de Minas Gerais, recebida por Melo e Castro, foi enviada pelo próprio governador, D. António de Noronha, em carta datada de 7 de janeiro de 1777, portanto dois anos após este assumir

---

[7] Além de D. Rodrigo, outros governadores, como Cunha Menezes, também propuseram reformas na administração da economia mineira.

o governo. Nela, o capitão-general dava conta da capitania nos seus aspectos militares e econômicos, assim como das medidas por ele tomadas até então.

Nessa missiva, António de Noronha prestava contas a Melo e Castro das atitudes tomadas quanto à ordem do Conselho Ultramarino, de 12 de junho de 1743, pela qual se proibia a construção, na Capitania de Minas Gerais, de engenhos de açúcar e aguardente. Segundo declarava, ele encontrara, na capitania, alguns desses engenhos edificados após essa ordem, bem como, durante o seu governo, outras construções desse tipo tinham sido iniciadas. Em face disso, achara por bem mandar demolir os engenhos iniciados no seu governo, não tendo, porém, a mesma atitude com relação aos construídos nos governos anteriores, porque "se causaria um gravíssimo prejuízo aos moradores desta capitania e uma considerável diminuição aos subsídios Voluntário e Literário".[8]

Evidentemente, os habitantes das Minas que possuíam engenhos de açúcar e aguardente negociavam esses produtos e, com parte dos lucros advindos desse comércio, pagavam os subsídios cobrados pela metrópole. A destruição desses engenhos, numa capitania em declínio, significaria o não-pagamento de tributos e, portanto, prejuízo para a real fazenda. Daí o governador ter assumido atitudes diferenciadas como forma de minimizar os prejuízos. No entanto, pedia orientação a Melo e Castro sobre como deveria proceder nessa matéria. Tal orientação, porém, só veio pela Instrução de 1788, onze anos depois, quando o governador era o visconde de Barbacena e a capitania, após o governo de D. António de Noronha, já havia passado pela administração de dois outros governadores: D. Rodrigo José de Menezes e D. Luiz da Cunha Menezes.

---

[8] AHU, Minas Gerais, Caixa 111, Doc. 1 (07.01.1777).

Acrescente-se a tudo isso que a câmara de Sabará, em carta de 4 de agosto de 1777, reclamava da rainha a constante renovação do pagamento do subsídio voluntário, posto que, de acordo com o regulamento, esse subsídio duraria dez anos. Entretanto, o povo das Minas já o pagava há mais de vinte anos, em razão da decisão dos governadores de renovarem-no. Esclarecia, ainda, que esse imposto era oneroso e excedia as forças da região, visto que a terra estava decadente e o povo já não agüentava jugo tão pesado:

> este país, sendo um termo que compunha e sustentava a maior parte do Império, não podia subsistir senão enquanto S. Majestade fizesse pelo conservar: Que não se mantinha do negócio, e todo o seu plano eram as Minas da Terra, que já não correspondiam com a grandeza dos tempos passados: Que o Ouro diminuto as lavras mais dificultosas, e um subsídio exorbitante... [9]

Ademais, explicava também, a terra não tinha produções de vinha ou de trigo nem fábricas de seda e lanifícios, e os víveres e as drogas que vinham do reino lá eram vendidos a um preço muito alto. Dessa forma, "o povo deste vasto continente que se imaginaria talvez o mais abastado, era o mais pobre, vivia miserável e aflito; e bastava somente impor a pensão anual de cem arrobas de ouro tiradas do 5º do mesmo, que já para se completarem sucedia haver derrama sobre a terra".[10]

D. Rodrigo, ao contrário do seu antecessor, D. António de Noronha, demonstrou a Melo e Castro ser favorável ao estabelecimento de novos engenhos de açúcar na região e o conseqüente aumento do consumo de cachaça como "bebida da primeira necessidade para os escravos, que andam metidos na água todo o dia, e que com este socorro resistem a tão grande trabalho, vivem mais sãos, e mais largo tempo;

---

[9] AHU, Minas Gerais, Caixa 111, Doc. 48 (04.08.1777).

[10] Ibidem.

sendo experiência certa, que o senhor que a não dá aos seus experimenta neles maior mortandade, que aquele que por este modo os anima e fortifica" (cf. Exposição..., 1897, p.317).

Melo e Castro, entretanto, não via esses fatos com bons olhos, e continuava tentando diminuir o uso da cachaça, visto que implicariam a redução do consumo e, portanto, da exportação do vinho português, o que acarretaria menor lucro para o erário régio.

Além disso, criticava o fato de o Conselho Ultramarino elaborar resoluções para uma terra cuja realidade não conhecia e ignorar as razões que motivavam um governador a "afastar-se em certos casos das regras estabelecidas...".

Sem dúvida, houve significativa mudança na mentalidade do governador com relação à forma de administrar a capitania após a convivência com os mineiros e o conhecimento da sua realidade e da corrupção do poder estabelecido. Daí, ele entender que só se podiam criar leis para as Minas Gerais, como a que autorizava a destruição dos engenhos e a proibição do consumo da aguardente, após identificá-las com os problemas cotidianos da capitania.

Ainda com relação à concorrência com os produtos que vinham de Portugal, Cunha Meneses, o sucessor de D. Rodrigo, deixava claro que o luxo das pessoas da capitania fazia que só usassem bebidas finas, e "de melhor gosto".[11] Assim, reafirmava que o consumo da aguardente em Minas Gerais não poderia atrapalhar o comércio da metrópole, por não ter qualidade para concorrer com os vinhos portugueses.

Melo e Castro, no entanto, na instrução que escreveu ao visconde de Barbacena, dava uma ênfase especial às entradas, entendendo que era indispensável uma reforma no seu sistema. Os direitos alfandegários sobre produtos portugueses, tais como sal, vinho, vinagre e óleo de oliva, eram tão altos, que, encarecendo-os muito, tornavam o seu

---

[11] AHU, Minas Gerais, Caixa 128, Doc. 34. (22.03.1788).

consumo quase proibitivo, fazendo que o povo da terra deixasse de beber o vinho português para consumir a cachaça, produto da terra que, mesmo sendo de baixa qualidade, era mais barato, surtia o mesmo efeito nos corpos e, portanto, era mais favorável o seu consumo e a sua produção:

> O vinho, o vinagre, o azeite, as águas ardentes e outros diferentes gêneros que entram na sobredita classe de comestíveis e molhados, todos ou a maior parte da produção de Portugal, e que por esta razão se deviam aliviar quanto fosse possível de direitos para promover o seu maior consumo; estes gêneros são proporcionadamente tão carregados como o sal, do que resulta que os habitantes de Minas, valendo se do azeite, ainda que inferior, fabricado na terra, e de bebidas destiladas ou extraídas da cana-de-açúcar e de outras frutas e sementes, suprem com elas as que lhe vão deste reino, e que por caras só os ricos e poderosos as podem comprar, e ainda estes em porções insignificantes.

Em razão disso, dava ordem ao governador visconde de Barbacena, para, chegando a Minas Gerais, observar a qualidade dos produtos produzidos na região, pois não era justo que eles tivessem isenção de impostos, enquanto os importados eram taxados, pagando, inclusive, os custos dos transportes:

> é indispensavelmente necessário que a capitania de Minas se conserve em alguma dependência das outras capitanias, pelo que respeita ao seu consumo, e giro do seu comércio; porque de outra sorte se acabaria a comunicação entre elas, e se extringuiriam as mútuas vantagens de reciprocamente se poderem prestar umas às outras (Instrução... 1862, p.47)

Assim, desejava que as mercadorias metropolitanas tivessem mercados mais amplos, com a redução de preços no varejo. Todo esse mecanismo implicaria manipulações tarifárias, o que faria que a capitania mineira ficasse mutuamente dependente e ainda mais subordinada a Portugal.

O ministro entendia, ainda, "que sem o Brasil, Portugal é uma insignificante potência", e que as atividades econômicas mais adequadas ao Brasil eram a agricultura, a navegação e o comércio, controlados pela metrópole. E observava que "a indolência ou a preguiça transcendente por todo o Brasil" (ibidem.) é que impedia os brasileiros de verem tais fatos. Enfim, ao ministro importava a proibição do consumo de aguardente e a destruição dos engenhos como forma de garantir o exclusivo comercial metropolitano, mesmo sabendo que a aguardente era produto não consumido pela elite, mas sim pelos negros e pobres da capitania mineira.

Referências bibliográficas

CAUSAS Determinantes da Diminuição da Contribuição das Cem Arrobas de Ouro, Apresentadas pela Câmara de Mariana. *Revista do Arquivo Público Mineiro*, ano 6, p.143-51, 1901.

INVENTÁRIO dos Teares Existentes na Capitania de Minas Gerais - 1786. *Revista do Arquivo Público Mineiro*, ano 60, p.27-153, 1995.

JUSTIÇA na Capitania de Minas Gerais. *Revista do Arquivo Público Mineiro*, ano 4, p.3-82, 1899.

MOTINS do Sertão. *Revista do Arquivo Público Mineiro*, ano 1, p.649-72, 1896.

MOTINS promovidos por Manuel Nunes Viana no sertão do Rio das Velhas. *Revista do Arquivo Público Mineiro*, ano 5, p.211-20, 1900.

REGIMENTO ou instrução que trouxe o Governador Martinho de Mendonça de Pina e Proença. *Revista do Arquivo Público Mineiro*, ano 3, p.85-8, 1898.

VASCONCELOS, Diogo. Linhas gerais da administração colonial. *Revista do Arquivo Público Mineiro*, ano 19, p.101-25, 1921.

Memórias, instruções, informações e crônicas

ANTONIL. João Antônio Andreoni. *Cultura e opulência do Brasil*. Lisboa: Alfa, 1989.

BOLETIM da segunda classe - Actas e pareceres, estudos, documentos e notícias. Lisboa, Academia das Ciências de Lisboa, v.20, 1926.

CIRCULAR aos governadores da América. *Revista do Instituto Histórico e Geográfico Brasileiro*, t.10, 1840.

EXPOSIÇÃO do governador D. Rodrigo José de Menezes sobre o estado de decadência da capitania de Minas Gerais e meios de remediá-lo. *Revista do Arquivo Público Mineiro*, ano 2, p 311-27, 1897.

INSTRUÇÃO a Luiz de Vasconcelos e Souza, acerca do governo do Brasil. *Revista do Instituto Histórico e Geográfico Brasileiro*, t.25, 1862.

INSTRUÇÃO de Martinho de Melo e Castro a D. António de Noronha, 24 de janeiro de 1775, Arquivo Público Mineiro, Lo SC 211 - Registro de Ordens e Provisões.

INSTRUÇÃO para o Visconde de Barbacena, Luiz António Furtado de Mendonça, governador e capitão-general da capitania de Minas Gerais. *Revista do Instituto Histórico Geográfico Brasileiro*, v.6, n.6, p.3-59, abr. 1844.

MARQUÊS de Lavradio, *Revista do Instituto Histórico e Geográfico Brasileiro*, n.4, p.453-60, 1836, 1779.

MENDONÇA, Marcos Carneiro de. Pombal a Luiz Pinto de Souza Coutinho. *Revista do Instituto Histórico e Geográfico Brasileiro*, v.127, p.56-61, 1767.

Bibliografia

ALENCASTRO, Luís Felipe. O trato dos viventes. *Folha de S.Paulo*, 4 dez. 5 cad., p.6-8, 1994.

ALEXANDRE, Valentim. *Os sentidos do império* – Questão nacional e questão colonial na crise do antigo sistema colonial. Porto: Afrontamento, 1992.

AMADO, José Carlos. Martinho de Melo e Castro. In: *Comemorações do bicentenário da Companhia de Guardas Marinhas pela Academia da Marinha*. Lisboa: Academia de Geografia de Lisboa, 1985. p.141-50.

BELLOTO, Heloísa Liberalli. O Estado português no Brasil, sistema administrativo e fiscal. In: SILVA, Maria Beatriz Nizza da. (Coord.) *O império luso-brasileiro (1750-1822)*. Lisboa: Estampa, 1985.

CARDOSO, José Luiz. *O pensamento econômico em Portugal nos finais do século XVIII (1780-1808)*. Lisboa: Estampa, 1989.

CARRATO, José Ferreira. *Igreja, iluminismo e escolas mineiras coloniais*. São Paulo: Nacional, 1989.

CASTORIADIS, Cornelius. *A instituição imaginária da sociedade*. Rio de Janeiro: Paz e Terra, 1982.

COUTO, Jorge. Martinho de Melo e Castro. In: SILVA, Maria Beatriz Nizza da. (Coord.) *Dicionário da história da colonização portuguesa no Brasil*. Lisboa: Verbo, 1994.

FALCON, Francisco José Calazans. *A época pombalina, política econômica e monarquia ilustrada*. 2.ed. São Paulo: Ática, 1993.

FERRÃO, António. Martinho de Melo e Castro e o Marquês de Pombal. O princípio e o fim de uma amizade (1752-1777). *BOLETIM da segunda classe – Actas e pareceres, estudos,documentos e notícias*. Academia de Ciências de Lisboa. Lisboa: Ottes Gráfica, 1926. v.XX.

MAXWELL, Kenneth R. *A devassa da devassa*; a Inconfidência Mineira, Brasil-Portugal, (1750-1808). Trad. João Maia. Rio de Janeiro: Paz e Terra, 1985.

_______. História da Inconfidência Mineira, dimensões internacionais. *IX Anuário do Museu da Inconfidência, Conferências*... Ouro Preto, p.17-31, 1993.

_______. A política. In: SILVA, Maria Beatriz Nizza da. (Coord.) *O império luso-brasileiro (1750-1822)*. Lisboa: Estampa, 1986.

_______. *Marquês de Pombal*; paradoxo do Iluminismo. Rio de Janeiro: Paz e Terra, 1996.

PEREIRA, Esteves; RODRIGUES, Guilherme. *Dicionário histórico, chorográfico, biográfico, bibliográfico, heráldico, numismático e artístico*. Lisboa: J. Romano Torres, Companhia Editores, 1909. v.4.

PRADO JUNIOR, Caio. *Formação do Brasil contemporâneo*. 6.ed. São Paulo: Brasiliense, 1961.

SERRÃO, Joel. (Coord.) *Dicionário de histórias de Portugal*. Lisboa: Iniciativas Editoriais, 1971. v.1.

SERRÃO, José Vicente. Martinho de Melo e Castro. In: PEREIRA, José da Costa. (Coord.) *Dicionário ilustrado da História de Portugal*. Lisboa: Alfa, 1985. v.1.

SILVA, Maria Beatriz Nizza da. (Coord.) *Dicionário da história da colonização portuguesa no Brasil*. Lisboa: Verbo, 1994.

ZUQUET, Afonso Eduardo Martins. (Dir.) *Nobreza de Portugal e Brasil*. Lisboa: Zairol, 1989.

O arranjo das drogas nas boticas e farmácias mineiras entre os séculos XVIII e XIX

Betânia Gonçalves Figueiredo
Universidade Federal de Minas Gerais

A botica vende tudo
vende da purga ao sudário
Só não vende, por cautela,
A língua do boticário.

As indicações das drogas para a população brasileira, seja por médicos e cirurgiões com formação acadêmica ou não seja por pessoas que se diziam conhecedoras das drogas, sofreram significativas transformações ao longo dos séculos XVIII e XIX. A composição das boticas – desde as drogas disponíveis até o vasilhame e os livros de apoio (literatura especializada) – vai sendo, aos poucos, definida pela legislação. Mas entre a organização ideal, por meio do corpo das leis, e a realidade das boticas há uma grande diferença. Um caminho para compreender a organização das boticas e farmácias é acompanhar, pelos inventários de alguns boticários nas últimas décadas do século XVIII e primeiras décadas do século XIX, a organização desses estabelecimentos comerciais.

As boticas e farmácias dos séculos XVIII e XIX desempenharam um papel social importante que vai além do fornecimento de medicamentos e da aviação de receitas. Esses locais representavam espaços de encontro, de socialização de problemas e de elaboração de planos.

Assuntos de toda ordem eram tratados no espaço que, garantido por lei, poderia abrir suas portas a qualquer hora do dia e da noite. A figura do boticário é referência de ajuda e apoio, extrapolando os problemas relacionados diretamente à saúde. Essa referência atingia um raio de influência que fazia limite com a próxima botica.

Utilizamos os termos botica e farmácia como sinônimos. Mas é necessário chamar a atenção para o fato de que as boticas representavam os estabelecimentos mais tradicionais, enquanto as farmácias, denominação presente a partir de meados do século XIX, já com o intuito de distinguir uma denominação da outra, representavam os espaços mais modernos, onde supunha-se uma formação acadêmica para o farmacêutico. Tanto as farmácias como as boticas, nas últimas décadas do século XVIII e primeiras do século XIX, representavam uma referência de informação, de apoio, de notícias, de encontros nas regiões onde estavam estabelecidas.

Os documentos que serão analisados, além dos inventários, referem-se às receitas médicas encaminhadas às boticas, os manuais de medicina popular e os guias de farmácia que circulavam no período nas Minas Gerais.

As boticas e os boticários

Como conhecer as práticas dos boticários no atendimento à população entre os séculos XVIII e XIX?

Podemos abrir várias frentes de investigação: a partir da formação daqueles que atuavam como boticários pode-se entender qual a prática de ação estabelecida: há relatos presentes nos textos da época, manuais e guias de medicina, legislação que define as regras de atuação dos boticários, critérios para validação das práticas, parâmetros de funcionamento dos estabelecimentos comerciais. Todos esses caminhos são frutíferos para a pesquisa, mas apresentam uma lacuna: em que medida esses conjuntos documentais conseguem espelhar a prática cotidiana das atividades dos boticários?

Se, por um lado, indicam um modelo de prática e estabelecimento desejável, por outro, a insistência da legislação em estabelecer os critérios de atuação e condições de funcionamento das boticas fornece a pista de que há uma distinção, bastante razoável, entre o desejável e o realizável.

Para tentar apontar uma nova direção das pesquisas buscamos investigar, a partir da documentação cartorial disponível no acervo da Casa Borba Gato, região de Sabará (MG), então pertencentes à comarca do Rio das Velhas, alguns inventários e testamentos datados entre as últimas décadas do século XVIII e as primeiras do século XIX.

O período não é extenso, mas é significativo e pretende-se, no máximo, trabalhar com quatro décadas. Período em que, aos poucos, vê-se estabelecer um novo padrão em relação às ciências médicas e, conseqüentemente, faz-se a pergunta se as mudanças nas concepções médicas não irão influenciar as práticas dos boticários.[1]

Com relação à prática dos boticários, estamos nos referindo a como atuavam, como receitavam os componentes das receitas, como era feita a cobrança dos medicamentos, como organizavam a botica: o vasilhame, as drogas e as formas de prepará-las.

Ainda estamos longe de realizar um levantamento exaustivo da documentação. Aos poucos, as cobranças das receitas que surgem nos inventários vão nos indicando nomes de boticários que deverão ser investigados. A possibilidade de busca de informações sobre o tema por enquanto é dupla. Em um primeiro momento, localizamos nos testamentos as referências às cobranças dos boticários, normalmente por meio das receitas de prescrição de medicamentos. A partir das receitas, localizamos os nomes dos boticários e, em seguida, tem início o longo caminho da busca pelos inventários destes. Mas como todo

---

[1] Sobre a mudança na estruturação do saber médico, ver Sayd (1998).

trabalho em arquivo, especialmente aqueles com documentação manuscrita e com o agravante de ainda estar em processo de organização, a tarefa é longa e árdua.[2]

Os livros de apoio

Os livros indicados nos inventários dos homens proprietários de boticas podem nos dizer muito com relação ao *modus operandi* dos boticários.[3] As referências aos livros nos inventários são sempre incompletas, deixando muito a desejar aos critérios atuais da ABNT (Associação Brasileira de Normas Técnicas). Mesmo assim, é possível montar um esboço do que seria a biblioteca dos boticários ou, para sermos mais precisos, o que se lia sobre o tema para o preparo de medicamentos e nos manuais de medicina do período.

A matéria médica[4] é um volume que pode ter sua importância medida pela freqüência com que surge nos inventários e o valor estipulado. Além disso, matéria médica, no século XVIII, refere-se ao conjunto de todas as substâncias empregadas em medicina para debelar doenças (Araújo, 1952). O boticário é também aquele que diagnostica o mal físico e não apenas o responsável por preparar o medicamento. O boticário também é o médico. Assim, não é de estranhar a presença de diversos volumes de medicina, como *Medicina clínica e/ou Clínica médica*, *Manual de anatomia*, *Medicina prática*, *Preceitos de medicina*, *Tratado de nervos* e *Princípios de cirurgia*. Todos estes títulos

---

[2] Como pode-se observar, trata-se de uma pesquisa em construção que conta com o apoio da Fapemig, Projeto de Pesquisa Civilização e Crença em Minas Gerais. O levantamento documental conta com a colaboração da bolsista de iniciação científica Deyse Marinho.

[3] Não encontramos nenhuma referência às mulheres exercendo a atividade de boticário.

[4] Manual de matéria médica

foram coletados no inventário de Antônio Emílio Gomes de Britto, de Itabira,[5] que faleceu em 1842.

Os inventários dos boticários não são os únicos a indicar a presença de títulos relacionados à manipulação e ao entendimento das doenças. Encontramos referências de livros nos inventários de homens que aparentemente não tinham vínculos com a botica, com a atividade de purgas e sangrias e ou com a prática da medicina. Na Freguesia de Santo Antonio do Rio das Velhas, comarca de Sabará, no inventário do padre José Luiz Soto, encontramos entre seus bens diversos livros religiosos. Mas não apenas de textos religiosos vivia o padre Soto, pois entre os seus livros encontramos o *Erário mineral* de Luis Gomes Ferreira.[6] O *Erário mineral* é o único título relacionado à saúde. Como é sabido, nas andanças de Luis Gomes Ferreira, ele percorre e estabelece residência na comarca do Rio das Velhas antes de publicar o seu *Erário mineral* em Portugal, em 1735. Cirurgião titulado, com carta para exercer seu ofício, ele veio para o Brasil atuar na região mineradora. Sua primeira estada foi na Bahia e posteriormente fixou-se em Minas Gerais, na região de Sabará. A partir dos casos que atendeu, da observação dos que adoecem nas regiões tropicais da Bahia e de Minas Gerais é que elaborou o seu *Erário mineral*. O título está presente em alguns dos testamentos já consultados, indicando que Gomes Ferreira deixou, além da sua presença, um guia de apoio para a população mineira.

Os manuais de conduta nos momentos de problemas com a saúde circularam pelo Brasil nos séculos XVIII e XIX. Títulos os mais diversos, autores de nacionalidade distintas, todos procuravam atender uma população que, na ausência de um estrutura confiável de apoio,

---

5 Inventário Cx 03/1843. Britto, Antônio Emilio Gomes de (inventário de) e Souza, Beatriz Pereira de (inventariante), falecido em 1° de maio de 1842.

6 CSO-I(76)11-1800.

distante dos centros com médicos e cirurgiões, buscava nos manuais como proceder nos momentos delicados do corpo, em casos de acidentes, doença e mal-estar.

Uma botica bem sortida

Ao longo desta investigação encontramos o que podemos considerar verdadeiros modelos de boticas bem sortidas. Um desses exemplos encontra-se no inventário do capitão de mar e guerra George Francis Leon (Lyon), falecido com testamento solene em 8 de outubro de 1832.[7].Além da descrição dos vasilhames, encontramos também a lista das drogas e dos instrumentos de cirurgia. Esse capitão foi um dos fundadores da mina de Morro Velho em conjunto com outros três sócios.

O destaque dessa botica encontra-se no vasilhame e nos instrumentos de cirurgia. O vasilhame apresenta-se também descrito em outros inventários, não tão ricos como esse. A relação do item "instrumentos cirúrgicos" também é uma novidade. Os boticários, na maior parte das referências consultadas, não tratam cirurgicamente. Há uma divisão bastante clara entre a atuação do boticários, do médico e do cirurgião. O médico lidera a hierarquia dessas profissões, é o mais prestigiado em termos sociais e recebe uma formação mais sofisticada. Em seguida, apresentam-se os boticários, que serão os responsáveis pela manipulação dos medicamentos. A formação dos boticários pode se realizar, como a dos médicos, de duas formas. A primeira refere-se a uma formação sistemática, em academias. A outra possibilidade é uma formação prática, que para ser reconhecida passa por processos de avaliação. Os médicos no século XVIII no Brasil são em número pouco expressivo.

---

[7] CSO (64) 2.

Com relação às drogas presentes, as referências são genéricas: "diferentes extratos, resinas e gomas, tudo das melhores qualidade, reagentes, coloretos (sic) ... tinturas e ácidos, éteres, óleos essenciais, pós, sementes, ácidos, sais alkalis entre medicamentos mui modernos e perfeitos". Essa descrição das drogas, mesmo de forma genérica, nos permite ter uma noção do sofisticado estabelecimento que afirmava ter "tudo das melhores qualidades".

O vasilhame, entre eles a vidraria, também chama a atenção:

> quatro medidores de vidro, um vaso próprio de banhar os olhos também de vidro, um almofariz, dois grais de pedra, duas medidas de estanho, um vaso do mesmo próprio para sangrar, 16 latas de folhas de flandres contendo várias raízes e folhas medicinais, uma forma de fazer pílulas, uma lata com iononado inglês (sic), grande porção de emplasto superiores de diferentes qualidades e muitos outros remédios indispensáveis.

Ao que tudo indica, o estabelecimento descrito no inventário do capitão trata-se de um estabelecimento mais complexo que uma simples botica, tratava-se provavelmente de um hospital para atender os trabalhadores das minas de Morro Velho.

Há vendas que tinham de tudo um pouco. Como a venda de José Custódio de Almeida,[8] que além de escravos, gado, terras de cultura, ouro, prata, bronze e estanho, possuía uma loja na fazenda que vendia tecidos, objetos, livros, cartilhas e remédios. Entre os re-médios figuravam a erva-doce, a salsa parrilha, o cravo-da-Índia e o maná. Longe de ser uma botica bem sortida, a venda do senhor Almeida indica que os medicamentos poderiam ser encontrados em locais não especializados. Provavelmente, o senhor Almeida não era um boticário nem era reconhecido como tal.

---

[8] CPO-I(08) 1793.

As drogas

O termo "fármaco", do grego *pharmakon* (no latim *medicamentun*), significa na sua origem "o que faz bem" (remedia) e "o que faz mal" (droga). Todo remédio, utilizado fora da prescrição adequada, pode transformar-se no seu oposto, em vez de remediar o mal, vai agravá-lo. Utilizado fora da medida, em excesso ou em menor quantidade, poderia agravar o mal. O remédio é uma intervenção externa ao corpo em dois sentidos: na sua origem e na intermediação realizada por quem o prescreveu. É resultado da infusão de ervas, da maceração de folhas e raízes retiradas da natureza ou de produtos de origem animal. Pode também ser elaborado a partir de componentes químicos, tanto os retirados da natureza como os sintetizados em laboratórios. O remédio, portanto, é produzido e, em muitos casos, indicado por outra pessoa para aquela que o consome. Sinal de que também pode ser considerado como símbolo da intervenção nos problemas do corpo do outro que, por sua vez, não foi capaz de se reequilibrar combatendo a doença sozinho. Nesse sentido, o remédio resgata a origem etiológica da palavra cura: preocupação, solicitude, interesse por alguém ou por algo (Figueiredo, 2002).

Ao realizarmos um primeiro levantamento do conjunto de drogas indicadas nas receitas encontramos uma divisão pouco equilibrada entre as de origem vegetal, de origem mineral e as de origem animal. Aproximadamente 90% das drogas indicadas vêm do reino vegetal, onde todas as partes das plantas podem ser utilizadas. De acordo com as receitas podem compor os preparados as sementes, as flores, os caules, as folhas e as raízes. Todos preparados de várias formas – em chás, tinturas, aguardente, elixires, emplastros, pomadas e bálsamos. Para termos uma idéia dos ingredientes do reino vegetal listamos, entre as especiarias, a noz-moscada, a canela, o cravo-da-Índia e a pimenta-do-reino. Entre as flores, encontramos indicação de papoula, violeta, rosa e artemísia. Entre as frutas, laranjas e romãs estavam indicadas, e entre as sementes, o tamarindo. As águas encontravam as mais diversas variações: aguardente, água opiada, água-de-flor, água-de-rosa, água de vinagre. Além das bebidas alcoólicas divididas entre as aguardentes, vinho, licores e os chamados espíritos (de ferrugem e vitriolado, por exemplo).

Infelizmente, nas receitas localizadas não há uma indicação da situação física do paciente. O que provocou o seu mal? Quais os seus sintomas? Um quadro nosológico do período na região não pode ser montado a partir desse material. O caminho possível é buscar a indicação dessas drogas nos manuais de circulação na época para buscar compreender as doenças e os problemas que desencadearam as receitas.

Há também medicamentos originários do reino mineral, compreendendo aproximadamente 5% das drogas indicadas. Os mais presentes são o ouro e o mercúrio. O destaque fica para o óleo de ouro indicado no *Erário mineral* como um remédio especial. Há no livro de Gomes Ferreira um tratado todo dedicado ao potencial curativo do óleo de ouro:

> Da rara virtude do óleo de ouro, das muitas enfermidades para que serve e observações de curas excelentíssimas que com ele se têm feito. A explicação do potencial de cura do óleo de ouro relaciona-se com a qualidade nobre, rara e disputada do metal: Assim como o ouro é o soberano sobre todos os metais, assim também o mais soberano remédio que até o dia de hoje se tem descoberto para curar muitas enfermidades grandes, para as quais os modernos não têm achado remédio de mais relevante virtude que este, com o qual se têm livrado muitos da sepultura. (Ferreira, 2002, p.489-513)

Finalmente, há os medicamentos preparados com elementos do reino animal. Uma verdadeira medicina dos excretos, parafraseando o título do livro de Mário de Andrade (1939).

Há uma noção de que remédio, quanto pior o gosto, melhor o efeito (Camargo, 1975). A doença é relacionada com algum mal que o paciente deve sofrer em conseqüência de alguma ação, comportamento ou atitude. O tratamento, o processo para livrar-se da doença, é também uma forma de expiação, incluindo-se aí o remédio, que deve ser amargo para ser eficiente.

O vínculo doença-doente-pecado pode ser encontrado no livro de Jó, no Antigo Testamento. Jó sofreu porque pecou. Mesmo que, de acordo com seu próprio julgamento, não lhe pareça ter errado, aos olhos de Deus ele pecou. O mérito de Jó foi aceitar resignadamente a sua dor e localizava-se aí a possibilidade da sua cura. Nesse ínterim, Jó, numa bela passagem, amaldiçoa o dia do seu nascimento, mas acaba por resignar-se.

Dentro do caminho que entende a doença como resultado das ações dos seus doentes, no mínimo pouco generosas, pode-se inferir uma interpretação da própria doença. O mal está sempre relacionado com as ações dos homens e resulta da intervenção da natureza que lhe lembra a sua efemeridade. Daí o comportamento resignado que se esperava, de uma forma geral, daqueles acometidos por doenças.

O sofrimento é duplo: sofre-se com a doença e também para curá-la, devido ao gosto ruim do remédio. "Para a imaginação do povo, é evidente que quanto mais terrível for uma enfermidade, tanto mais dolorido deve ser seu tratamento" (Holanda, 1994, p.86). Um dos argumentos utilizados para combater a homeopatia era o de que o remédio não tinha gosto nenhum, daí a avaliação da sua ineficácia[9]. O remédio deveria sempre, na imaginação popular, excitar as glândulas gustativas, provocar reação ao ingeri-los e, posteriormente, reações que

---

[9] Com relação aos argumentos levantados contra os homeopatas, é interessante acompanhar os artigos de Joaquim Murtinho publicados no Jornal do Commercio defendendo a ciência médica de Samuel Hammemhan. Sobre o assunto (Faria, 1995, p.22).

indicavam a possibilidade de melhora, mesmo que para isso os caminhos fossem sinuosos.

Na linha dos remédios com gostos fortes e odores marcantes podemos incluir a utilização dos excrementos, humanos e animais. Neste ponto não podemos dissociar a utilização de excrementos da magia, como os inquéritos inquisitoriais divulgavam (Mott, 1996; Souza, 1996). Mas o nosso interesse é a relação dos excrementos utilizados como medicamentos, ou seja, com objetivo de cura dos problemas de saúde.

Para Mário de Andrade, que dizia ter-se tornado médico pelas avessas, ou seja, doente, a associação entre excrementos e medicamentos era direta. Se para adubar e dar vida à terra utilizava-se estrumação, por que não reproduzir a prática com homens e mulheres fracas e doentes? Há notícias de que, em Pernambuco, um certo Biu de Sá recomendava excremento para todas as moléstias e Mario de Andrade (1930, p.65) não perdeu a oportunidade de fornecer-lhe um apelido: Doutor Merda.

As moléstias da pele, que tanto incomodaram as populações nos séculos passados, eram um campo promissor para utilização dos excrementos, mas ela não se resumia aos problemas da derme. Utilizam-se excrementos para úlceras, cólicas, problemas respiratórios e como cicatrizantes. Havia indicações de todo o tipo: excrementos frescos ou não, humanos ou de animais (ratos e vacas eram os preferidos), moídos ou triturados. É interessante observar que a utilização dos excrementos não se restringia ao uso tópico. Em alguns casos, a indicação é ingerir o "medicamento" devidamente preparado.

As receitas

Em primeiro lugar, a fama de que médico tem letra ruim não está sozinha. Os boticários utilizavam abreviações para os medicamentos, para as quantidades e para o modo de preparo, dificultando, em muito, a tarefa de desvendar a paleografia medicamentosa do período.

Observamos que as receitas seguiam determinados padrões, onde purgas eram freqüentes, acompanhadas ou não de prescrições de águas específicas, tinturas, emplastros, vomitórios, bálsamos, ungüentos e xaropes. Muitas vezes, esses medicamentos também estavam acompanhados de doses de aguardente das mais variadas procedências e qualidades, e de vinho.

Quanto pior o estado de saúde do paciente, maior o volume de receitas. O inventário de Maria Mança de Conceiçan indicou uma longa lista de dívidas para com a botica do boticário Antônio José Alvares.[10] Nesse inventário, encontramos listadas dez receitas, todas elaboradas,[11] indicando, no mínimo, que a inventariada necessitou de diversos medicamentos e possivelmente sofreu antes de morrer. Entre os medicamentos presentes nas receitas localizamos alguns que poderiam ser indicados para minimizar as dores, como a água opiada. Entre o que é possível ler nessa receita especificamente, chama atenção a recomendação para que venha com letreiro para a filha,[12] para que seja possível identificar o cozido com chicória e papoula, corante de ruibarbo, pedra bazilicão (entre outros componentes não-legíveis). O volume de receita é indicativo da insistência da procura dos serviços do boticário. Além disso, a defunta ficou devendo a Manoel de Souza Barbosa, provavelmente um sangrador ou cirurgião aprovado, valores referentes a sangrias e ventosas. Entre a lista de dívidas da que passou desta para a melhor, encontram-se também valores referentes a meio frasco de vinho, vinagre e água ardente do reino.

No que se refere às práticas médicas e às concepções de doenças, corpo e saúde, os inventários também podem nos fornecer informações interessantes. Em alguns casos, ao descrever os escravos nas avaliações

---

[10] CPO-I(06)63 –1770, Sabará.

[11] Estamos definido por receitas elaboradas aquelas que contêm mais de três elementos no seu preparo.

[12] CPO-I(06)63 –1770, Sabará, folha 79.

dos bens do falecido, há indicações sobre o estado de saúde destes, além de idade, sexo, origem. Encontramos observações como pernas quebradas, ferida em uma perna, cego e sem valor, aleijado de um pé, quebrado e com papo, portador de morféia, e assim por diante. A relação entre a condições do corpo escravo com seu valor de mercado é direta. Essa indicação reforça a tese de que os senhores de escravos, para manterem os investimentos realizados na aquisição dos mesmos, deveriam depender recursos na manutenção da saúde desses trabalhadores.

Este ensaio indica uma pesquisa em andamento. O objetivo é demonstrar o potencial para análise, na área da história cultura da ciência, fornecido inicialmente pelos inventários e o entendimento da prática dos boticários na mudança do século XVIII para o XIX.

Referências bibliográficas

ANDRADE, Mário de. *Namoros com a Medicina*. Porto Alegre: Livraria Global Barcelos e Cia., 1939.

ARAÚJO, Carlos da Silva. *Matéria médica no Brasil do século XVIII*. Rio de Janeiro: Editora A Noite, 1952.

CARMARGO, Maria Thereza L. de Arruda, *Garrafada*. Rio de Janeiro: s. n., 1975.

FARIA, Fernando Antônio. *Querelas brasileiras*. Homeopatia e política imperial. 3.ed. Rio de Janeiro: Notrya, 1995.

FERREIRA, Luis Gomes. *Erário mineral*. Belo Horizonte: FJP, Fiocruz, 2002. v.2.

FIGUEIREDO, Betânia Gonçalves. O corpo, a dor, a doença, o remédio e a morte. In: *A arte de curar, cirurgiões, médicos, boticários e curandeiros no século XIX em Minas Gerais*. Rio de Janeiro: Vício de Leitura, 2002.

HOLANDA, Sérgio Buarque de. Boticas da Natureza. In: *Caminhos e fronteiras*. 3.ed. São Paulo: Companhia das Letras, 1994.

MOTT, Luiz. Dedo de anjo e osso de defunto, os restos mortais na feitiçaria afro-luso-brasileira. *Revista da USP*, n.31, 1996.

SAYD, Jane Dutra. *Mediar, medicar, remediar*: aspectos da terapêutica da medicina ocidental. Rio de Janeiro: Editora UERJ, 1998.

SOUZA, Laura de Mello e. Curas mágicas e sexualidade no século XVII luso-brasileira. *Revista da USP*, n.31, 1996.

Tortuosas raízes medicinais: as mágicas origens da farmacopéia popular brasileira e sua trajetória pelo mundo

Ricardo Ferreira Ribeiro
Pontifícia Universidade Católica de Minas Gerais

É cada vez maior o interesse pelo uso de terapias ditas "alternativas" à medicina oficial, baseadas especialmente em tratamentos "naturais", nos quais se destaca o emprego de plantas medicinais. A multiplicação, nos últimos anos, de livros, revistas, jornais e outras publicações, bem como de grupos e cursos que se voltam para a aprendizagem dos segredos vegetais é espantosa. Essa revalorização do uso de plantas medicinais é em parte conseqüência dos resultados não desejados dos produtos da indústria farmacêutica (efeitos colaterais, falsificações, poluição ambiental etc.) e, ao mesmo tempo, uma busca de alternativas mais baratas e acessíveis para a população pobre conseguir seus medicamentos, em uma área em que o conhecimento tradicional é muito amplo.

O uso de plantas medicinais no Brasil é parte do nosso patrimônio cultural, constituindo uma verdadeira "garrafada", [1] composta não

[1] Câmara Cascudo definiu, a seu modo, a garrafada como: "Panacéia feita por curandeiros do interior, destinada, na maioria dos casos, a curar todas as moléstias se o doente obedecer aos seguimentos (regra dietética) do 'doutor raiz', como são comumente denominados esses práticos da medicina popular, no sentido confusionista. Além de fórmulas tradicionais, algumas velhíssimas e deturpadas, há novidades e especialidades do curandeiro, suas descobertas e experiências de bom proveito. Raízes, cascas, folhas, frutos maduros, depois de lenta cocção, infusão com cachaça

só de muitas ervas de diferentes origens, mas também de variadas tradições culturais, combinadas ao longo do processo de formação social da nossa nacionalidade[2]. Não me refiro aqui apenas às contribuições ameríndia, européia e africana, pois, a partir do século XVI, espécies animais e vegetais, empregadas com as mais diversas finalidades,[3] navegaram entre os portos dos cinco continentes, espalhando-se entre eles, deitando raízes e multiplicando seus frutos.

O Grupo Entre Folhas, que desenvolve pesquisas, cursos e seminários nesse campo, publicou, em 1995, pela Universidade Federal de Viçosa (MG), o livro *Plantas Medicinais*, fruto de "intensivas revisões bibliográficas realizadas desde 1989, de informações colhidas em palestras e por meio de contatos com profissionais da área e de experiência adquirida até então no cultivo e na utilização das plantas medicinais" (Martins, 1995, p.13). Trabalhando com um total de 66 "plantas mais

---

ou vinho branco, o líquido é posto numa garrafa, enterrado certo tempo, ou posto a serenar, durante uma ou várias noites, com ou sem luar, debaixo de cerimonial cabalístico, silêncio, ausência do sexo feminino, exposição ao sol nascente ou lua nova, frio da madrugada ou sol a pino. O consulente deverá abster-se de certos alimentos, tomar banhos em dias e horas pré-estabelecidos, conhecer ou não mulher, tudo com recomendações sisudas e graves, ministradas com voz majestosa, da suprema autoridade" (Cascudo, 1972, p.425).

2 Ver, nesse sentido, texto de minha autoria "A medicina no sertão: uma garrafada de ervas e tradições" (Ribeiro, 1999).

3 Hoje, temos dificuldade de discernir as origens de muitas das nossas frutas mais populares, tamanha é a sua adaptação a solos pátrios, cujo exemplo mais famoso seria o do coco-da-baía (*Cocos nucifera* L.), que não provêm, como muitos supõem, daquele estado brasileiro, mas do sudeste asiático ou das ilhas polinésias, chegando à América em meados do século XVI (Ferrão, 1992). Além do coqueiro, recebemos da Ásia muitas das nossas frutas mais "brasileiras", como a manga, a jaca, a laranja, a banana e várias outras, e de temperos já consagrados de nossa culinária, como a canela, o cravo, o gengibre, o açafrão, a pimenta do reino etc. enquanto da África nos veio o café, o inhame, o quiabo, a pimenta malagueta, o dendê e tantas outras espécies. "Por outro lado, do Brasil foram transferidos para Goa o mamão, a mandioca, pitanga e o caju, e para a África, a mandioca, o cará, e a batata doce" (Dean, 1991, p.218).

popularmente conhecidas, presentes na coleção de espécies do grupo ou na região, que apresentaram maior volume de informações durante a revisão bibliográfica", quase todas elas com indicações de origem, e mais outras 100 "de menor importância no contexto da população ou cujas referências eram raras ou inexistentes" (ibidem), das quais dezessete também possuíam informações sobre suas origens, obtém-se um conjunto de 85 espécies medicinais. Desse somatório, 22 provêm da Europa, onze são asiáticas, seis são africanas, outras seis são compartilhadas por esses três continentes, sendo, em geral, da região do mar Mediterrâneo, doze são das Américas, em especial das áreas tropicais, e dezesseis são originárias do Brasil. Longe de esgotar o universo de plantas medicinais utilizadas em nosso país, esses números apenas apontam a diversidade da origem não só botânica, mas também cultural, da nossa farmacopéia popular.

Muito dos conhecimentos mais difundidos e, hoje, popularizados em várias publicações se referem a espécies exóticas, exatamente pelo fato de elas serem empregadas a partir do seu cultivo em hortas, jardins e até em vasos. O domínio da tecnologia da sua reprodução permite uma maior disponibilidade não só no comércio, mas também na esfera doméstica, contribuindo para sua ampla distribuição por diferentes regiões, biomas e até climas.

Entre as espécies medicinais nativas do Brasil, algumas são cultivadas, mas significativa parcela ainda é fruto do extrativismo,[4] que se liga a uma rede de comércio espalhada por ambientes populares desde as metrópoles até as pequenas cidades do interior, em mercados, feiras-livres e ruas. Em geral, exceto algumas espécies mais conhecidas

---

[4] A botânica Suelma Ribeiro Silva (1999, p. 239) aponta que: "alguns dados existentes sobre o comércio de plantas medicinais nativas têm mostrado que mais de 50% das espécies nativas que são exportadas pelo Brasil são coletadas em seu ambiente natural, caracterizando um extrativismo predatório que pode comprometer a sobrevivência dessas espécies e dos ecossistemas envolvidos" .

ou de ampla distribuição geográfica, grande parte do uso das ervas nativas fica mais associado ao espaço do seu bioma típico e ao seu universo cultural próprio, embora as migrações internas, mais recentemente, tenham contribuído para um amplo intercâmbio nesse campo.

Possuindo uma das maiores biodiversidades do planeta e uma riquíssima farmacopéia popular, era possível esperar uma difusão mais ampla dos conhecimentos em torno da flora medicinal nativa e o seu emprego mais generalizado pela medicina oficial no Brasil. No entanto, embora faltem dados mais consistentes sobre essa questão,[5] estamos longe de alcançar os números de outros países com recursos naturais mais restritos, como na Alemanha, onde mais de 80% dos médicos receitam regularmente preparações fitoterápicas (Almeida, 1999). Nem se pode contra-argumentar que isso ocorre por causa da influência da indústria farmacêutica, pois esse país é uma das maiores potências mundiais nesse setor econômico. Em verdade, nem a Coroa portuguesa nem, mais tarde, os governos do Império e da República acreditaram e investiram seriamente na perspectiva de avaliar o potencial terapêutico da nossa flora. A medicina oficial, em geral, preferiu se assentar nos conhecimentos já consagrados a se debruçar nessa investigação, que passa necessariamente pela valorização da nossa farmacopéia popular.

Assim, atendendo a interesses comerciais, preferiu importar medicamentos e matérias-primas ou aclimatar espécies exóticas e concen-

---

[5] A bióloga Semírames Pedrosa de Almeida (1999, p.228) nos dá algumas informações quanto a isso: "O Brasil gasta 50 milhões de dólares/ano com a importação de produtos derivados de plantas; importa mais que produz. Algumas dessas plantas são tradicionalmente cultivadas nos quintais como: alecrim (40 toneladas/ano); camomila (50 toneladas/ano); alcaçuz (30 toneladas/mês da Ásia utilizado na indústria do fumo (SANRISIL) funcho ou erva-doce (10 toneladas/mês) de Hong Kong, para indústria alimentícia (SANRISIL); além de outras como: artemísia, arruda, orégano e sabugueiro".

trou a exploração comercial e a exportação a um restrito número de "drogas do sertão",[6] que conseguiram uma ampla aceitação não só no mercado brasileiro, como no mundial. Por essa razão, as "vendas ao exterior estão fortemente concentradas em dois fitofármacos: pilocarpina e rutina, que representaram 57% do total em 1995 e 48% em 1996" (Almeida, 1999, p.227-8).

Santo de casa não faz milagres

Não se pode negar a curiosidade dos colonizadores europeus por "árvores de virtude" ou "ervas medicinais e outras qualidades ocultas" do Brasil retratada nos vários capítulos a elas dedicados em suas crônicas dos séculos XVI e XVII. O capuchinho francês André Thevet (1504-1592), em sua obra *As singularidades da França Antártica*, de 1556, já relatava que para a cura da bouba ou framboesia, chamada "piã na língua dos nativos", "usa-se fazer a decocção da casca de uma árvore chamada ivuraé" (Thevet, 1978, p.148), ou seja buranhém (*Pradosia lactescens*). Também aponta o uso indígena de "um suco avermelhado dos ramos de uma certa árvore semelhante à palmeira, de caule muito macio" como remédio pingado nos olhos para combater um mal provocado pela fumaça das fogueiras de suas moradias.

Na *Carta do Ir. José de Anchieta ao Padre Diego Laynes*, datada de 1560, este jesuíta resume: "úteis à medicina não há só muitas árvores, como raízes de plantas" (Anchieta, 1933, p.127). Mais de um século depois, o também inaciano Simão de Vasconcelos acrescentaria:

> Em prova particular de que todas as ervas, e árvores do Brasil são boas, cada qual em seu gênero, e com bondade esquisita, e singular, leiam-se quatro livros inteiros da História Natural desta terra outras vezes citada;

---

[6] Entre essas, podemos citar: a ipecacuanha ou poaia (*Cephaelis ipecacuanha*), a quina, a resina da copaíba (*Copaifera officinalis*), a salsaparrilha (*Smilax* sp.), entre outras.

> e folgará de ver o leitor (além da verdura) o tesouro de virtudes medicinais, que Deus pôs nesta parte do mundo. (Vasconcelos, 1977, p.147)

Os jesuítas, "médicos do corpo e da alma" (Ribeiro, 1997, p.98), tornaram-se "os controladores oficiais da prática médica" (Carneiro, 1994, p.53) e aprenderam com os índios o uso de várias plantas medicinais. Os colégios dessa ordem religiosa no Brasil, como em outras colônias, contribuíram para um intercâmbio de práticas médicas e de drogas de diferentes continentes (Ribeiro, 1997). Muitas dessas informações foram divulgadas por meio da publicação de farmacopéias que integravam diferentes saberes, mas também podiam ser mantidas em segredo, certamente com fins comerciais.

Um exemplo do interesse mercantil provocado por esses conhecimentos é o ofício do desembargador Francisco Antônio Berquó da Silveira Pereira, datado de 1766, em que informa sobre a busca que havia realizado, no Colégio dos Jesuítas da Bahia, após a sua expulsão de todo o reino promovida por Pombal em 1759. O objetivo de tal busca era encontrar as receitas de "certos remédios":

> tendo eu a noticia que havia na botica do mesmo colégio algumas receitas particulares e entre elas a do Antídoto ou Triaga Brazilica, fiz a necessária diligência para que me viesse à mão antes que fosse de outrem vista pelo justo receio de que trasladassem ou se desencaminhasse por indústria de quem com eficácia a buscava, o que se não evitaria, faltando a predita cautela, que se ignora na inteligência de que poderiam os mesmos Padres ocultar a dita receita, como fizeram aos principais remédios, que em lugar incompetente foram achados. Por esta receita me dizem haverá nesta cidade quem dê três ou quatro mil cruzados e é certo que o fundo principal da dita botica era este remédio, pelo grande gasto que tinha, por ser pompto o seu efeito, também achei outros manuscritos de outras receitas, que poderão não ser vulgares, porquanto delas se vê mandarem os prelados com pena de desobediência se não mostrassem a pessoa alguma. (ABN, 1910, p. 401)

O controle das práticas médicas, a partir de meados do século XVIII, passa, cada vez mais, a merecer maior fiscalização das autoridades coloniais, com a presença freqüente de representantes do físico-mor e do cirurgião-mor do reino. Esse controle incluía também o comércio de remédios: em 1744, um regimento estabelecia que "todo boticário do Brasil possuísse listas dos medicamentos com os respectivos valores e mostrassem-nas a quem quisesse vê-las. Seus custos não eram os mesmos em toda a extensão colonial; as variações eram significativas entre as regiões costeiras e o interior" (Ribeiro, 1997, p.31). Os remédios importados muitas vezes se estragavam: "a longa permanência desse material nos navios e prateleiras das lojas de drogas provocava a alteração de suas virtudes originais" (ibidem, p.25). Essa situação era tolerada pelas autoridades, o que não acontecia com os ingredientes da própria colônia, punidos com multa que variavam de quatro a oito mil réis em caso de sinais de degradação.

Essa medida dificultava o uso da flora medicinal brasileira pelos boticários, que não tinham nenhum interesse em validar o uso de plantas que pudessem estar ao alcance de qualquer um. Em correspondência com a corte, o conde de Resende, depois de denunciar a venda de produtos "em mau estado" e até o uso da falsificação de remédios, acrescenta: "Além disso, havendo nesta terra infinidade de ervas e raízes conhecidas pelo mesmo nome, e atributos das que mandam vir de fora, eles são os primeiros a desacreditá-las... porque ver-se-iam obrigados a vender por baixo preço" (apud Ribeiro, 1997, p.32).

Luis Gomes Ferreyra, cirurgião português que viveu em Minas, onde atuou por vinte anos na primeira metade do século XVIII, se intitula, em seu livro *Erário mineral*, datado de 1735, "o primeiro, que escrevo das enfermidades das Minas do ouro", com o objetivo de "remediar necessitados" (Ferreyra, 1997, p.III e IV). Em sua obra defende que, nessa capitania, não só o clima é diferente dos de Portugal e da Europa, mas também "a causa das enfermidades e os humores que as produzem, por razão dos mantimentos e habitação em que assistem, e se exercitam assim os pretos, como os brancos ...". Assim, proclama que "é a experiência a base fundamental da medicina, e cirurgia", criticando "aqueles, que são tão contumazes e atados aos conselhos e regras dos antigos, que nem à razão natural, nem ao que estão vendo com os seus olhos, querem dar crédito" (ibidem, p.XL-5) e não aceitam novas práticas terapêuticas, em especial no que se refere ao uso das plantas medicinais nativas. Na conclusão desse seu trabalho inovador faz uma brilhante defesa das transformações no conhecimento médico:

> Se neste meu livro se notarem algumas cousas por novas, ou por duvidosas, já eu satisfiz com dizer no princípio dele, que quanto mais crescia o tempo, mais alcançavam os homens; e agora direi mais: Que as cousas por novas não podem desmerecer o credito de sua verdade; porque, que cousa haverá hoje no mundo tão antiga, que não fosse nova em algum tempo? Saber o que os antigos souberam não he saber, disse Sêneca. Temo que os que condenam as cousas novas, são aqueles, que não podem dizer, senão as muito velhas e tal vez que muito remendadas... Se alguém quiser, que nos atemos em tudo aos passados, quererá que se atem os vivos aos mortos: as cousas velhas são do tempo, as novas do merecimento; porque as velhas são alheias, as novas nossas: se por duvidosas, não obrigo a alguém a crer o que digo por ter a vontade livre."(ABN, 1910, p.487)

Os ecos de iniciativas como essas foram pequenos no século XVIII e a Coroa e as autoridades médicas se aferravam aos velhos métodos e intensificavam os mecanismos de controle. Assim, a dificuldade de se empregar plantas medicinais nativas será aprofundada, em 1794, com a publicação da *Farmacopéia geral para o reino e domínio de Portugal*, que tinha por finalidade a uniformização do preparo e composição das fórmulas tanto na metrópole como nas colônias. Na ordem que instituía essa farmacopéia, D. Maria I estabelecia a obrigatoriedade de todos os boticários possuírem um seu exemplar e proibia não somente a preparação e a composição de medicamentos por alguma outra, como também que os médicos e cirurgiões receitassem em desacordo com ela.

Não é de surpreender, portanto, que em 1813 o cirurgião-mor agregado ao Regimento de Linha de Minas Gerais, Caetano José Cardoso, incumbido pela Coroa de verificar as qualidades e quantidades dos produtos medicinais indígenas de Minas Gerais (Veiga, 1998, p.715), ao apresentar uma lista de 40 dessas plantas, aponte o pouco uso que delas se fazia pela "medicina oficial":

> devo advertir que de todas as plantas, ou seus produtos declarados na lista retro, excetuando a Ipecacuanha, Contraierva, e Quina, não correm em comercio, nem delas se faz uso nas boticas, não só pela ignorância dos farmacêuticos, como também por que até o presente nenhum dos naturalistas botânicos, que Sua Majestade e Alteza Real tem mandado ás Minas, tenha analisado a propriedade de alguma planta, e mandado por em prática. Os mesmos médicos, e cirurgiões das vilas, e cidades aferrados á antiga rotina, somente receitam os remédios, que se acham nas boticas, importados da Europa, pela maior parte arruinados por sua antiguidade. (RAPM, 1902, p.751)

Se, entre as camadas privilegiadas das principais vilas de Minas e de outras capitanias, a medicina oficial pouco se utilizava da flora indígena, ela era principal recurso terapêutico popular e o seu emprego crescia quanto mais se afastava dos principais centros urbanos. Aquele cirurgião-mor indica os locais remotos da capitania onde era possível encontrar aquelas plantas que havia listado e onde o seu uso era conhecido:

> Todas essas plantas, ou seus produtos podem ser adquiridos com muita facilidade, e economia, encarregando aos comandantes dos destacamentos do Indayá, Abaeté, Piracatu, e aos das Divisões do Rio Doce, para mandarem fazer sua colheita, por serem muito conhecidas em todas estas

> partes; assim como tambem mandarem outras muitas, que os sertanejos têm descoberto, e se tem acreditado por suas virtudes... (ibidem, p.750-1)

O médico austríaco Johann Emanuel Pohl, visitando algumas daquelas regiões do sertão mineiro alguns anos mais tarde, observou em relação a Paracatu: "não possuem médico, nem farmácia. Os comerciantes vendem a alto preço alguns remédios simples, estragados, de jalapa, ipecacuanha, ruibarbo, quina de má qualidade, ópio, cânfora, mercuriais e outros. Os remédios domésticos usuais são tomados em tal quantidade, que só podem apressar a morte" (Pohl, 1976, p.102).

Segredos vegetais: a mágica busca das propriedades terapêuticas das plantas

Nessas regiões distantes dos recursos medicinais das tradições de origem, diante das enfermidades e ferimentos do dia-a-dia e diante de uma natureza desconhecida, europeus e africanos voltaram-se para os conhecimentos indígenas. No entanto, nem sempre esse contato foi possível e, assim, buscou-se muitas vezes encontrar nas novas terras sinais que aproximassem mundos tão diversos em natureza: animais e plantas de diferentes continentes, que guardassem semelhanças entre si, recebiam de imediato a mesma denominação e deveriam, em conseqüência, possuir as mesmas virtudes, especialmente no que se refere ao potencial medicinal. O arguto botânico francês Auguste Saint-Hilaire, percorrendo o vale do Jequitinhonha em Minas Gerais, no ano de 1817, assinala essa correlação entre nomes das plantas e a descoberta de suas propriedades de cura:

> Como não existem nessa localidade nem médicos, nem cirurgiões, os habitantes para se curarem experimentaram os vegetais que tinham à disposição e não existe colono que não possua ao alcance seus medicamentos.

Algumas plantas medicinais foram indicadas aos portugueses pelos índios que, sem dúvida, as conheciam havia muito tempo; a semelhança mais ou menos impressionante com as espécies usadas na Europa, o gosto, o odor peculiar, e, muitas vezes talvez, só a fantasia, decidiram da escolha de outras plantais usuais. Os nomes vulgares das espécies empregadas como remédios podem, aliás, servir em grande parte para desvendar a história da descoberta de suas propriedades reais ou imaginárias. Assim, os nomes guaranis, caapiá (*Dorstenta*), ipecacuanha (*Cephaelis ipecacuanha*), sambaíba (*Curatella sambaíba*), etc., designam suficientemente espécies cujo conhecimento é devido a indígenas; os nomes de barbasco e centaurea maior ou menor fo-ram aplicados pelos portugueses a uma ou várias espécies de *Buddleja* e *Chirontas*, que lhes lembravam o verbasco ou a centaurea de sua pátria; finalmente os nomes de padre-salema (*Gomphrena officinallis*), quina-de-remijo (*Cinchona remijiana, Aug de S. Hil.*), ana-pinta (uma Cucurbitácea), são evidentemente os das pessoas que foram as primeiras a empregar esses vegetais como remédios. Seja como for, sente-se que a matéria médica dos brasileiros, baseada unicamente no empirismo, deve ser muito imperfeita.

Todavia, entre tantas plantas às quais se atribuem falsamente propriedades maravilhosas, algumas existem que realmente fornecem remédios eficacíssimos. (Saint-Hilaire, 1975b, p.228)

Em muitos casos, a prática foi confirmando a intuição, mas em outros, a experiência popular foi estabelecendo distinções importantes, como revela em depoimento ao autor Murilo Barroso, lavrador da região do Vale do Jequitinhonha, ao "dividir" dois tipos de sabugueiro:

Esse aqui é o sabugueiro-do-mato e o que serve pra remédio, o medicinal, ele... chama sabugueiro-do-reino, eles trata sabugueiro-do-reino. Ele dá uma flor branca, a folha mais cumprida um pouco, mas parece muito pouquinho, mas esse aqui a utilidade dele é só a madeira, mesmo... A diferença é da folha um pouquinho... Esse aqui dá uma flor bastante parecida, também, só que esse aqui não é medicinal ... Agora tem o outro que

> chama o sabugueiro-do-reino, que é usado pra fazer chá pra gripe... O outro é plantado e esse é nativo. [7]

A nossa cultura popular incorporou, assim, um conjunto de designações ("do-mato", "do-campo", "de-índio", "de-bugre" etc.) para nomear as espécies nativas, e "do-reino", para indicar aquelas que são cultivadas, ou seja, plantas exóticas trazidas do Velho Mundo. Outras indicações são ainda mais específicas ao marcar suas raízes: "da-costa", referindo-se ao seu berço africano, e "da-índia", "do-ceilão" ou "da-china", para assinalar sua procedência do Oriente.

Foi assim, tateando por meio das semelhanças e diferenças entre plantas de distintas origens, que iam se confirmando ou negando as virtudes medicinais, mas essa busca não era aleatória, pois recorria-se, nesse processo de experimentação, a uma espécie de receituário cultural que permitisse associar características físicas e químicas com propriedades terapêuticas específicas. Mas como esse receituário foi sendo construído ao longo do tempo?

Diferentes culturas se valeram e ainda continuam a empregar analogias naturais para realizar importantes descobertas em medicina: Thekla Hartmann, em importante estudo etnobotânico junto aos bororos, grupo indígena do Brasil central, aponta que, em se tratando de um povo caçador, mesmo a classificação e os nomes dados às plantas estão fortemente marcados pela relação entre os seres humanos e os animais. A grande maioria dos nomes de plantas está ligada, de alguma forma, à fauna da região, pois várias espécies vegetais são vistas como semelhantes aos animais ou a partes do seu corpo ou, ainda, identificados como seu alimento. O fato de um animal gostar de determinado fruto pode, por exemplo, ser relacionado com as características daquele bicho desejadas pelos bororos, passando a considerar

---

[7] Murilo Barroso em entrevista ao autor.

a planta como fonte de tal característica. "Assim, os remédios da seriema e da ema se destinam a conferir velocidade àqueles que o tomam, enquanto que as qualidades vocais de um macauã ou um bugio se obtêm pela ingestão de alimentos desses animais" (Hartmann, 1967, p.51).

Também em sua pesquisa junto a camponeses do cerrado, o autor constatou um tipo de formação de conhecimento sobre plantas medicinais baseado em observações semelhantes:

> Em agosto, não pode comer ele, não, porque ele está envenenado. O tiú... o tiú briga com a cobra, eu já vi um tiú brigando mais um cascavel... Nesse tempo, eu tava campeando, lá do outro lado, domingo, numa capoeirona, já capoeira grossa, eu tou vendo: bá, bá, bá, bá! Aquele barulho: o que é aquilo? Aí, eu... era um tiú mais um cascavel. O cascavel batia o dente nele, batia o dente nele, quando ele ficava vermelhinho, ele corria e comia a madeira do assa-peixe-branco, tirava lá, metia o dente, cascava, comia, comia, comia, comia até ele levantava aquele escumeiro, e eu olhando. Quando ele levantava aquele escumeiro, ele voltava metia o rabo na cobra. (risada) Logo, o assa-peixe-branco é bom pra cobra, né.[8]

Esse tipo de analogia, desenvolvida na busca de virtudes medicinais, não se refere apenas aos animais, mas se estende a outros elementos naturais e suas relações com o mundo sobrenatural. José Flávio

---

[8] Agenor Leme do Prado – vaqueiro aposentado em Brasilândia, noroeste de Minas, em entrevista ao autor. Luis Gomes Ferreyra, no seu *Erário mineral*, de 1735, ao comentar, entre os outros empregos, o uso da butua, raiz considerada "quente", no combate dos esquentamentos, também noticia esse aprendizado feito a partir dos animais: "eu vi os Paulistas fazerem muito caso dela, trazendo-a consigo, que são estes homens muito vistos, e experimentados em raízes, ervas, plantas, árvores, e frutos, por andarem pelos sertões anos, e anos, não se curando de suas enfermidades, senão com as tais coisas, e por terem muita comunicação com os Carijós, de que, se tem alcançado cousas boas, com que eles se curam a si de muitas doenças, imitando nisto as feras, que por instinto natural, vendo-se acometidas de algum achaque, buscam o seu contrário, e ainda os mesmo animais domésticos" (Ferreyra, 1997, p.463).

Pessoa de Barros aponta que na tradição jêje-nagô, um dos vários grupos culturais africanos que foram trazidos como escravos para o Brasil,[9] as plantas, assim como as divindades, os outros seres vivos e todas as coisas possuem um "àse", uma força vital, uma energia, podem ser usadas para múltiplas finalidades. "Cada folha, tendo propriedades particulares, quando misturada pode produzir preparações para usos diferenciados, mágicos ou medicinais" (Barros, 1993, p.21). As plantas, assim como os 16 *òrìsà*, pais divinos de cada indivíduo na cultura jêje-nagô, estão associadas a um dos quatro elementos da natureza – havendo, portanto, as *ewé afééfé* – folhas de ar (vento), as *ewé inón*, as folhas de fogo, as *ewé omi*, as folhas de água, e as *ewé ilé* ou *ewé igbó* – folhas da terra ou da floresta"(ibidem, p.60). As espécies vegetais são classificadas e associadas aos quatro elementos naturais e aos *òrìsà*, a partir de semelhanças identificadas entre o tamanho, a forma, a cor, o cheiro e a textura de suas folhas e o lugar onde são encontradas. Dessa forma, espécies com pêlos que "queimam" ou com espinhos "são associadas ao fogo e tais plantas são con-sideradas de *Sàngó* e/ou *Èsù*" (ibidem, p.96) e estão ligadas ao efeito de provocar agitação, vida; enquanto aquelas relacionadas ao elemento água, no outro extremo da paridade, são relacionadas ao efeito de acalmar, apaziguar o *òrìsà*.

Os naturalistas alemães Karl Friedrich Philipp von Martius e Johann Baptist von Spix indicavam, no início do século XIX, procedimentos semelhantes entre os bandeirantes paulistas na descoberta das propriedades medicinais da flora brasileira:

> O maior merecimento no achar e aplicar a virtude curativa das plantas, assim como o descobrimento das minas de ouro, compete, pois, aos

---

[9] O tráfico de escravos africanos para o Brasil inclui tanto aos povos de cultura banto, vindos de Angola e Moçambique, quanto aqueles de tradição jêje ou mina, procedentes da região do atual Benin, ou ainda, os yorùbás, conhecidos como nagôs, trazidos da Nigéria.

paulistas. O seu gênio ativo e curioso, estimulado pela rica natureza, fê-los prosseguir nas descobertas casuais, ou mesmo, raramente, por alusão dos indígenas, com a perspicácia própria do europeu. O espírito humano, neste domínio das pesquisas, serve-se por toda parte de indícios da natureza, e, pelos característicos físicos dos objetos, pelo aroma, pela cor, pela semelhança de certas formas, com as partes do corpo humanos, etc., tira conclusões por analogia sobre as virtudes íntimas dos primeiros e sua atuação como remédio. Assim raciocinava o paulista dotado com vivo senso de natureza, achando em todo encarnado vivo uma relação com o sangue, nos amarelos, relação com a bílis e o fígado... Entre esse povo de colonos, abandonado à própria ingenuidade e à munificência da natureza que o cerca, começou a medicina com experiência prática e tradições populares, e tomou a mesma feição que tinha na Europa durante a Idade Média e da qual ainda subsistem em algumas farmacopéias antiquadas... Sobretudo feridas e doenças externas das mais diversas espécies são, aqui na província, tratadas, às vezes, com surpreendente êxito. (Spix & Martius, 1981, p.162)

Naturalistas improvisados à caça de plantas úteis à medicina e ao comércio

Quase cem anos antes, Luis Gomes Ferreyra, em 1735, já proclamava os êxitos dessa farmacopéia e criticava as práticas terapêuticas então consagradas, que resultavam em "grandes despesas nas boticas" e no convalescer dos doentes, durante meses, por "ficarem muito debilitados por causa das muitas sangrias, que lhes mandam tomar", e concluía:

gotas serenas, formigueiros, e outras muitas doenças comuns, e perigosas, muito ordinárias naquela colônia nova; e eu pela providência, e graça de Deus todas estas, e outras, as curo com facilidade em poucos tempos, e com poucas despesas, inventando remédios do país, que obram com toda a sua virtude, como de todos é bem sabido, por morar em várias partes das Minas. (Ferreyra, 1977, p.476)

Nessa capitania, outros depois dele irão também divulgar as virtudes medicinais de sua flora,[10] mas apenas nas últimas duas décadas dos setecentos, quando o brilho da riqueza mineral vai se nevoando, foi que as autoridades metropolitanas se mostraram particularmente interessadas na busca de novos tesouros, julgando-os escondidos entre as folhagens de sua exuberante vegetação. Acreditava-se na capacidade da ciência em desvendar as potencialidades ocultas de diversas espécies vegetais e animais, permitindo o seu emprego econômico. Anteriormente a essa busca utilitária havia o interesse pelo exotismo da sua natureza tropical e, pelo menos de 1764 a 1785, diversas correspondências entre Lisboa e a o governo da Bahia se referem à remessa de pássaros para os viveiros das Quintas Reais (ABN, 1910, p.44). Mas, com o tempo, essas remessas iam perdendo a sua novidade e a curiosidade do Velho Mundo demandava uma renovação do material a ser enviado:

> Sua Majestade manda recomendar a V.Ex.ª muito particularmente esta diligência, não se podendo fazer crível que havendo em todo o Brasil, tanta diversidade de pássaros grandes e pequenos, e tendo-se recomendado tantas e repetidas vezes ao diferentes governadores da América, que se façam as possíveis diligências, não só para a efetiva remessa dos referidos pássaros... senão tenha até agora conseguido das Capitanias do Brasil, mais do que araras, papagaios e alguns periquitos ou coisa que o valha, os quais por muito comuns já são aqui de muito pouca estimação. (apud Heynemann, 1999, p.109)

---

10 O ouvidor Caetano da Costa Matoso, em seu códice, datado de 1752, apresenta a *Lembrança de ervas mais medicinais que há neste país das Minas*, texto que se soma a outros que igualmente tratam das riquezas naturais da capitania, cuja divulgação poderia ter motivado a sua elaboração, mas que também pode estar ligada às suas obrigações de ouvidor e corregedor na fiscalização dos ofícios médicos (Códice Costa Matoso, 1999).

O governo de Minas Gerais também fez parte desse esforço de enviar curiosidades de história natural para Portugal e, em 1886, Luiz da Cunha Menezes informa em correspondência ao secretário de Estado da Marinha e Ultramar, Martinho de Mello e Castro, que além do envio de caixotes com animais, esclarece que havia recebido a ordem, datada do ano anterior, de encarregar a Joaquim Veloso de Miranda[11] de realizar remessas "sobre conhecimentos naturais" e "produções da mineriologia". Este envia, em 1787, três caixotes com "todas as qualidades de espécies pertencentes à história natural", além de "grande parte dos pássaros e mais alguns animais que tem sido possível ao dito naturalista adquirir, e dissecar". [12] No ano seguinte, remete mais "quatro caixões" com "produtos naturais", bem como, "vinte e um caixões menores, de um sal que se extraiu de uma mina que se mostrou na serra do Itacambirussu". [13] E, em 1790, são igualmente enviadas para Lisboa "quatro caixas de produções minerais e vegetais". [14]

Nessa última remessa, o governador visconde de Barbacena destaca que estava abandonando o envio de amostras para a "coleção das minas", "havendo transferido maior diligência para a outra dos vegetais, em que pretendi antecipar-me pela utilidade que dela pode resul-

---

[11] Joaquim Veloso de Miranda (1750-1817), mineiro, natural do Arraial do Infeccionado (Mariana), estudou na Universidade de Coimbra e teve sua contribuição científica assim descrita pelo historiador Augusto de Lima Júnior (1963, p.58): "Descobridor do petróleo do Urucuia, do manganês em Queluz, introdutor da cultura da batata inglêsa, do trigo indiano, da uva do Minho, fabricou incenso com flôres e resina de Assa-peixe branco e foi o primeiro construtor do notável Jardim Botânico de Vila Rica, em 1791, onde reuniu espécies orientais e nativas, no terreno que, da ponte dos Contos ou de São José, vai até o sopé de São Francisco de Paula. Foi ainda, o primeiro a classificar a *floralia montium*, reunindo observações preciosas sôbre a fabricação de tintas vegetais e minerais, escrevendo uma monografia sobre esses materiais".

[12] Arquivo Histórico Ultramarino (doravante *AHU*) Cx 126, Doc 48.

[13] AHU Cx 118, Doc 23.

[14] AHU Cx 134 Doc 56.

tar à medicina[15] e ao comércio, esperando que seja primeira que tenha ido à presença de V.Ex.ª deste gênero e nesta conformidade".[16] É verdade que, em parte, essa opção se deve a maior "inclinação" de Joaquim Veloso de Miranda pela botânica, como revela o governador; mas também pode ser atribuída ao interesse crescente pelos produtos vegetais.[17]

Uma das maiores dificuldades para as autoridades coloniais cumprirem as ordens da Coroa na investigação de produtos da terra reside na enorme carência de possuidores de algum conhecimento científico na capitania, vendo-se, dessa forma, forçadas a improvisar naturalistas entre os funcionários de que dispunha. Não se deve, no entanto, subestimar o papel desempenhado pelos naturalistas que daqui enviavam tais remessas, pois estavam encarregados de dessecar animais e do "exame, descrição, e debulho [?] das plantas menos conhecidas ou que parecem novos gêneros ou espécies, segundo os atuais conhecimentos da botânica...".[18] Ao mesmo tempo, ao lado das descrições que acompanhavam cada uma das remessas, seguiam também desenhos, pois aquele naturalista possuía um ajudante, "um dese-

---

[15] A utilidade desses estudos para a medicina e o comércio já era apontada, em 1763, por Antônio Nunes Ribeiro Sanches, um dos defensores da reforma do ensino em Portugal: "A necessidade que tem o Reino de médicos versados na história natural para indagarem o que têm as nossas conquistas e colônias de útil para a Medicina, para as Artes e para o Comércio: método que tem usado todas as nações da Europa com tanto aumento das ciências e dos estados" (Sanches apud Dias, 1968, p.109).

[16] AHU Cx 134 Doc 56.

[17] O próprio visconde de Barbacena propõe a substituição deste naturalista por outras pessoas que possam fazer as remessas de minerais, embora se mostre descrente dos seus resultados: "Querendo Sua Majestade que se empregue maior eficácia no descobrimento das Minas, que é muito incerto, podem bem suprir e concorrer para ele segundo o estado desta capitania as diligências dos homens curiosos e oficiais dos distritos, tendo ordem para remeter logo ao governo as informações e amostras de todas as que aparecerem" (AHU Cx 134 Doc 56).

[18] *AHU* Cx 134 Doc 56.

nhador... para se tirar maior fruto das expedições; porque somente tem servido até agora para esse fim um soldado do regimento, que mandei aperfeiçoar nesta arte, e se acha assaz adiantado com o uso, depois das poucas lições com que se habilitou".[19]

O cadete João Gomes da Silveira Mendonça, dezesseis anos depois de haver trabalhado com Joaquim Veloso de Miranda, é indicado para "fazer uma coleção das sementes das plantas mais raras, que vegetam neste país, e das cebolas que se encontrarem das mesmas plantas, para o jardim botânico da corte de Berlim".[20] Diante da falta de pessoal qualificado, pela própria ausência de escolas, vão se formando naturalistas "práticos" que, dentro de suas limitadas condições, procuravam atender às novas atribuições recebidas:

> a relação das sementes das plantas indígenas da capitania de Minas Gerais, que recolhi, e conduzi a esta Corte por ordem do meu Exmo Governador, que me significou serem pedidas para um país estrangeiro; por esta razão escrevi em latim tudo quanto se desejava saber das mesmas, na conformidade da instrução, que acompanhava o ofício de V.Ex.ª, e para satisfazer mais completamente aos requisitos mesmos, eu procurei com trabalho insano reduzir ao Sistema de Linneo todas quantas conheci, e pude encontrar floridas; insistindo para este fim sobre os passos dos naturalistas mais celebres que escreveram da América como Jacquin, Brotter, Forster Aublet, e outros, que eu me propus como modelos em uma empresa, que parecerá talvez estranha á profissão de um militar; que é na realidade muito superior á tenuidade das minhas forças; mas não aos desejos, que me animam, de servir bem e de ser til ao estado em qualquer gênero de serviço.

19 AHU Cx 134 Doc 56. A historiadora Cláudia Heynemann (1999, p.106), ao discutir o intercâmbio das informações científicas, destaca "a importância dos desenhos que acompanhavam os trabalhos e memórias científicas, resultantes por vezes de viagens empreendidas e que mais do que meras ilustrações, preenchem o lugar dos espécimes a serem colecionados nos gabinetes".

20 AHU Cx 180 Doc 79.

> Lembrei-me juntar a estas discrições tábuas iluminadas das espécies mais célebres, e gêneros, que me parecem novos, trabalho que eu continuava sempre que podia, apontando a lápis, clamando alguns traços ligeiros, que conservassem a forma e a cor natural, para com vagar passar a limpo: mas foi muito pouco o tempo e muito menos os auxílios que pude ter para este fim, que não passaram de uma besta e um preto escravo, que conduziam as sementes, que eram todas colhidas e preparadas pela minha própria mão, trilhando de dia os mato, e campos, recolhendo flores e frutos, e revolvendo de noite os autores botânicos, ajustando a variedade das opiniões com as irregularidades da natureza, para delinear desenhos, e arranjar descrições sistemáticas sobre objetos de uma ciência inexata e verdadeiramente de olhos, que mais se aprende pela prática, que pela teoria. Arrotiando, por assim dizer, sem guia um país inteiramentee novo, jamais trilhado por algum dos naturalistas que passaram às Minas, que onde pouparam aos trabalhos, onde os fizeram, os não tem publicado. Não encontrando mesmo nem de quem soubesse os nomes triviais de algumas plantas na língua natural do país por estarem retirados ao interior dos sertões de matos, e quase sem comunicação conosco, os índios muito mais curiosos, e mais industriosos a este respeito, do que os nossos até o presente.
>
> Mas longe de me desanimar, eu procurei, se me for lícito, acabar os desenhos, que principiei com tanto gosto, e por ora queira V.Ex.ª acolher estas premissas das minhas aplicações que só se dirigem a provar quanto eu desejo merecer a consideração de bom servidor. [21]

Após a morte de Martinho de Mello e Castro, D. Rodrigo de Souza Coutinho assume o cargo de secretário de Estado para os Domínios Ultramarinos e o interesse pelas "produções vegetais" aumenta. Em resposta a uma determinação sua, feita em agosto de 1796, o governador Bernardo José de Lorena, enviou, em março de 1799, "48 caixotes de plantas vivas", incluindo também "alguns orfanatos, produ-

[21] AHU Cx 183 Doc 07.

artificiais, e móveis domésticos dos índios destes distritos," bem como, "algumas das suas armas; a o que acompanha a relação competente inclusa".[22] Nessa mesma correspondência, adianta que estava providenciando também o envio de "sementes de plantas dos matos e campos de Minas, com declaração dos nomes, se os tiverem, e bem conservadas em frascos de boca larga cheios de areia" (Veiga, 1998, p.1050), conforme ordem de dezembro de 1796.

Notam-se, nesse momento, dois aspectos contraditórios: de um lado, ainda a prevalência de um certo interesse pelo exótico, caracterizado pela remessa de peças indígenas; de outro, uma crescente postura científica, evidenciada na preocupação com aspectos técnicos, presente tanto no envio de plantas vivas como nos cuidados em se acondicionar as sementes. Para responder a possíveis dificuldades nessa área, em 1805, o famoso naturalista mineiro, conhecido por colaborar com os esforços da Coroa nesse campo, frei José Mariano da Conceição Veloso (1742-1811), publicava, em Lisboa, *Instruções para o transporte por mar de árvores, plantas vivas, sementes, e de outras diversas curiosidades naturais*.[23]

Verdes negócios

As iniciativas da Coroa em pesquisar de forma ampla a nossa flora, em geral, não rendiam os resultados esperados e seus esforços investigativos e comerciais tendiam a se concentrar em alguns produtos que já eram consagrados na Europa, como a ipecacuanha, onde a "introdução desta virtuosa raiz, também conhecida por poaia, datado final do século XVII,[24] tendo sido experimentada inicialmente na

[22] AHU Cx 148 Doc 12.

[23] Um exemplar desse livro se encontra no Instituto Histórico Geográfico Brasileiro.

[24] Guilherme Piso (Willem Pies), em sua *História Natural do Brasil Ilustrada*, datada de 1648, já apontava que essas raizes, "além da faculdade purgativa pelas vias superiores e inferiores, são ótimo antídoto contra qualquer veneno" (Piso, 1995).

França" (Ribeiro, 1977, p.52). No entanto, somente no final do século XVIII, a coroa irá se interessar na sua exploração comercial. Na mesma remessa de produtos naturais de 1790, citada acima, o governador visconde de Barbacena informa que "remeto tão bem a V.Ex.ª várias plantas vivas da ipecacuanha ou poaia, como se chama no país, para que seja mais bem conhecida e se lhe possa fixar o verdadeiro lu-gar que deve ter nos sistemas botânicos".[25] Talvez fosse necessário me-lhor classificar a espécie, porém, suas virtudes medicinais certamente já eram conhecidas em Portugal,[26] mas toda a possibilidade de empregos e futuras explorações comerciais dependia da aprovação científica a ser feita na metrópole. "Espero tão bem que V.Ex.ª se sirva mandar-me comunicar com brevidade o primeiro resultado dos exames e experiências dos professores, para me regular nas seguintes remessas; porque de todas as espécies ficam as lembranças necessárias...", [27] completa.

O médico Bernardino Antônio Gomes, escreveria, onze anos mais tarde, a *Memória sobre a Ipecauanha fusca do Brasil* (1801), onde apontava que foram exportadas, em 1795, 432 arrobas desta planta para Portugal, caindo esse volume para oitenta no ano seguinte e voltando a crescer para 317 no outro, revelando uma oscilação própria de

---

25 AHU Cx 134 Doc 56.

26 Na sua *História dos Reinos Vegetal, Animal e Mineral do Brasil Pertencente à Medicina*, de 1782, Francisco Antônio de Sampaio incluía a ipecacuanha no seu capítulo "Dos purgantes e eméticos", onde afirma "ser raiz bem conhecida, não só em Portugal, mas ainda nos reinos estrangeiros" (ABN, 1971, p.42). Também em Minas, suas virtudes já haviam sido destacadas, por Luis Gomes Ferreyra, em 1735, considerando que "esta raiz he soberana para toda qualidade de cursos, ou sejam com sangue, ou sem ele, porque os cura certamente..." (Ferreyra, 1997, p.535). Este cirurgião também indica a origem do seu uso medicinal: "A raiz de cipó chama pacacuanha, ou por outro poalha, nomes que lhes deram os gentios Carijós, e por eles descoberta..." (ibidem, p.463).

27 AHU Cx 134 Doc 56.

um produto fruto do extrativismo. O famoso diplomata e naturalista russo Grigory Ivanovicht Langsdorff registrou, no diário de sua expedição pelo interior do Brasil em 1824, a coleta dessa planta pelos índios coroados do presídio de São João Batista, hoje Visconde do Rio Branco, na zona da mata mineira: "Os índios percorrem as florestas em busca dessa raiz, vendem-na e bebem até não terem mais dinheiro. Meio quilo de ipecacunha custa aqui 3 patacas ou 1.000 réis" (Langsdorff, 1997, p.91), que representa o trabalho de cada índio por dia, totalizando uma arroba por ano ao final de vinte a 25 dias, dedicados a essa atividade, pois, no resto do ano, se ocupavam com a caça e a pesca.

No início do século seguinte, as exportações cresceram de cerca de quatro para 25 toneladas no final dos anos 1860, mas à medida que se intensificava a sua exploração, também ela ia se interiorizando, em razão da escassez cada vez maior da espécie. Do interior do Rio de Janeiro ela se dirigiu para Minas, no final do século XVIII e, em 1830, chegou ao Mato Grosso, onde alcançou o preço de 1.600 réis a libra. O naturalista francês Francis de la Porte Castelnau, que lá esteve, em 1845, informava:

> Negócio tão vantajoso deu logo origem a uma exploração considerável do produto, que continuou até 1837, quando sua cotação começou a baixar, em conseqüência da enorme quantidade que dele se oferecia no mercado. Avalia-se em nada menos de vinte e cinco mil arrobas a quantidade de ipecacuanha lançada no comércio entre os anos de 1830 e 1837. Por fim a exploração da planta foi abandonada, até o ano de 1844. (Castelnau, 2000, p.421-2)

A extração do produto, naquela província, seria então reiniciada por causa da retomada dos preços e duraria mais de um século, "aparentemente pela adoção de um método mais racional de coletar a planta: em vez de colhê-la na floração, esperavam que ela desse sementes. Um certo pássaro (*Lipaugus vociferans*), que se alimenta de sementes de ipecauanha e as dispersa, era então seguido até as faixas da planta" (Dean, 1996, p.177). A preocupação com a extinção da planta, cuja parte utilizada para fins medicinais era a raiz, também foi manifestada por Langsdorff, ao se informar com um comandante que servira junto aos índios do presídio de São João Batista:

> a ipecacuanha tem dois tipos de raízes: a medicinal e uma raiz de fibras finas que alimenta a planta. Foi um alívio para mim ouvir dele que os índios colhem essa planta, mas só retiram dela as raízes medicinais, voltando, em seguida, a fincá-la na terra. Com isso, ela volta a produzir nova raiz medicinal no ano seguinte. Mas, dizem, os índios também a plantam na época do amadurecimento da semente. (Langsdorff, 1997, p 265 -6)

Outra espécie que, no mesmo período, mereceu a particular atenção da Coroa, por também apresentar emprego já conhecido, foi a quina, cujo uso em Minas Gerais Luis Gomes Ferreyra já registrara em seu *Erário mineral*, de 1735, "contra as maleitas, ou seções", presentes "no sertão do rio de São Francisco" (Ferreyra, 1997, p.293). No entanto, tratava-se de droga produzida na América espanhola, "cujos comerciantes monopolizavam o tráfico", mas "Vandelli formulara a hipótese de que a planta existia no Brasil, porque o país margeava regiões onde os espanhóis a colhiam" (Dean, 1996, p.148).

Em 1797, são remetidas ao governador de Minas descrição e estampas da árvore da quina do Peru, para que ele verificasse a sua possível existência na capitania (Veiga, 1998, p.445). Seguindo essa determinação, ele solicita ao naturalista José Vieira Couto[28] e, prova-

---

[28] José Vieira Couto (1752-1827), médico, naturalista e mineralogista, nasceu no Tejuco (Diamantina), estudou matemática e formou-se em filosofia, no ano de 1778, pela Universidade de Coimbra

velmente, a outras pessoas que observem em suas viagens de pesquisas mineralógicas a sua ocorrência [29].

Iniciava-se o que o historiador Warren Dean (1996) chamou de a "corrida pelo quinino",[30] mas a grande variedade de espécies[31] resultava no aparecimento de "falsificações", demandando a análise das amostras pelo hospital real. Do Tejuco, Francisco de Paula Vieira informava a D. Rodrigo, em 1803, que:

> Tendo, há muitos tempos, consagrado o pouco tempo, que me resta de uma ocupação trabalhosa, ao estudo das ciências naturais, e desejoso de ser útil ao estado, e a pátria, apliquei todos os meus fracos conhecimentos ao descobrimento da árvore da quina: o fruto desta aplicação tem sido a descoberta de duas espécies, que tenho a honra de por na respeitável presença de V.Ex.ª, e juntamente a memória que encerra tam somente as suas descrições.[32]

Essa, como as outras "descobertas da quina", no entanto, parece não ter sido aceita pelos homens de ciência da metrópole, pois, em 1808, um decreto régio encarregava a "Pedro Pereira Correia Sena, que descobriu em Minas a verdadeira quina oficial, reconhecida ser tão boa como a do Peru pelos exames e análises a que foi submetida,

---

[29] AHU Cx 145 Doc 12.

[30] Já em 1800, eram enviados de Goiás sete caixotes com salitre, "Plantas, e Raizes Medicinaes", incluindo amostras de "Casca de Quina" e "extrato de Quina" (AHU Cx 153 Doc 44). Em 1805, o governo da Bahia remetia para o visconde de Anadia 30 arrobas de quina do Camamú para uso dos hospitais militares do Reino. Nesse mesmo ano, Domingos José Corrêa, administrador da Botica do Hospital Militar da Bahia, apresenta uma *Notícia sucinta das applicações da quina branca do Brasil* (ABN, 1910, p. 295).

[31] O frei José Mariano da Conceição Veloso publicou, em 1799, o livro *Quinographia portugueza; ou Collecção de Várias Memórias sôbre vinte e duas espécies de quina, tendentes ao seu descobrimento nos vastos domínios do Brasil, copiada de vários autores modernos...*

[32] AHU Cx 167 Doc 17.

de colher a maior quantidade possível da mesma quina e apresentá-la, pesada e lacrada, na Junta da Real Fazenda de Minas Gerais, onde lhe seria paga a 900 réis a arroba" (Veiga, 1998, p.739).

Também lhe foi concedido, em remuneração pela sua descoberta, a possibilidade de exportar para a costa da África, isentas de direitos por quinze anos, todas a preparações que fizesse com a quina, além de ter sido "condecorado como cavaleiro da Ordem de Cristo, com pensão de 438 mil réis" (Dean, 1996, p.148). Em 1813, afirmava em carta ao da Palma, governador de Minas, que no "espaço de mais de 5 anos tenho feito as conduções [de quina] que me têm sido possível" e solicitava apoio para, na fazenda que adquirira próximo a Barbacena, "formar uma aldeia do gentio", que lhe ajudaria na coleta daquele produto (RAPM, 1898, p.772-3).

Nesse mesmo ano, dando continuidade às investigações sobre plantas medicinais e contradizendo as restrições que se impunham ao uso de espécies nativas, o governador recebia a determinação de que ouvisse "o físico-mor sobre as qualidades e quantidade dos produtos medici-nais indígenas de Minas Gerais e exija dele uma relação circunstanciada dos mesmos, informando quais os preços de tais produtos" (Veiga, 1998, p.715). Em cumprimento a essa ordem, recebeu de Luís José Godoy Torres, físico das tropas da capitania, uma lista com 25 plantas medicinais, com suas respectivas descrições e usos, acompanhada dos "preceitos que se devem guardar na colheita das plantas medicinais que se houverem de tirar nesta capitania". Esclarece ele também que:

> Esta vasta capitania admirável pelos seus produtos em todos os reinos da natureza oferece imensas plantas em proveito da saúde de seus habitantes; de maneira, que ainda nos mais remotos lugares, a que tenho sido chamado por efeito da minha faculdade, achei sempre prontos socorros extraídos das mesmas matas, com os quais felizmente se terminaram gra-

> ves enfermidades; mas como a maior parte destas plantas tenham o seu uso recente, cumpre observá-las depois de secas, para se regular suas doses e efeitos (RAPM, 1902, p.745)

Essas investigações em torno dos recursos naturais do sertão mineiro e de outras capitanias vão adquirir novo impulso após a transferência da corte para o Rio de Janeiro, com a vinda de naturalistas estrangeiros, de várias procedências, muitos deles médicos ou botânicos, que dedicaram especial atenção ao poder curativo de nossa flora em suas viagens pelo interior do país. Saint-Hilaire confessava que "em toda a parte em que eu parava, tinha sempre o cuidado de perguntar quais eram as plantas mais usadas na região" (Saint-Hilaire, 1975a, p.93). Segundo D'Orbigny (1976, p.117), esse conhecimento prático era muito importante, pois "em uma região onde não há médico, quase todos os homens idosos são botânicos e naturalistas. Os velhos mostram-se, pois, muito úteis para indicar ao viajante as plantas medicinais".

Estes e vários outros naturalistas estrangeiros e luso-brasileiros, assim como os pesquisadores e a indústria farmacêutica atual, já haviam percebido que o conhecimento popular sobre o potencial terapêutico de nossa flora representava uma enorme economia de tempo e de recursos para desenvolver medicamentos, que, pelo seu grande serviço à saúde pública, teriam enorme valor comercial. Saint-Hilaire pondera que, se "existisse no Brasil maior número de homens instruídos, o governo desse país faria obra de grande utilidade, nomeando em cada província uma comissão que se encarregasse de submeter a exame minucioso todas as plantas de que utilizam os colonos para aliviar seus males" (Saint-Hilaire, 1975a, p.228).

Ele sabia da importância desse conhecimento e para isso deu sua contribuição pessoal na sua divulgação, mas não imaginava que, passados quase duzentos anos de sua passagem pelo Brasil, encontraria tal proposta ainda em grande parte por se realizar, quando afirmou:

Trabalho de tal envergadura não se poderá fazer, sem dúvida, senão daqui a longos anos. Possa ao esperar a que vier, a obra que publiquei sobre as *Plantas Usuais do Brasil* tomar o lugar, tanto quanto possível, de uma matéria médica mais aprofundada, e provar aos brasileiros o desejo que tenho de lhes demonstrar meu profundo reconhecimento mediante um trabalho que lhes seja útil! (Saint-Hilaire, 1975, p.229)

Referências bibliográficas

ALMEIDA, Semírames Pedrosa de. As plantas, a saúde e alternativas econômicas nas comunidades do cerrado. In: IORIS, Edviges. (Coord.) *Plantas medicinais do cerrado*: perspectivas comunitárias para a saúde, o meio ambiente e o desenvolvimento sustentável. Mineiros GO: Fimes/Projeto Centro Comunitário de Plantas Medicinais, 1999.

ANCHIETA, Padre José de. Cartas, informações, fragmentos históricos e sermões do Padre Joseph de Anchieta, S.J. Rio de Janeiro: Civilização Brasileira, 1933.

BARROS, José Flávio Pessoa de. *O segredo das folhas, sistema de classificação de vegetais no candomblé jêje-nagô do Brasil.* Rio de Janeiro: Pallas, UERJ, 1993.

CARNEIRO, Henrique. *Filtros, mezinhas e triacas – as drogas no mundo moderno.* São Paulo: Xamã, 1994.

CASCUDO, Luís da Câmara. *Dicionário do folclore brasileiro.* Rio de Janeiro: Ediouro, 1972.

CASTELNAU, Francisco. *Expedição às regiões centrais da América do Sul.* São Paulo, Belo Horizonte: Edusp, Itatiaia, 2000.

D'ORBIGNY, Alcide, *Viagem pitoresca através do Brasil.* São Paulo, Belo Horizonte: Itatiaia, Edusp, 1976.

DEAN, Warren. A botânica e a política imperial, a introdução e a domesticação de plantas no Brasil. *Estudos Históricos*, v.4, n.8, 1991.

________. *A ferro e fogo, a história e a devastação da Mata Atlântica brasileira.* São Paulo: Companhia das Letras, 1996.

DIAS, Maria Odila da Silva. Aspectos da Ilustração no Brasil. *Separata da RIHGB*, v.278, 1968.

FERRÃO, José E. Mendes. *A aventura das plantas e os descobrimentos portugueses*. Lisboa: Instituto de Investigação Científica Tropical /Fundação Berardo, 1992.

FERREYRA, Luis Gomes. *Erario mineral*. Belo Horizonte: Centro de Memória da Medicina de Minas Gerais, 1977.

HARTMANN, Thekla. *A nomenclatura botânica dos borôros (materiais para um ensaio etno-botânico*. São Paulo: Instituto de Estudos Brasileiros, 1967.

HEYNEMANN, Cláudia B. História natural na América portuguesa - 2ª metade do século XVIII. *Varia História*, n.20, 1999.

LANGSDORFF, G. I. *Os diários de Langsdorff*. Rio de Janeiro: Fiocruz, 1997.

LIMA JÚNIOR, Augusto de. O sábio Joaquim Veloso de Miranda, apontamentos para a sua biografia. *Revista de História e Arte*, v.5, 1963.

MARTINS, Ernane Ronie. *Plantas Medicinais*. Viçosa: UFV, s. d..

PISO, Guilherme. *História natural do Brasil*. São Paulo: Nacional, 1995.

POHL, Johann Emanuel. *Viagem no interior do Brasil*. São Paulo, Belo Horizonte: Edusp, Itatiaia, 1976.

RIBEIRO, Márcia Moisés. *A ciência dos trópicos, a arte médica no Brasil no século XVIII*. São Paulo: Hucitec, 1977.

RIBEIRO, Ricardo Ferreira. A medicina no sertão. Uma "garrafada" de ervas e tradições. In: IORIS, Edviges. (Coord.) *Plantas medicinais do cerrado*: perspectivas comunitárias para a saúde, o meio ambiente e o desenvolvimento sustentável. Mineiros GO: Fimes/Projeto Centro Comunitário de Plantas Medicinais, 1999.

RIBEIRO SILVA, Suelma. Uma nota sobre a exploração de plantas medicinais do cerrado. In: IORIS, Edviges. (Coord.) *Plantas medicinais do cerrado*: perspectivas comunitárias para a saúde, o meio ambiente e o desenvolvimento sustentável. Mineiros GO: Fimes/Projeto Centro Comunitário de Plantas Medicinais, 1999.

SAINT-HILAIRE, Auguste de. *Viagem pelas províncias do Rio de Janeiro e Minas Gerais*. São Paulo, Belo Horizonte: Edusp, Itatiaia, 1975.

_______. *Viagem às nascentes do rio São Francisco*. São Paulo, Belo Horizonte: Edusp, Itatiaia, 1975.

SPIX, Johann Baptist, VON MARTIUS, Carl Friedrich Philipp, *Viagem pelo Brasil (1817-1820)*. São Paulo, Belo Horizonte: Edusp, Itatiaia, 1981. v.2.

THEVET, André. *As singularidades da França Antártica*. São Paulo, Belo Horizonte: Edusp, Itatiaia, 1978.

VASCONCELOS, Simão de. *Crônica da Companhia de Jesus*. Petrópolis, Brasília: Vozes, INL, 1977.

VEIGA . *Efemérides mineiras*. Belo Horizonte: Fundação João Pinheiro, 1998.

Aguardente e sedição em Ouro Preto, 1831-1833

Andréa Lisly Gonçalves
Renato Pinto Venâncio
Universidade Federal de Ouro Preto

O objetivo deste ensaio é examinar os conflitos registrados na comarca de Ouro Preto, com destaque para os ocorridos no *Termo de Mariana*, no início da década de 1830, buscando demonstrar, primeiramente, que a dificuldade de caracterização desses movimentos decorre de sua natureza híbrida, fruto da conturbada conjuntura da época, mas também de um modelo de revolta ainda típico do período colonial. Essa filiação, embora parcial, aos motins coloniais, sobretudo àqueles que se multiplicaram nas minas setecentistas, certamente ajuda a explicar certas lealdades - expressas pela população pobre, por membros da tropa, por proprietários de escravos e por eclesiásticos em relação ao Imperador -, evocadas positivamente nas invectivas contra o mau governo. Segundo essa tradição, a ação do mau governo estaria identificada, na América portuguesa, assim como em outras partes do Império colonial lusitano (Figueiredo, 2001), ao arbítrio dos representantes da Coroa que, contrariando os princípios de justiça do rei, implementavam a extorsão fiscal ou descuidavam do abastecimento.

De maneira semelhante, nos motins que ocorrem em Ouro Preto e Mariana, entre 1831 e 1833, a oposição aos tributos e os problemas de abastecimento também foram registrados. No caso específico, a ação fiscal incidiu sobre a aguardente em uma região que se destaca va como uma das maiores produtoras da bebida na província de Minas Gerais.[1]

O afastamento de autoridades, que insistiam em onerar a população com tributos extorsivos, e a regeneração do poder real apareciam aos olhos dos revoltosos como uma solução capaz de mobilizar a população dentro de uma certa tradição política. Esse aspecto talvez explique a aparente contradição entre um movimento com inequívoca participação popular e sua identificação com os caramurus, que defendiam o retorno do imperador, em um contexto no qual esse último reivindicava o trono português. Conforme procuraremos mostrar, a conjugação entre restauração e movimentos populares também foi possível graças à ambigüidade política dos restauradores e à quebra dos padrões do mercado da aguardente, simultaneamente ao retorno de práticas fiscais coloniais.

Tal perspectiva de análise, por sua vez, procura ir além das explicações revisionistas, que desconsideram o caráter restaurador da Sedição de Ouro Preto, de 1833, afirmando ser essa a leitura que os setores elitistas e liberais, à frente do governo provincial, quiseram imputar aos grupos que a eles se opunham (Silva, 1998).

Aguardente: o peso da fiscalidade

Em Minas Gerais colonial, a história da aguardente é marcada por duas tendências conflitantes. A primeira delas diz respeito à constante tentativa de proibição de sua produção; a segunda recai sobre a sistemática política fiscal que incidiu sobre a elaboração e comercialização deste bem. Como se vê, tratava-se de ações contraditórias e que, constantemente, alimentaram um duplo descontenta-

[1] No período em questão, Mariana possuía 293 engenhos – sendo a localidade mineira que mais produzia aguardente. Sabará vinha a seguir, com 157 engenhos (Paiva, 1992).

mento (Costa Filho, 1963, p.135), tanto entre aqueles que se viam impedidos de construir engenhos ou que tinham esses últimos destruídos por ordem das autoridades quanto entre os que resistiam ao pagamento dos elevados tributos.

Ao longo do século XVIII, várias localidades mineiras viveram essa contradição. Em Mariana, por exemplo, um mês após a posse dos primeiros oficiais camaristas, em 1711, o Conselho Ultramarino autorizou a cobrança de um tributo de meia pataca de ouro (2$000 réis) sobre cada barril de aguardente que se fabricasse localmente. O recurso seria destinado à construção da igreja matriz, além dos prédios da câmara e da cadeia. Em 1716, a demanda é finalmente atendida, sendo implementada durante dez anos.

Paradoxalmente, essa mesma região foi alvo de uma ordem régia, datada de 1715, que mandava destruir os engenhos "quer fabricassem açúcar e rapadura quer fabricassem aguardente". A Coroa portuguesa justificava a deliberação alegando que o braço escravo não deveria ser desviado da produção aurífera e que o consumo da aguardente representava um perigo à ordem pública. A contradição era flagrante. A receita fiscal, advinda da aguardente, era uma das bases para a edificação local dos poderes metropolitanos, mas também consistia em uma atividade ilegal, ou semilegal, havendo momentos em que, de fato, engenhos – construídos sem autorização – foram efetivamente desativados.

Cabe lembrar que tal situação não constituiu uma particularidade do início do povoamento mineiro. Em 1743, nova ordem régia proíbe a construção de engenhos de aguardente em Minas Gerais. Nas décadas seguintes, a medida não é revogada. No entanto, no mesmo período – ou, mais precisamente, entre 1756 e 1766 –, a taxa de 1$200 réis constituiu o subsídio voluntário, imposto sobre os estabelecimentos que comercializavam aguardente e cujos recursos eram destinados à reconstrução de Lisboa, devastada pelo terremoto de 1755 (Costa

Filho, 1963, p.139). Mais ainda: a obrigatoriedade de se pagar esse subsídio, a partir de 1768, foi renovada e ampliada para o conjunto dos estabelecimentos comerciais. Embora uma lei de 1778 tenha extinguido o tributo, observa-se, nos arquivos camarários mineiros, sua menção até a década de 1820.[2]

Como se não bastasse essa tributação – sobre um produto, vale repetir, cuja produção estava subordinada a uma situação de ilegalidade ou semilegalidade –, havia ainda os dízimos sobre produtos agrícolas, existentes desde 1704, e o subsídio literário, esse último estabelecido em 1772 e destinado ao pagamento de professores de primeiras letras, cobrança que também só foi oficialmente revogada alguns anos após a Independência.[3]

Se a fiscalidade evolui num sentido crescente, o mesmo não é possível afirmar a respeito da repressão à produção da aguardente. Uma vez sendo registrado o declínio das rendas fiscais advindas do ouro, tende a surgir uma postura mais tolerante das autoridades. Exemplo disso foram as medidas deliberadas pelo governador de Minas, D. Rodrigo José de Meneses, empossado em 1780, que defendeu uma política "ilimitada de engenhos", chegando a afirmar, textualmente, que a cachaça era "bebida de primeira necessidade para os escravos, a que andam metidos n' água todo dia e que, com este socorro, resistem tão grande trabalho, vivem mais sãos e mais largo tempo" (Barbosa, 1979, p.616).

---

[2] Eis um documento de Mariana que revela essa permanência: D. Pedro manda ordenar que faça extrair listas exatas e circunstanciadas de todas as vendas e tavernas, com declaração das pessoas que pagaram e que devem o Imposto Rendimento do Subsídio Voluntário 7.11.1827. Arquivo Histórico da Câmara Municipal de Mariana [Doravante, AHCMM], códice 666, folha 47 a 50 V. Em anexo, na folha 48, há uma relação declaratória do "Rendimento do Subsídio Voluntário do Termo de Mariana", de 1810 a 1826. Cabe lembrar ainda que "o subsídio voluntário, surpreendentemente, consta entre os itens da receita provincial do período 1825/32" (Godoy, 2000, p.248).

[3] "Também teve vida longa o subsídio literário. Criado em 1772, constará das receitas de Minas Gerais até 1838" (Godoy, 2000, p.248).

O declínio da extração de ouro, associado a uma atitude mais complacente das autoridades, levou à expansão do número de engenhos de aguardente. Um levantamento em cerca de duzentos inventários *post-mortem* marianenses, entre 1780 e 1850, revelou um crescimento no número de proprietários de alambiques da ordem de 300% (Almeida, 1995, p. 97). Aos poucos, portanto, esse tipo de produção foi se tornando essencial na economia local, principalmente entre pe-quenos proprietários, roceiros e sitiantes das áreas de fronteira agrícola.

As mobilizações em Santa Rita do Turvo, 1831

Examinando a historiografia sobre a sedição de 1833, reconhece-se a importância de fatores vinculados à política local, com destaque para a oposição ao vice-governador Bernardo Pereira de Vasconcelos, principal liderança liberal, não apenas em Minas, mas em todo o centro-sul. Entretanto, algumas interpretações relativizam o conteúdo e a coerência das idéias restauradoras no desenrolar do movimento,[4] conforme pode ser observado na seguinte observação de Francisco Iglesias:

---

[4] O que não é o caso de José Murilo de Carvalho para quem o movimento tinha um caráter nitidamente restaurador: "Depois de enfrentar com êxito, como vice-presidente da província, uma revolta militar caramuru em Minas Gerais, em 1833, Vasconcelos voltou, reeleito à Câmara, onde apresentou o projeto da reforma constitucional, transformado no Ato Adicional de 1834" (Carvalho, 1999, p.10). Otávio Tarquínio de Souza considera o movimento uma sedição militar de nítido caráter restaurador: "Também em Minas, reduto liberal, havia caramurus, havia 'corcundas'. E estes ... prepararam o golpe desfechado em Ouro Preto, na noite de 22 de março". João Camilo de Oliveira Torres, para quem "a Sedição de 1833 não passou da 'bernarda de Manuel Inácio'", restrita à capital da província, reconhece, no entanto, uma certa participação popular no movimento (Oliveira Torres, 1988, p.120). Sua contribuição original à interpretação da Rebelião do Ano da Fumaça parece residir na imputação da liderança caramuruana ao futuro marquês do Paraná Honório Hermeto Carneiro Leão (Barbosa, 1979).

> Se à frente [dos sediciosos] se encontravam elementos ligados à causa da restauração, inteiramente sem perspectiva de êxito, o certo é que não levantaram essa bandeira; insistiam apenas em queixas de perseguidos, capitalizando assim os ressentimentos de quantos viviam indispostos com a situação, e manifestavam apoio ao governo central e ao sucessor de D. Pedro I, seu filho ainda menor, "amado e inocente Imperador", como consta da proclamação de Manuel Soares do Couto. Os restauradores estavam com mais ânimo desde o malogro do projetado golpe de Feijó, em 1832. (Iglesias, 1978, p.401-2).

O frustrado golpe de Feijó, sem sombra de dúvida, renovou o ânimo dos restauradores. Porém, no que diz respeito à comarca de Ouro Preto, a disposição para a ação, demonstrada por lideranças identificadas a ideais restauradores, é um pouco anterior. Em algumas freguesias rurais, intensa mobilização se faz notar desde fins de 1831. Tal constatação impõe a revisão da própria cronologia da referida sedição, cujas raízes, no mínimo, remontariam ao ano da abdicação de D. Pedro I (Andrade, 1998).

Um exemplo da força política dos restauradores foi registrado em 18 de dezembro de 1831. Nessa data, um contingente, estimado pelas testemunhas em torno de cinqüenta pessoas e proveniente dos distritos de Santa Rita do Pomba e Descoberto de Arrepiados, se reuniu portando espingardas, pistolas, espadas, facas, foicinhas e zagaias desde as dez da manhã até as duas horas da tarde no Arraial de Santa Rita. Entre gritos de "viva D. Pedro I", os sediciosos asseveravam que era certo o retorno do primeiro imperador.[5] Postados nas duas princi-

[5] Processo Crime. Arquivo da Casa Setecentista de Mariana [Doravante, ACSM]. Códice 217, Auto 5411, 2º Ofício, folha 3. A mobilização política via questões étnicas também pode ser percebida através de depoimentos em que a cor dos indivíduos é mencionada:... um dos da quadrilha... empunhara uma arma aos peitos de Manoel Roiz Branco perguntando-lhe se era branco ou pardo e ficando aterrado este lhe respondera que era mulato...

pais estradas do povoado ou reunidos na praça da matriz, os amotinados não se limitaram a proferir palavras de ordem identificadas à restauração: "Protestando neste lugar insultos... e daí pelas ruas deram salvas, e seduziram em altas vozes e gritos aos escravos, exortando-os que empunhassem armas e que unindo-se a eles ficarão livres da escravidão".[6]

Os mais exaltados anunciavam que a rebelião propriamente dita estava marcada para o dia de Natal, quando se encontraria ainda em maior número e marchariam para a cidade de Mariana, "onde se acharão mel mais grosso, pois aí havia mulheres abelhas". A frase é enigmática. Um de seus possíveis significados reporta-nos a versos cantados nos rituais do candombe – misto de reisado e festa profana (Cascudo, 2001, p.103), comuns ainda hoje entre as populações negras de algumas regiões mineiras.

A festa, como forma de manifestação política, também foi registrada nas proximidades do presídio de São João Batista, onde os sediciosos batucaram toda a noite. Um traço comum a essas cerimônias era o consumo da aguardente: "A importância do ritual da pinga é tal que há uma categoria funcional de pontos de jongos e de candombe especialmente dedicada à bebida, cantados no momento em que a cabacinha passa de mão, para o golo coletivo do remedinho...'Que abelha tão brava /que mel tão doce'" (Matos, 2001, p.884). Outras referências documentais indicam a tentativa de mobilização de populações indígenas, conforme consta na carta enviada pelo alferes Joaquim José de Barros ao juiz de paz da paróquia: "... e também falam diante de todo o povo que... iam buscar os índios da parte deles...".[7]

Como pode ser percebido, nas revoltas do ano de 1831, foi intensa a participação popular. As lideranças, porém, tinham origem nos estratos intermediários ou superiores da sociedade. Algumas testemunhas

---

[6] Processo Crime. ACSM.Códice 191, Auto 4780, 2º Ofício, folha 3v..

[7] Ibidem, folha 13 v.

reiteraram, em seus depoimentos, que os rebeldes eram liderados pelo comandante vitalício das companhias de ordenança, capitão-mor Manoel José Esteves Lima, a quem era jurada a mesma fidelidade prestada ao imperador: "[a testemunha] ... sabe pelo ver e ter ouvido alguns sediciosos dizerem que não respeitam as atuais leis e autoridades constituídas e que só reconheciam por seu superior ao capitão-mor Manoel José Esteves Lima e a D. Pedro I, e que estavam prontos a derramarem a última gota de sangue por eles...".[8]

O mesmo capitão-mor reaparece na sedição de 1833, agora acusado de mobilizar a população em apoio ao governo que, em 22 de março, depusera o então presidente Mello e Souza e seu vice, Bernardo Pereira de Vasconcelos, deputado mais votado da assembléia provincial. Manuel José Esteves Lima, referido pelas forças da legalidade pela alcunha de "o monstro", é apontado como uma das principais lideranças entre os restauradores do Termo de Mariana, o que nos recomenda a reconstituição de alguns aspectos de sua atuação pública.

Tratava-se de um personagem ambíguo. Em 1810, o então alferes Manuel José Esteves Lima pleiteou o cargo de arrematador dos dízimos das freguesias do Inficionado, São Miguel e Santa Bárbara – atividade restrita à elite social. Porém, dois anos antes, ele dera mostras de envolvimento criminoso. Nessa época, entrou em litígio com a irmandade das Mercês de Mariana em torno de uma dívida de 37 oitavas e um quarto de ouro. Os mesários da dita irmandade alegaram que o crédito que Esteves Lima reivindicava fora forjado por um comparsa crioulo, membro da confraria e acusado de diversos crimes, dentre os quais o de haver fugido do presídio de São João Batista, onde cumpria pena de quinze anos. Falsas ou verdadeiras as alegações dos mesários, o fato demonstra que, a julgar pelo suposto comparsa e pela "qualida-

---

[8] Ibidem, folha 7 v.

de" dos que serviram de testemunha na ação cível, em sua maioria crioulos forros,[9] o alferes mantinha relações com pessoas de estratos sociais inferiores.

Em 1828, Esteves Lima, agora na condição de capitão-mor, surge novamente na documentação pesquisada. Nesse ano é nomeado para o cargo de vereador da câmara de Mariana. Em 3 de abril de 1833, sob o governo de Manuel Soares do Couto, aclamado vice-presidente pelos sediciosos de Ouro Preto, os oficiais marianenses, reunidos em seção extraordinária, examinam o pedido de nomeação do juiz de paz de Santana do Deserto. O pedido é indeferido, visto que o juiz eleito se encontrava impedido de ocupar o cargo "por se achar pronunciado em querela contra ele dada pelo capitão-mor Manoel José Esteves Lima".[10]

Tratava-se, sem dúvida, de um episódio menor. Porém, as questões relacionadas às eleições e ao provimento do cargo de juiz de paz parecem ter contribuído para que membros da elite se dispusessem a liderar mobilizações populares com o objetivo de preservar interesses locais. Em sua mensagem à assembléia provincial, em 1835, o então presidente da província Antônio Paulino Limpo de Abreu observou que: "A divisão judiciária... tem excitado algumas reclamações da parte dos povos; mas estas quase desaparecem na presença de outras mais fortes, que produziu a divisão eclesiástica, a que se procedeu em virtude das resoluções de 8 de Novembro de 1831".[11]

Se questões de caráter institucional poderiam explicar a participação de membros da elite no movimento de 1831-1833, aqueles relacionados à precariedade de abastecimento e ao aumento de tributos parecem ter contribuído para a mobilização entre os setores populares.

---

9 Libelo Cível. ACSM. Códice 441, Auto 9543, 1º Ofício.

10 Revista do Arquivo Público Mineiro [Doravante, *RAPM*], v.7, p.136, 1902.

11 RAPM, v.7, p.104, 1902.

Abastecimento, tributos e a sedição de 1833

Em Minas Gerais, os problemas de abastecimento, desde períodos remotos, foram crônicos. As secas e as pragas podiam rapidamente fazer reviver o espectro da fome, pois a precariedade dos caminhos e estradas atrasava ou encarecia em muito os alimentos provenientes de outras regiões. Nesse contexto de penúria, abria-se espaço para a mobilização política, principalmente quando a crise de abastecimento era acompanhada por novos tributos. Nesse aspecto, vale lembrar que as revoltas de 1831-1833 não se limitaram a Ouro Preto, mas se estenderam a Sabará e a territórios do Rio das Mortes[12] – difusão, cabe sublinhar, que somente foi reconhecida pela historiografia mais recente.

No que diz respeito ao abastecimento, o início da década de 1830 registrou uma "excessiva seca... que trouxe como conseqüência a horrível fome, que devastou principalmente a câmara do Serro, e cujos efeitos também se sentiram na Ouro Preto".[13] Em termos econômicos, os rigores do clima levaram até mesmo à inversão do fluxo do comércio de abastecimento entre Minas Gerais e Rio de Janeiro. Em 1833, os fluminenses, por meio de uma subscrição voluntária, realizam "importantes remessas de gêneros para aquela comarca do Serro".[14]

O péssimo estado das estradas agravava o problema do abastecimento. Nesse aspecto, não deixa de ser curioso observar que uma das medidas tomadas, em 1831, para mitigar o problema acabe por jogar água no moinho da sedição. Por meio da resolução de 12 de agosto daquele ano, o governo provincial contratou dois engenheiros para "levantarem plantas de todas as estradas e rios navegáveis, e proporem, e facilitarem os meios de seus melhoramentos".[15] O que não es-

---

[12] *RAPM*, v.7, p.87-268, 1902.

[13] *RAPM*, v.7, p.96, 1902.

[14] *RAPM*, v.7, p.96, 1902.

[15] *RAPM*, v.7, p.99, 1902.

tava nos planos das autoridades era que os ditos engenheiros fossem favoráveis à causa restauradora.

> O ensaio desta medida foi o mais funesto à tranqüilidade da província: os dois Oficiais nomeados só se distinguiram pela sua incapacidade, não tendo prestado serviço algum, e deixaram após de si um nome geralmente abominado, tendo dado impulso e direção à sedição de 22 de março, que submergiu a Província nos males, de que ainda se recente.[16]

A se acreditar no depoimento de lideranças coevas, os oficiais eram "satélites do Esteves para o irem defender na mata, de ser preso... visto que os daqui [de Santa Rita do Turvo] quase todos são humildes servos do tal [capitão-mor] Esteves".[17]

O referido período também registra a multiplicação de descontentamentos resultantes da intensificação da ação fiscal. Além disso, cabe lembrar que D. Pedro I sancionou leis favoráveis aos produtores de aguardente. Em 1827, tornou "livre a construção de engenhos no Brasil, revogando as exigências de licenciamento, assim como todas as disposições em contrário" (Godoy, 2000, p.218). Entre 1824 e 1827, foram feitos esforços – nem sempre implementados na prática – de abolir taxações coloniais, como a do subsídio literário (Costa Filho, 1963, p.177). O Primeiro Reinado coincide, portanto, com um período favorável aos produtores de aguardente. Ora, no início da década de 1830, esse quadro sofre uma brusca alteração, em virtude do estabelecimento de um novo imposto, de 20%, sobre a venda da aguardente.[18] Visando pôr em

16 *RAPM*, v.7, p.100, 1902.

17 *RAPM*, v.7, p.201, 1902.

18 Com certeza tal imposto foi cobrado em 1833, 1834 e 1835. Livro da Lei Mineira. Ver ano fiscal de 1833-1834, 1834-1835, 1835-1836. Não concordamos com a afirmação de que "Nos seus sete anos de vigência [o tributo de 20%] sempre esteve acompanhado de observações sobre a exigüidade da arrecadação, assim como sobre a necessidade de mudanças na forma de cobrança..." (Godoy, 2000, p.248). Nossa hipótese é de que essa mudança decorreu de razões políticas e não técnicas.

prática tal medida foram implementadas, por parte das câmaras, novas formas de controle sobre os produtores. Essa inovação ficou registrada nos editais e relatórios sobre águardente e seu preço. Por meio desses textos, é possível notar uma tentativa de padronização dos valores cobrados sobre a mercadoria etílica, conforme indica um documento de 14 de julho de 1832:

> A câmara municipal da leal cidade de Mariana pelo seu presidente abaixo assinado. Faz saber que em observada lei de janeiro de [1832] e conforme tais artigos taxou o preço porque se há de vender a Aguardente chamada de cabeça, o presente Semestre neste município a mil e oitocentos réis por cada barril e cachaça fraca a novecentos réis, e para que chegue a notícia dos coletores e coletadas se passam editais para todos os distritos, como o presente.[19]

A medida desorganizava o mercado local, por uma razão muito simples de ser compreendida. O mencionado imposto de 20% incidia sobre preços tabelados pelo poder camarário. Ora, em algumas áreas, o valor atribuído à aguardente, de fato, correspondia aos custos da produção. Isso ocorria, por exemplo, em Inficcionado: "O fiscal comunica a Camara que no distrito de Inficcionado existem três engenhos, com alambiques, o preço das águas ardentes é de 1.800 por cada barril e nas tavernas 120 por garrafa".[20] Nas áreas com terras mais propícias ao cultivo da cana-de-açúcar, o mesmo estava longe de acontecer. Eis, por exemplo, o que afirma o fiscal de Ponte Nova:

> No distrito existem 34 tavernas e se vende nas mesmas, em miúdo, 40 barris mensalmente. Há 34 engenhos com alambiques, porém, não costu-

[19] Edital da Câmara de Mariana para todos os distritos, 14.7.1832, AHCMM, códice 693, p.132-132v.

[20] Relatório sobre a fabricação e preço de água ardente, Inficcionado, fiscal Carlos José Fernandes, 20.6.1832, AHCMM, códice. 693, p.427-428v.

> mam vender a miúdo, mas aos barris. Negociam com tavernas deste distrito e de outros lugares. O preço dos engenhos regula ordinariamente a mil e duzentos réis, por cada barril de cabeça. E a cachaça/muito pouca/ regula a seiscentos reis, pela pouca fartura que os engenhos tratam.[21]

Ora, não é surpreendente que a nova medida fiscal tenha gerado descontentamentos, pois, em algumas regiões, a taxação legal de 360 réis (20% sobre 1.800 réis) implicava, na realidade, um imposto de 30% (360 réis sobre 1.200 réis) – situação que deveria inviabilizar a sobrevivência econômica de muitos engenhos. Em 1835, dois anos após o término das revoltas, o presidente da província reconheceu que a elevação do tributo sobre aguardente podia causar efeitos benéficos sobre a moralidade pública. Porém, os resultados positivos seriam relativos, uma vez que o aumento de tributação estimulava embaraços e contestações:

> O imposto da aguardente parece susceptível de não pequeno aumento, uma vez que a lei, que o criou seja de [ilegível] modificada, que permita outro método e lançamento, sendo inegável que o que se faz sobre as tabernas, além de muito trabalhoso, não é isento dos embaraços, e contestações, que soem acompanhar as impos... [ilegível] diretas. [22]

Eis aí um dos possíveis estímulos para a mobilização popular por parte dos restauradores. Durante a regência, foram recuperadas e ampliadas tendências fiscalistas seculares, que incidiam sobre a produção da aguardente, base de sustentação de vastos segmentos das camadas populares rurais, incluindo aí até mesmo ex-escravos. Portan-

---

[21] Relatório sobre água ardente e seu preço, Ponte Nova, 28.06.1832, fiscal Severino de Oliveira Roza, AHCMM, códice 693, p. 512-513v.

[22] *RAPM*, v.7, p.107, 1902. Cabe lembrar que o novo imposto, criado em 1836, se restringiu aos comerciantes da aguardente, isentando os produtores. Além disso, os valores cobrados passaram a ser fixos (Godoy 2000, p.248).

to, não é de estranhar que, entre esses grupos, o curto governo de D. Pedro I (1822-1831) tenha sido visto como uma época positiva.

A vitória dos liberais

Vitoriosos sobre o "governo intruso" de Ouro Preto, os liberais mineiros desencadearam uma intensa perseguição aos sublevados, o que irá repercutir até mesmo na câmara de deputados do Rio de Janeiro. No discurso proferido por Bernardo Pereira de Vasconcelos, na sessão de 4 de julho de 1833, depois de afirmar que a "... a tranqüilidade se acha perfeitamente restabelecida em Minas Gerais", o deputado mineiro defende-se, não sem ironia, das acusações de seu colega baiano Francisco Gê Acaiaba de Montezuma, a respeito da perseguição contra os rebeldes:

> Disse o ilustre deputado o sr. Montezuma que foi amarrado um coronel em um cavalo, e conduzido pelo cabresto; até, pela maneira por que ele leu a carta, parecia que o cabresto estava lançado no coronel, o que fez uma impressão muito desagradável... O coronel, de que se trata, comandava uma peça, é preso pelos guardas nacionais, ele dá sua palavra aos guardas de que não fugiria, entretanto havido rompido o fogo, dizem que mandado fazer pelo mesmo coronel, aproveitou-se ele da perturbação e fugiu. Pouco depois foi preso; o que se devia fazer? Amarrá-lo? Não, ele não foi amarrado; foi sim substituído por um cabresto o freio do cavalo, em que foi conduzido o coronel. (Carvalho, 1999, p.205)[23]

[23] A descrição de Francisco Iglesias, a respeito da repressão que se abateu com os sediciosos, contrasta com os registros encontrados na documentação de que as celas dos réus pronunciados permaneciam abertas: "A Província, conturbada durante dois meses, voltava à ordem... Não se desenvolve, no entanto, trabalho capaz de pacificar os ânimos, uma vez que se instauram processos sem conta e a perseguição tenaz aos revoltosos, que levam ao cárcere, sobretudo em Ouro Preto, muitas pessoas, notadamente militares. Em clima de terror policialesco, os processos apon-

Os rebeldes pronunciados insistiam, com ou sem razão, em acusar o novo governo de "republicano", confessando também seu apego aos valores e preceitos do Antigo Regime. Os presos da vila de Caeté, por exemplo, reclamavam "em seu favor para estarem em maior liberdade, os foros e prerrogativas, de que dizem gozar como fidalgos".[24]

A 14 de junho de 1833, Manoel Esteves Lima chega a Mariana, juntamente a quatro réus incriminados de liderança sediciosa. Após dois anos de prisão, e certamente beneficiado por uma anistia negociada entre os liberais mineiros e o governo regencial do Rio de Janeiro, o capitão-mor Manoel Esteves Lima desaparece da documentação pesquisada. Em 1839, no entanto, ressurge em um processo crime no qual denuncia um grupo de pessoas, dentre as quais crioulos forros, que há vários anos haviam invadido "suas terras de cultura em um braço do ribeirão de São Pedro, que deságua no rio Casca, tendo nelas levantado um rancho com esteios que servisse de pousada ao trabalhadores, feito caminho e pontes e roçado...".[25] Os acusados também tinham feito "algazarras e motins perturbando o serviço gritando em altas vozes que o queixoso era um ladrão de terras...". A se crer no relato de uma testemunha, agregado do mesmo capitão-mor, os supostos agressores eram antigos desafetos do militar que aproveitaram

---

tavam responsáveis, envolvendo alguns por simples conhecimento dos sediciosos. Nos processos que se conhecem, a pena foi extremamente severa, com prisões perpétuas ou por 28 anos, simples ou com agravante de galés. Ante as perseguições, o Governo Regencial teve que interferir, para amainar os ódios, diminuindo penas de júri vingativos ou concedendo auxílio às vítimas, como se vê nas comutações para degredos em outras Províncias de condenados... O Governo só pode decretar a anistia em 19 de junho de 1835, quando a Província conhece a paz, encerrando-se o episódio que se tem chamado de 'revolução do ano da fumaça', pelo fato de se ter assinalado em 1833 em quase toda a Província espessa neblina, durante dias, de modo a atemorizar as pessoas simples" (Iglesias, 1978, p.403).

24 *RAPM*, v. 7, p.188, 1902.

25 Códice 233, Auto 5809, 2º Ofício, 1839. AHCSM.

ram para agir na região enquanto seu "protetor" encontrava-se preso em Mariana.[26]

As antigas alianças políticas não mais existiam...

Considerações finais

Tendo em vista as informações apresentadas, gostaríamos de enfatizar que, apesar de a sedição de Ouro Preto possuir como modelo político as mobilizações antifiscais e motins coloniais, não desconsideramos, no desenrolar dos acontecimentos, a influência da conjuntura específica de fins do Primeiro Reinado e do início do Período Regencial. Inspirados nas argutas observações de Francisco Iglesias, procuramos demonstrar, por meio de exemplos empíricos, porque a causa da restauração era "inteiramente sem perspectiva de êxito... e os nela envolvidos... insistiam apenas em queixas de perseguidos, capitalizando assim os ressentimentos de quantos viviam indispostos com a situação". No entanto, também destacamos que essa ambigüidade política abria espaço para a rebeldia popular, incluindo aí os segmentos que lutavam contra os novos impostos sobre a produção da aguardente. Por fim, destacamos o potencial de formulações que levam em conta a liderança de intermediários culturais – como Manuel José Esteves Lima, que transitava entre o mundo da legalidade e da ilegalidade, da ordem e da desordem, da elite e das camadas populares – no processo mais amplo de constituição do Estado Nacional brasileiro.

---

26 "que ele testemunha sendo agregado do capitão-mor Manoel José Esteves Lima no tempo que o mesmo esteve preso, por ocasião da sedição os mesmos referidos na dita queixa foram a casa dele testemunha e lhe *furtaram tudo quanto possuia até ao ponto de lhe botarem a referida casa abaixo*" (Processo Criminal. AHCSM. Códice 233, Auto 5809, 2° Ofício, 1839).

Referências bibliográficas

ALMEIDA, Carla Maria C. Minas Gerais de 1750 a 1850, bases da economia e tentativa de periodização. *Revista do LPH*, n.5, 1995.

ANDRADE, Francisco Eduardo. Poder local e herança colonial em Mariana, faces da Revolta do "Ano da Fumaça" (1833). *Termo de Mariana, história e documentação*. Mariana, Edufop, 1998.

BARBOSA, Waldemar de Almeida. *História de Minas Gerais*. Belo Horizonte: Editora Comunicação, 1979. v.3.

CARNEIRO LEÃO, Honório Hermeto. *História de Minas Gerais*. Belo Horizonte: Difusão Pan-Americana do Livro, 1961. v.3.

CARVALHO, José Murilo. *Bernardo Pereira de Vasconcelos*. São Paulo: Editora 34, 1999.

CASCUDO, Luis Câmara. *Dicionário do folclore brasileiro*. 9.ed. São Paulo: Global, 2001.

COSTA FILHO, Miguel. *A cana-de-açúcar em Minas Gerais*. Rio de Janeiro: Instituto do Açúcar e do Álcool, 1963.

FIGUEIREDO, Luciano Raposo de Almeida. O Império em Apuros, notas para o estudo das alterações ultramarinas e das práticas políticas no império colonial português, séculos XVII e XVIII. In: FURTADO, Júnia Ferreira. (Org.) *Diálogos oceânicos, Minas Gerais e as novas abordagens para uma história do império ultramarino português*. Belo Horizonte: Editora da UFMG, 2001.

GODOY, Marcelo Magalhães. Os engenheiros entre a norma e a clandestinidade, as relações entre o Estado e a agroindústria canavieira de Minas Gerais no século XIX *Anais do IX Seminário sobre a Economia Mineira*, v.1, 2000.

IGLESIAS, Francisco. Minas Gerais. In: HOLANDA, Sérgio Buarque de. (Org.) *História geral da civilização brasileira*. Rio de Janeiro, São Paulo: Difel, 1978. t.II, v.2.

MATOS, Paulo. A outra *festa* negra. In: JANCSÓ, István; KANTOR, Iris. (Org.) *Festa, cultura e sociabilidade na América portuguesa*. São Paulo: Imprensa Oficial, Hucitec, Edusp, Fapesp, 2001.

OLIVEIRA TORRES, João Camilo de. *História dos fundadores do Império do Brasil*. São Paulo: Edusc, 1988. v.5.

PAIVA, Clotilde. Engenhos e casas de negócios na Minas oitocentista. *Anais do VI Seminário sobre economia mineira*. Belo Horizonte: Cedeplar, 1992.

SILVA, Wlamir. Usos da fumaça, a revolta do Ano da Fumaça e a afirmação moderada na Província de Minas. *Locus, Revista de História. Juiz de Fora*, v.4, n.1, 1998.

A falsificação de vinho na cidade de Ouro Preto no século XIX

Myriam Bahia Lopes
Eduardo de Sousa Lima
Universidade Federal de Ouro Preto

A Escola de Farmácia de Ouro Preto detém um vasto acervo relacionado ao ensino e à prática da ciência no Brasil. O contato com a documentação do arquivo dessa instituição nos revelou possibilidades de ricas abordagens, sejam elas referentes à vida institucional da escola ou à história das práticas científicas (Latour, 1995). No nosso caso específico, delineamos um tema de pesquisa: a microbiologia, a toxicologia e a falsificação de alimentos nas três últimas décadas do século XIX. Nosso recorte procurou avaliar a repercussão da teoria dos germes, elaborada principalmente por Pasteur, em relação às práticas alimentares mineiras. O objeto deste estudo se localiza na fronteira da história da ciência e da técnica, assim como da cultura material (Corbin, 1991), referente ao caso específico da cidade de Ouro Preto.

A medicina pasteuriana e sua institucionalização no país

As instituições de pesquisa médicas no Brasil adotaram a microbiologia em um período marcado pelo impacto das formulações associadas a Pasteur e Koch,[1] assim como pela proliferação de vacinas bacterianas de combate a algumas doenças infectocontagiosas.

---

[1] Robert Koch (1830-1910) aplicou novas perspectivas médicas à microbiologia, diferenciando-a da prática cirúrgica. Koch liderou esta prática na Alemanha, onde des-

Respeitando temporalidades distintas em sua aplicação e difusão, a microbiologia transformaria todo o processo de aprendizagem daqueles que pretendiam exercer as artes de curar. No final do século XIX, a "ciência das doenças" altera a legislação, solidifica o conceito de saúde pública e padroniza os gestos e a indumentária dos profissionais de saúde (Benchimol, 1995). Esse processo foi também conhecido como "medicalização" da sociedade.

Os desdobramentos da microbiologia influenciaram diferentes disciplinas, ou ciências, interligadas por preocupações localizadas na fronteira da química, da biologia e da medicina. O laboratório foi um espaço essencial para o desenvolvimento dessas ciências, incorporando as técnicas desses saberes, assim como normatizando os instrumentos e os procedimentos de análise.

A circulação dos conhecimentos da microbiologia, em países como o Brasil, se expressou em diversas esferas de atuação. Mas a principal esteve ligada à questão econômica. A cultura da prevenção pressupõe um cálculo e a possibilidade de se ter o controle das doenças infecciosas, que assolavam as cidades e dificultavam a circulação de mercadorias e da força de trabalho.

As instituições científicas e o higienismo

O desenvolvimento das ciências no Brasil do século XIX, em suas inúmeras tendências, representa um aspecto discutido pela histo-riografia há alguns anos. A consolidação do Império brasileiro e, posteriormente, da República pressupunha a ocupação de um espaço para a nova na-

---

cobriu, em 1876, que os microorganismos presentes no gado eram responsáveis pelo carbúnculo, e isolando-os dos outros animais a doença não se desenvolvia. Através dessas experiências descobriu o bacilo da tuberculose e, em 1882, isolou o microorganismo responsável pela cólera.

ção na comunidade mundial. Em conseqüência, inúmeras instituições de ensino e de atuação pública se desenvolveram no período. Podemos compreender a direção das ações implementadas, no período citado, colocando idéias "no lugar", tidas por muitos como "fora de lugar".

No último quarto do século XIX e no início do século XX, várias intervenções no espaço urbano almejam modificar os hábitos da população. O pensamento higienista ditava concepções sobre o corpo e o meio, direcionando práticas, reflexões e intervenções na esfera social. Citamos, em caráter de exemplo, a reformulação das faculdades de Medicina do Rio de Janeiro e da Bahia, onde foram criados laboratórios de higiene, resultado de reformas do ensino médico implantadas na década de 1880.[2] Juntamente aos laboratórios, iniciaram-se esforços de divulgação dos estudos práticos de maior relevância, resultando na publicação da *Revista dos Cursos Práticos e Teóricos da Faculdade de Medicina do Rio de Janeiro.*

Na corte carioca, que implantou seu laboratório de higiene em 1883, houve esforço de gerar um centro de pesquisas relativas à saúde pública, servindo à instrução prática dos alunos do referido curso.[3] Tal aprendizagem implicava realizar análises em "gêneros alimentícios, exame químico das bebidas e verificação das drogas e substâncias medicinais". O laboratório gerenciava também recursos externos com suas análises, e seus quadros eram constituídos por um inspetor, um preparador, dois ajudantes do preparador, um conservador e dois serventes - estrutura semelhante à que será estabelecida no Laboratório de Higiene da Escola de Farmácia de Ouro Preto.

Em 1884, destaca-se a solicitação da Secretaria de Estado dos Negócios do Império para que a Junta de Higiene, juntamente às comissões

---

[2] *Dicionário Histórico-Biográfico das Ciências da Saúde no Brasil* (1832-1930). Casa de Oswaldo Cruz / Fiocruz - (http://www.dichistoriasaude.coc.fiocruz.br)

[3] Ibidem.

sanitárias, inspecionassem bebidas e gêneros alimentícios de "interesse da saúde pública, examinassem e analisassem os artigos no Laboratório de Higiene da Faculdade de do Rio de Janeiro".[4] Procurava-se, então, analisar em amostras de vinho, taxas de glicose e grau alcoólico, utilizando os instrumentos laboratoriais: ebulioscópio de Mallig, acetímetro de Reveil, amonimetro de Bobierre, galactotímetro de Adam e colorímetro de Duboscq – todos equipamentos vindos da Europa.[5]

O ensino prático consistia o maior objetivo do Laboratório de Higiene da Faculdade de Medicina do Rio de Janeiro, mas um relato de seu inspetor nos chama a atenção: "É, porém, de esperar que a renda aumente desde que todos se compenetrem da conveniência de serem analisados certos produtos e substâncias que devem servir à alimentação pública, como meio de evitar as falsificações, quase sempre prejudiciais à saúde".[6]

Nos anos que se seguiram, as análises e exames foram assumidas pelo Instituto de Higiene da Faculdade de Medicina do Rio de Janeiro, incorporado, em 1890, à Inspetoria Geral de Higiene. Foi por influência dessas mudanças que se desenvolveram, na Escola de Farmácia de Ouro Preto, os estudos sobre a falsificação de vinhos nos anos de 1870-1900. Tal estabelecimento educacional, sancionado em 4 de abril de 1839, era umas das mais antigas instituições de ensino de farmácia da América Latina.

Durante sua existência, a escola foi algumas vezes reorganizada. Voltada, desde sua fundação principalmente para a Botânica, a escola

---

[4] *Relatório da Secretaria de Estado dos Negócios do Império.* Rio de Janeiro: Imprensa Oficial, 1884, p.24.

[5] Ibidem.

[6] *Relatório da Secretaria de Estado dos Negócios do Império.* Rio de Janeiro: Imprensa Oficial, 1885, p.24.

sofreu uma importante reforma no curto governo provincial de Teófilo Otoni, entre março e dezembro de 1882. O curso de Farmácia passou a ser oferecido em três anos e as matérias do ensino foram direcionadas especialmente à Medicina, estabelecendo-se sete cadeiras, dentre as quais destacamos a primeira cadeira do terceiro ano, Toxicologia. No último ano da Monarquia no Brasil, a escola teve sua segunda reforma, valorizando-se o estudo das falsificações dos principais gêneros alimentícios. Um pouco mais tarde surgem as disciplina de Química analítica e Higiene.

O laboratório da escola passa, na década de 1890, a receber inúmeras solicitações de análise, controlando a parte prática da Diretoria de Higiene do Estado de Minas Gerais e Inspetoria Municipal de Higiene, realizando análises de licores, água, vinhos, conhaques, "pó para a escovação de dentes", assim como autópsias e investigações policiais. A influência da escola é percebida pela contratação do professor Jovelino Mineiro, especialista em análise de água, para o controle laboratorial de instituições do Estado de Minas Gerais. Conforme indicamos nas próximas páginas, tal funcionário influenciou, na região, práticas públicas de controle sobre as falsificações de gêneros.

Encontramos no acervo da última instituição instrumentos de laboratório necessários para essa análise adquiridos no período, geralmente oriundos da França.

Uma breve história do vinho: o poder de aliviar preocupações

O vinho esteve sempre presente na história da civilização ocidental, menos pelo seu persistente sabor de violeta e framboesa e mais por seus efeitos. Em uma vida difícil, os que sentiam o efeito do álcool acreditavam estar brindados com uma antevisão do paraíso. Os medos e os temores se afastavam, as idéias fluíam mais facilmente e as paixões se tornavam mais intensas sob os efeitos da bebida. Por um curto período, o consumidor se sentia onipotente. Depois vi-vinha o mal-estar ou a perda da consciência e as dores de cabeça apareciam. Porém, o vinho era uma bebida de poucos privilegiados, pois a maioria tomava cerveja. Na história ocidental, boa parte das cidades surgiu em regiões produtoras de cereais e não de vinhedos.

Segundo Hugh Johnson, a história do uso do vinho está ligada ao seu efeito misterioso, sendo uma bebida mais valorizada do que a cerveja e desassociada das drogas alucinógenas. Em uma das definições comuns, o vinho é um "suco de uvas frescas fermentado naturalmente". Outra definição, mais técnica, trata-o como uma solução aquosa de etanol, com maiores ou menores vestígios de açúcares, ácidos, acetatos, lactatos e outras substâncias presentes no suco de uva ou resultantes do processo de fermentação. O etanol é o principal responsável pelos efeitos do vinho, que é uma forma de álcool produzida pela ação dos levedos sobre o açúcar da uva.

Em uma abordagem clínica, o etanol é classificado como depressivo. O conceito de depressivo deve ser associado aos critérios de época, pois, como Hugh Johnson sublinha, trata-se de "um termo confuso, já que não é depressão que se sente". O etanol deprime, ou melhor dizendo, inibe o sistema nervoso central, causando sedação, afastando a inibição e atenuando a dor. A sensação de bem-estar que provoca pode ser considerada como ilusória, mas não é algo que vem junto ao vinho – ele permite que sentimentos naturais se manifestem. Este efeito vale até certo ponto para o vinho e outras bebidas que contenham álcool. Estando o etanol presente em todas elas, acredita-se que sua combinação com outras substâncias influencie seus efeitos.

Algumas propriedades do vinho tiveram importância fundamental para a ciência. Até o final do século XIX, o vinho foi o anti-séptico universal. Com ele se lavavam ferimentos e tornava a água potável. Nas palavras do Talmude, "onde falta vinho, há necessidade de drogas".

O poder de causar preocupações: a historicidade da falsificação

No ano de 1862, a pedido de Luís Napoleão, Louis Pasteur, cientista francês, foi designado para solucionar um problema que assolava os vinhos produzidos na França, que viravam vinagre com o tempo. Nesse período, o referido cientista havia ganho notoriedade pelo fato de haver descoberto a natureza da fermentação, constatando que os microorganismos desempenhavam, no processo de criação, um semnúmero de papéis antes insuspeitados.

No referido ano, Pasteur organizou uma exposição em Paris "sobre o papel dos infinitamente pequenos na natureza", apresentando o assunto da seguinte forma:

> Graças aos tratados comerciais entre a França e todas as nações civilizadas, que se multiplicam a cada dia, os vinhos franceses chegam a todos os principais mercados do mundo... o vinho pode vir a ser para nosso país um objeto de comércio tão importante que hoje em dia é difícil imaginarmos seu valor.
>
> Infelizmente os vinhos franceses correm perigo nas longas viagens. Estão sujeitos a numerosos males: podem azedar... tornar-se viscosos ou amargos... Uma vez desembarcados, sua situação se agrava, ainda mais quando ficam à mercê de mãos menos hábeis, em adegas impróprias, sem receber mil atenções que fazem de seu tratamento adequado uma arte rara, até mesmo na França.[7]

A produção do vinho, após as intervenções de Pasteur, passa a ser controlada e classificada por meio das lâminas do microscópio. Cada amostra analisada representava uma espécie de "jaula de zoológico",

[7] Carta de Louis Pasteur ao imperador da França, no ano de 1864. (apud Johnson, 1999, p.440).

povoada por inúmeras criaturas microscópicas facilmente identificáveis. Como disse Pasteur, bastava-lhe examinar ao microscópio uma amostra de vinho para definir seu gosto.

Com a possibilidade de isolar os elementos e quantificá-los, e definir que microorganismos estavam presentes no processo de fermentação, procura-se alcançar um tipo ideal de produção.[8] Luta-se contra o vinho que se corrompe ao se transformar em vinagre. A marca, ou nome, a antiga tradição da produção do vinho, a *appelation controlée* passam a obedecer a normas científicas universais, que visam, dentre outros objetivos, promover a circulação dos produtos em rotas de grande distância. O grande desafio é como garantir que – apesar da variação de temperatura, da umidade e da agitação da garrafa durante o transporte – o vinho mantenha suas características inalteradas. Desafio semelhante à necessidade, presente desde o final do século XVIII, de conservação da vacina. Como transportá-la sem que ela perca as suas qualidades profiláticas?

A partir dessa perspectiva (Balibar, 1995), o conceito da falsificação dos vinhos sofre uma ruptura, pois, anteriormente, o que se entendia por falsificação eram anotações inconclusivas: sabia-se que fazia mal (Pinto, s./d.), mas não havia nenhum modelo ou padrão específico para a comprovação de um vinho adulterado.[9] Questão presente tanto no debate francês como também nos escritos da Inspetoria de Higiene Pública de Ouro Preto:

---

[8] Em julho de 1894, a Câmara Municipal de Mariana autorizou a aquisição de produtos químicos e aparelhos necessários para o tratamento de vinhedos atacados por moléstias. Arquivo Histórico da Câmara Municipal de Mariana, códice 604.

[9] Curiosamente, no século XIX, uma das grandes discussões dos representantes da medicina científica é acusação contra aqueles que os médicos denominam de charlatões. Afirma-se que o falso médico toma o efeito pela causa. De forma análoga observa-se o mesmo em relação ao vinho. Tradicionalmente, a adulteração era definida a partir do efeito que a bebida provocava no consumidor. O desenvolvimento da análise científica modifica radicalmente esse procedimento.

> Durante o ano visitei diversos armazéns de gêneros, conservas alimentícias, fábrica de bebidas, massas... examinando os gêneros e verificando sua qualidade... tratei sempre de descobrir si na confecção dos... produtos entrava matéria nociva a saúde; si as substâncias... do gênero eram de má qualidade; si se usavam rótulos falsos. Não tive nessas visitas ocasião de impor as multas... pelo regimento sanitário... Não pode esta repartição... por não haver, no regulamento por que se rege, disposição alguma definindo clara e terminantemente o que se deve entender por falsificações; visando particularmente... substâncias alimentares e bebidas; precisando... a natureza e a gravidade do delito de falsificação, e dando a autoridade sanitária poderes e meios de ação de reprimi-la...[10]

Uma vez implementados os novos preceitos higiênicos pausterianos, abre-se caminho para a repressão promovida pelo Estado.

A revolta da falsificação

Fabulita.
(Dr. J. M. Bapirina).
Ao Dr. Antonio Olinto.

Joãozinho possuía um diamante
jóia de alta valia,
E quis saber em que subida conta
A raríssima pedra estimaria.
A química estudou: assim podia
Analisá-la...
E analisou a bela
Carbona coruscamente.

[10] Solicitação de análise da Diretoria de Higiene do Estado de Minas à Escola de Farmácia de Ouro Preto. In: *Livro de Correspondência da Escola de Farmácia de Ouro Preto.* 1895. Arquivo Histórico da Escola de Farmácia de Ouro Preto [Doravante, AHEFOP],Livro A-42. S/p.

Mas – da ciência ironia e dura afronta:
A jóia inestimável e preciosa,
que cintilava mais do que uma estrela
era apenas hipótese enganosa.
Um pouco de carbono.
Após, moralizando, alguém dizia
Ao Joãozinho: que a fé não te abandone,
Meu rapaz; mas se queres, como dizes,
Em tudo ser feliz, nunca analises.[11]

Por meio da documentação da Escola de Farmácia de Ouro Preto, percebemos que as solicitações para se comprovar eventuais falsificações eram encaminhadas em igual número às solicitações de testes de vinhos relacionados ao concurso promovido pelo Estado:

> A fim de ser apresentado ao governo pela comissão / julgadora do concurso de prêmios agrícolas o resultado de / seus trabalhos, rogo-vos, em nome do... Doutor Secretário, / providencieis para que seja com urgência remetido / a esta secretaria o histórico da análise científica procedida por esta escola nos vinhos enviados.[12]

Em 1894, os novos procedimentos de análise do vinho tiveram importantes conseqüências políticas. No referido ano, Ouro Preto foi "teatro de sério conflito, de lastimáveis conseqüências não comuns nesta ordeira e civilizada cidade",[13] como relata o então delegado municipal. A Inspetoria Municipal de Higiene de Ouro Preto, ainda não regulamentada, tinha à frente o inspetor e doutor Campos da

[11] *O Estado de Minas. Diário Oficial*. Ouro Preto, 5 de fevereiro de 1894. nº 373; ano V, p.2.

[12] Carta enviada pela Secretaria de Agricultura Comércio e Obras Públicas do Estado de Minas. Ouro Preto, 5 de novembro de 1894. AHEFOP, sem códice.

[13] Fragmento retirado do relatório oficial da delegacia de Ouro Preto, 1894. AHEFOP, sem códice.

Paz,[14] médico da cidade que possuía ligações com a Escola de Farmácia. Esse último realizou testes em um vinho denominado "Rocha Leão" e, em edital oficial, proibiu a venda do dito vinho pelos comerciantes locais.

Revoltados, comerciantes da cidade manifestaram-se contra a decisão junto a vereadores, solicitando uma nova discussão sobre o referido edital. Tal ato provocou uma reunião extraordinária da câmara municipal de Ouro Preto, com o objetivo de discutir a validade da medida, visto que o cargo de inspetor municipal de higiene ainda não estava previsto nas leis municipais. Nessa reunião estariam presentes representantes do comércio e estudantes das escolas superiores da cidade. Doutor Campos da Paz defendeu a proibição do dito vinho, sob aplausos de uns e protestos de outros. A reunião foi conturbada, porém sem nenhum acontecimento contrário à ordem pública.

Após a reunião, comerciantes e populares seguiram até a casa do vereador Donato da Fonseca, favorável às reivindicações dos manifestantes. Segundo relatos do processo, um estudante foi seriamente agredido no decorrer da manifestação. A revolta foi acompanhada por palavras de ordem, na qual destacamos as reclamações de um dos comerciantes: "Vamos matar o doutor Campos da Paz e viva o comércio... nós comerciantes vamos fechar nossas portas e vamos nos reunir na praça porque não estamos dispostos a ser insultados por crianças".[15]

---

[14] Doutor Campos da Paz foi médico na cidade de Ouro Preto no século XIX, por levantamentos feitos em diversas fontes, constatou-se que o doutor possuía mais de uma ocupação. Inspetor de higiene da cidade de Ouro Preto, na década de 1890, promoveu uma campanha contra a falsificação dos vinhos vendidos pelo comércio local, com o "auxílio científico" do laboratório da Escola de Farmácia de Ouro Preto. E, segundo o jornal *A derrocada* (29 de setembro de 1894. Ano II. n.439), Campos da Paz foi eleito vereador no mesmo ano. Campos da Paz representou a cidade em congresso sobre uvas realizado em São Paulo no ano de 1896 (*O Estado de Minas*. 31 e Janeiro de 1896. Ano VII. n.438).

[15] Fragmento extraído do relatório oficial da delegacia de Ouro Preto, 1984. AHEFOP, sem códice.

No dia seguinte, os estudantes da Escola de Farmácia de Ouro Preto organizaram uma manifestação em prol da causa defendida pelo doutor Campos da Paz: o controle da qualidade dos vinhos. Segundo relatos, Campos da Paz evitou a manifestação, inclusive solicitando cautela aos estudantes em razão dos acontecimentos ocorridos. Logo no princípio da noite do mesmo dia, ele proferiu uma palestra na Escola de Farmácia, analisando questões de higiene pública. À palestra estavam presentes vários estudantes que haviam participado da manifestação, além de comerciantes da cidade. Ao término da palestra, os estudantes da escola realizaram uma nova manifestação, que se dirigiu à casa do palestrante. Ao chegarem na atual Praça Tiradentes, o grupo de estudantes se encontrou com um grupo de comerciantes locais que pronunciaram um "viva o comércio" e "abaixo a canalha", o que acarretou um conflito entre os grupos e o saldo de vários feridos, assim como um estudante morto. O conflito apenas foi apaziguado após a intervenção de forças do Exército, então aquarteladas em Ouro Preto (Dias, 1989).

Considerações finais

O modelo de atuação da Escola de Farmácia de Ouro Preto, no período estudado, segue as orientações gerais do que Foucault denomina de biopolítica. Percebe-se a institucionalização dos saberes vei-culados na Escola de Farmácia, fundamentando a lógica intervencionista do sanitarismo, ampliando cada vez mais o controle do espaço urbano e de seus habitantes.

Nesse universo de práticas, a noção de verdade torna-se um dos pilares do modelo experimental difundido na segunda metade do século XIX. A verdade passa a ser vista como um ponto fixo, muitas vezes sendo representada por um número. Seu acesso é possível por intermediação de instrumentos e de novas substâncias: o microscópio e os reagentes. Para obter a verdade, o cientista deve demonstrar uma especial habilidade de leitura e de notação do observado. A verdade torna-se expressão da natureza, sua essência, enquanto o falso é o afastamento da natureza, é a degenerescência.

A discussão científica e técnica sobre o plantio de vinhas na província de Minas Gerais, a produção de vinhos e o controle sobre as falsificações inserem-se nesse quadro mental. A denúncia da falta de salubridade e idoneidade dos vinhos vendidos na região provocou uma discussão relacionada ao conceito de "falsificação", envolvendo a Secretaria de Higiene de Ouro Preto e a Escola de Farmácia. Portanto, redesenhando os espaços de convivência e, principalmente, regulamentando antigas práticas ligadas à ingestão de bebidas alcoólicas.

Quando assinalamos a ação coordenada entre a Inspetoria Municipal de Higiene e a Escola de Farmácia, buscamos mostrar a inflexão que se opera no momento em que, examinadas pela instituição que classifica o que é bom ou ruim para a saúde pública, práticas seculares são sancionadas ou vetadas pelos novos saberes. A Escola de Farmácia detinha o monopólio do controle da idoneidade dos vinhos e de outros produtos, como banhas, licores e outros gêneros vendidos na região. De um lado, a produção de vinho torna-se objeto da ciência e é legitimada pelo Estado. De outro, a Escola de Farmácia contribui para alargar o espectro de ação do Estado por meio do controle do cotidiano individual (Foucault, 1986, p.277-93).

Esse movimento é sentido pela população com estranhamento. Tal sentimento, associado à expressão de interesses financeiros dos setores que produziam e comercializavam vinho, facilita-nos compreender a eclosão da revolta ocorrida em Ouro Preto.

Referências bibliográficas

AQUARONE, Eugênio. *Tópicos de microbiologia industrial*. São Paulo: Edusp, 1975.

BALIBAR, Françoise; PRÉVOST, Marie-Laure. (Org.) *Pasteur. Caihiers d'um savant*. Paris: CNRS, 1995.

BENCHIMOL, Jayme Larry. *A institucionalização das ciências biomédicas no Brasil*: esboço de um estudo comparativo. In: GOLDFARB, Ana Maria Alfonso; MAIA, Carlos A. *História da ciência*: o mapa do conhecimento. Rio de Janeiro, São Paulo: Expressão e Cultura, Edusp, 1995.

CORBIN, Alain. *Le temps, le désir et l'horreur*. Paris: Flamarion, 1991.

DIAS, José Ramos. *Apontamentos históricos do sesquicentenário da Escola de Farmácia de Ouro Preto*. 3.ed. Ouro Preto: Editora UFOP, 1989.

FOUCAULT, Michel. *Microfísica do poder*. 6.ed. Rio de Janeiro: Edições Graal, 1986.

JOHNSON, Hugh. *A história do vinho*. São Paulo: Companhia das Letras, 1999.

LATOUR, Bruno. Os objetos têm história? Encontro de Pasteur com Whitehead num banho de ácido láctico. *História, Ciências, Saúde - Manguinhos*, v.II, n.1, p.7-26, mar.-jun., 1995.

PINTO, Antônio José de Souza. *Pharmacopéa*, Chymica Medica e Cirúrgica. S. l.: s. n., s. d.

POLITO, Ronald. *Inventário e classificação do acervo da Escola de Farmácia 1993/1994*. Mariana: ICHS/UFOP, 1994.

A produção de tiquira no Maranhão: história de uma ausência

Tarcísio R. Botelho
Pontifícia Universidade Católica de Minas Gerais

A tiquira é uma aguardente obtida a partir da mandioca (*Manhiot utilissima*), produzida de forma artesanal no Maranhão e em menor escala no Piauí e na Bahia. Apresenta uma alta graduação alcoólica,[1] tonalidade azulada e um odor que lembra o amido da mandioca. Seu consumo tem sido alvo de divulgação recente por parte de agências governamentais e de agentes privados de turismo, enfatizando sua estreita vinculação com o estado do Maranhão e sua "origem indígena".[2] Mas, embora sua origem possa estar ligada às técnicas de obtenção de subprodutos da mandioca desenvolvidas por populações indígenas, a destilação é uma tecnologia que chegou às Améri-

---

[1] Segundo a legislação vigente, esta bebida deve apresentar graduação alcoólica entre 36% e 54% Vol. A 20º Celsius; cf. Ministério da Agricultura, Portaria No. 371, de 18.9.1974 (Complementação de Padrões de Identidade e Qualidade para Destilados Alcoólicos); e MERCOSUL\GRUPO MERCADO COMUM\RES No. 77/94 (Definições Relativas às Bebidas Alcoólicas), em http://www.mrecic.gov.ar/comercio/mercosur/normativa/resolucion/1994/res7794.htm, acesso em 3.10.2002. Entretanto, é comum que se observem graduações entre 46% e 54%.

[2] Veja-se, por exemplo: "Cidades Históricas Brasileiras" http://www.cidadeshistoricas.art.br/saoluis/sl_art_p.htm, que afirma ser a tiquira "uma herança dos índios da região" de Barreirinha; ou, no *site* do Governo do Estado do Maranhão http://www.saoluis.ma.gov.br/culinaria_direita.htm, a afirmação de que a tiquira provém "de forte receita indígena à base de mandioca".

cas com os europeus. Em algum momento do processo de colonização do norte brasileiro ocorreu a junção dessas duas heranças, gerando este produto peculiar. Entretanto, observa-se uma escassez de referências sobre a tiquira, tanto na documentação produzida sobre o Maranhão até o século XX quanto na própria historiografia contemporânea.[3] Pretendo, neste estudo, discutir essa relativa ausência da tiquira na memória histórica maranhense, em contraponto à atual tentativa de se inventar uma tradição em torno das origens indígenas da tiquira. Para tanto, inicio com um relato da forma como se obtém a tiquira, procurando recuperar alguns dos possíveis caminhos percorridos até a sua configuração atual. Em seguida, procuro verificar como a tiquira aparece (ou não) em testemunhos que remontam a períodos anteriores ao século XX, mostrando sua relativa ausência e discutindo as razões para este silêncio.

Como se obtém a tiquira

A tiquira baseia-se na fermentação do amido presente na mandioca. Como o processo de fermentação ocorre apenas com açúcares fermentáveis (glicose, maltose etc.), o processo de sacarificação é uma condição determinante para a obtenção da bebida. As técnicas de sacarificação e de fermentação do amido da mandioca (e de outros amidos, como o de milho) já eram de domínio corrente entre os indígenas brasileiros acostumados com a agricultura. Um depoimento nesse sentido aparece no clássico relato do padre capuchinho francês Claude d'Abbeville sobre os hábitos dos indígenas maranhenses, ainda no século XVII. Associado a suas festividades estava o consumo de bebi-

[3] Em pesquisas realizadas em bases de dados acadêmicas disponíveis na internet (sobretudo Capes e Lattes/CNPq), não encontrei referências a trabalhos sobre a tiquira produzidos por historiadores e cientistas sociais, embora haja uma relativa abundância de produção nas áreas de química, tecnologia de alimentos e afins.

das alcoólicas fermentadas. Dentre elas, destacava-se aquela produzida a partir da mandioca, registrada por ele como *cauim-etê*:

> Apanham as mulheres raízes de macacheira e as põem a ferver dentro d'água em enormes vasilhames de barro. Já bastante cozidas e moles, tiram-nas do fogo e deixam-nas esfriar um pouco; juntam-se em seguida as mulheres em torno dos recipientes, coam as raízes e as mastigam para cuspi-las depois dentro de outros vasilhames de barro, com certa quantidade de água proporcional à quantidade de bebida que desejam fazer. Misturam-nas então com levedura de farinha de milho miúdo ou comum e põem tudo a ferver mexendo sem parar até completo cozimento. Tiram então essa espécie de sopa espessa do fogo e enchem os vasos de colo estreito. Deixam a bebida assentar para tirar a borra, cobrem os vasilhames e guardam-nos até que se reúnam todos para cauinar.
>
> Fabricam ainda outro tipo de vinho doce a que chama *caracu*. É preparado com raízes de mandioca e mastigado como o procedente; juntada a farinha de milho e a água necessárias, fazem ferver tudo dentro de panelas de barro. Quando no ponto, essa bebida se torna um caldo espesso, parecido com sopa de leite ou de arroz. Fazem então assar algumas espigas de milho, mastigam os grãos e cospem-nos no líquido o que o torna mais claro e fluido, permanecendo entretanto ainda assaz espesso, porquanto não o coam de modo nenhum. (d'Abbeville, 1975, p.238)

Nesse relato, percebem-se algumas soluções para a redução do amido aos seus componentes sacaríferos: o recurso à amilase presente na saliva humana, o uso do aquecimento e da aeração para acelerar o processo etc... A bebida daí derivada apresenta-se como um vinho com graduação alcoólica relativamente baixa se comparada às destiladas. A destilação resulta na obtenção de concentrações mais elevadas de álcool, embora não se possa obter tal substância de forma mais pura apenas recorrendo-se a essa técnica.

Quando os europeus aportaram nas Américas, já dominavam as técnicas de destilação, conhecidas por meio do contato com os árabes.

Também trouxeram as técnicas de obtenção do açúcar a partir da cana-de-açúcar (*Saccharum officinarum*) após longo processo de adaptação de diferentes técnicas de produção de alimentos.[4] O consumo local de bebidas a base de fermentação de amidos certamente inspirou a adaptação desses processos, que veio a resultar na produção do destilado à base de mandioca em que tanto a obtenção da fermentação quanto a destilação tiveram de ser adaptados.

Vejamos como foi descrita a produção da tiquira em meados do século XX. Reinaldo Maia, um tecnólogo em alimentos envolvido com pesquisas para obtenção de álcool de amiláceos (a partir sobretudo da mandioca e de seus derivados), apresentou uma boa descrição do processo em uma publicação especializada, em 1949. Segundo ele, a tiquira seria um produto encontrado apenas no Maranhão, de produção artesanal e, por isso, pouco conhecido. Seria elaborada pelos produtores de farinha de mandioca quando esta deixava de dar preço compensador. Sua fabricação se dividiria em oito fases:

> 1. *Lavagem da mandioca*: É feita como usualmente se processa em qualquer fábrica de farinha de mesa.
>
> 2. *Ralamento*: A mandioca depois de lavada é levada para pequenos ralos, movidos a mão, chamados rodetes. Aí é desintegrada.
>
> 3. *Prensagem*: Depois de desintegrada, na operação anterior, é submetida à prensagem, para eliminação de parte de sua água de constituição, juntamente com a quase totalidade do ácido cianídrico existente na raiz. A esse caldo é dado o nome de "manipueira" conhecidamente venenoso. Às prensas, espécies de cestos, muito primitivas, é dado o nome de "tipiti".
>
> 4. *Cozimento do beiju*: – A torta proveniente da prensagem com cerca de 50% d'água, é desfeita à mão, em forma de farofa grossa, e distribuída sobre uma chapa quente, chamada forno, de modo a formar uns bolos de mais ou

---

[4] Sobre a evolução das técnicas de confecção de açúcar a partir da cana-de-açúcar no Brasil (Gama, 1983; Schwartz, 1988).

menos 30 cms. de diâmetro por 3 a 4 cms. de altura. O amido úmido, pela ação do calor é hidrolisado, formando o grude (engrudo), dando consistência ao todo. O aquecimento é mantido mais uniforme possível, fazendo-se virar ora de um lado, ora doutro, o bolo obtido a que se dá o nome de beiju, até que as suas partes externas se apresentem tostadas (sinal de que houve dextrinisação do amido aí contido). Neste ponto, dá-se por finda a operação, repetindo-se a mesma com nova quantidade de massa. São formadas assim dezenas e centenas de "beijus".

5. *Sacarificação*: Uma vez frio, o beiju contém aproximadamente 30 a 35% de umidade. Então é posto em local onde fique abrigado da luz direta e onde haja umidade e temperatura suficientes para a proliferação de esporos dos fungos existentes na região. Em geral, há um quarto de taipa (tapera) especialmente reservado a este fim.

Depois de 3 a 4 dias é notada uma flora de micélios ligeiramente rosados, com cheiro bem pronunciado à maçã. É de notar que os fabricantes da "Tiquira", mesmo ignorando o porquê, já evidenciavam que a bebida só era de boa qualidade e de rendimento elevado, quando o beiju tinha a cor rosada logo nos primeiros dias.

... é sabido entre os produtores dessa bebida que beijus pretos e acizentados não dão boa Tiquira...

Com o passar dos dias, a umidade dos beijus vai diminuindo e os micélios, antes só na superfície, passam ao seu interior, contaminando e sacarificando toda a massa, que fica pronta e inteiramente sacarificada ao fim de mais ou menos 10 a 12 dias. Verificamos ser completo o desdobramento do amido, pois a reação com iodo é negativa.

Segundo as necessidades, são os beijus logo diluídos ou estocados uma vez secos;

6. *Diluição dos beijus*: Os beijus já sacarificados, de sabor doce, como é conhecido o término do seu desdobramento em açúcares fementecíveis (maltose, glicose etc.) são postos em um cocho (tronco de árvore aberto longitudinalmente e oco) de mais ou menos 200 lts. de capacidade e cobertos com água. Esta operação geralmente é feita à tarde. Na manhã seguinte encontra-se a massa desfeita e de aspecto xaroposo. É então completado o enchimento do vasilhame fazendo-se grande agitação, a fim de,

> segundo crêem, unicamente para fazer vir à superfície a palha insolúvel proveniente das substâncias lenhosas da raiz. Essa agitação tem, além disso, o fim de arejar suficientemente o líquido, segundo pudemos observar...
>
> 7. *Fermentação Alcoólica*: O mosto obtido da forma anteriormente descrita, é abandonado à fermentação alcoólica. Por esta respondem não somente os fungos citados antes, como também algumas espécies de sacaromices selvagens.
>
> Essa fermentação é acabada ao fim de mais ou menos 48 horas, findas as quais o mosto é destilado.
>
> 8. *Destilação*: Os alambiques usados para esse fim são de pequena capacidade, de barro ou de cobre. Segundo a importância da fábrica há um ou mais. Alambicam cerca de 15 a 20 lts. de Tiquira de cada vez, tendo portanto um volume de capacidade de mosto de mais ou menos 100 lts. Os fabricantes mais cuidadosos coam o mosto, antes de alambicá-lo, a fim de evitar mau gosto na bebida, proveniente da pirogenação da substância lenhosa no fundo do alambique, que recebe fogo direto.

A citação, embora longa, mantém seu interesse por apresentar de forma detalhada todo o complexo processo para obtenção da tiquira. Percebe-se que há, de início, a necessidade de provocar a transformação do amido em glicose, maltose e outras substâncias passíveis de fermentação alcoólica. Daí é que ocorre a fermentação e, a partir do mosto obtido, realiza-se a destilação. Verifica-se que se trata de um processo bem mais complexo e moroso que aquele necessário à obtenção da aguardente de cana, para a qual basta a extração do caldo da cana, sua fermentação e sua destilação. Em contrapartida, a matéria-prima da tiquira pode ser armazenada, conforme se vê da referência à possibilidade de se armazenar os beijus após a sacarificação.

O mesmo autor faz referências à possibilidade de se obter a tiquira a partir dos resíduos resultantes da extração do amido da mandioca, já que nestes ainda haveria de 65% a 70% de amido. De fato, obtive no relato de um "alambiqueiro" no interior do Piauí com experiência em fabricação de tiquira a afirmação de que a bebida era obtida da manipueira, sendo, portanto, um subproduto da fabricação artesanal de farinha de mandioca.[5]

Como pode ser observado, a produção de tiquira significou a apropriação do saber indígena sobre a fermentação da mandioca. Entretanto, esse saber teve que ser reformulado a fim de atender a uma demanda de características próprias, sobretudo no que diz respeito à necessidade de volumes muito maiores de produção do vinho a ser destilado. De fato, a destilação assume características de uma produção industrial, ainda que realizada em moldes bastante modestos para nossos parâmetros atuais. Essa escala maior de produção implicou o desenvolvimento de soluções que garantissem uma produção em maior escala e de forma mais padronizada da matéria-prima da fermentação. Da mesma forma, a destilação teve que sofrer ligeiras alterações em relação à rotina da produção de aguardente de cana, sobretudo para superar os problemas decorrentes da presença da parte lenhosa da mandioca no mosto a ser destilado. Nesse sentido, a produção de tiquira é um híbrido de técnicas produtivas diversificadas que foram reunidas de forma pragmática para dar as respostas necessárias ao que se procurava obter: um destilado que aproveitasse o potencial de produção de álcool do amido da mandioca.

Essa nova técnica surgiu em uma região onde observa-se o convívio estreito entre a produção de derivados da cana-de-açúcar e de mandioca. A aguardente de cana foi produzida no Maranhão desde a segunda metade do século XVII, quando os portugueses aí se estabeleceram de modo sólido. Contudo, desde a chegada dos primeiros

---

[5] Relato anônimo obtido no sítio Buritizinho, município de Balsas (PI), janeiro de 2000. "Alambiqueiro" designa uma espécie de "gerente" do alambique, que é responsável pelo controle de todas as etapas da produção da aguardente artesanal (volume de produção de caldo, fermentação, controle da destilação etc.); é, portanto, aquele que detém o domínio de toda a técnica produtiva.

conquistadores, a mandioca era o "pão da terra", na expressão consagrada pelos cronistas coloniais (Boxer, 2000; Martiniére, 1991). A proximidade entre duas produções que exigiam o domínio de técnicas específicas para seu processamento certamente favoreceu a transplantação dos procedimentos adotados em uma para a outra.

Testemunhos desse convívio podem ser percebidos no conteúdo de testamentos produzidos em São Luís do Maranhão ao longo do século XVIII. As referências a engenhos, alambiques, rodas de mandioca e outros equipamentos associados a ambas as produções deixam transparecer essa proximidade favorecedora do desenvolvimento de novas soluções para o processamento das matérias-primas disponíveis. O testamento de Ignes Maria de S. Jozé, escrito em 22 de dezembro de 1758, registra: "Declaro que, ao fazer deste tenho minhas roças de mandioca. Tenho mais dois quartéis de cana, uma roda de ralar mandioca, caso que Deus disponha de mim meus testamenteiros de tudo tomarão como lhe parecerem" (Mota et al., 2001, p.109). O testamento do capitão Carlos Pereira, feito em 26 de abril de 1765, registra: "no meu sítio chamado Janderoba, três sortes de terras, que fazem uma na dita paragem, casa de engenho no dito sítio engenho de moer, dois alambiques maior e menor, uma faixa de fazer mel, um tacho pequeno de oito... libras, cinco couxos de avinhar garapa mais dois pequenos dos canos dos alambiques, um tonel de aguardentes", e, mais adiante, "uma casa de fornos com três ditos, roda de mandioca com todo o seu precioso de canoa, e banco, mais uma canoa de peneirar massa". Outros testamentos apresentam um ou outro desses equipamentos, como o de João Theofilo de Barros, de 2 de dezembro de 1751, que apresenta equipagens para a produção de derivados de cana-de-açúcar, ou de Thereza de Jezus, que registra equipagens para a produção de derivados de mandioca.

Nesse contexto, portanto, ocorre progressivamente a aproximação entre as soluções encontradas pelos indígenas para fermentação do amido da mandioca e as técnicas de fermentação e destilação trazidas pelos europeus para a produção de aguardente. Surge desse encontro, em algum momento entre a segunda metade do século XVII e a segunda metade do século XVIII, a produção da tiquira.

Como a tiquira aparece em registros históricos maranhenses

Apesar de sua estreita vinculação com o Maranhão, a tiquira tem uma presença tímida nos seus registros históricos.[6] Nenhum relato histórico que pude obter menciona sua produção, embora sempre registrem a presença da produção de aguardente de cana e de derivados da mandioca.

Os viajantes bávaros Johann Baptist von Spix e Carl Friedrich Philipp von Martius, na segunda década do século XIX, descrevem o "sistema da agricultura no Maranhão" sublinhando a produção de algodão, arroz, cana-de-açúcar, milho, mandioca e diversos outros produtos. Entre os derivados da cana-de-açúcar, a produção da aguardente era mais destacada que a de açúcar, apesar de ambas serem, segundo os viajantes, insuficientes para o consumo regional. Para a mandioca, a produção do polvilho era o principal destaque, já que voltado para a exportação (Spix & Martius, 1981, p.287-8).

Um pouco antes, em 1815, o militar português Francisco de Paula Ribeiro escreveu uma série de relatos sobre o Maranhão, como parte de suas atividades profissionais. Neles, além de se dedicar à descrição do meio físico, das vilas e arraiais e dos caminhos, há referências à produção agropecuária de cada local percorrido por ele. No entanto,

[6] Concentro-me aqui na documentação publicada. Acho provável que a exploração de documentos manuscritos nos arquivos maranhenses enriqueceria este quadro, sem, entretanto, mudar o sentido geral das minhas afirmações.

as referências ao cultivo da mandioca são escassas e não há referências à produção da tiquira (Ribeiro, 2002).

Em 1822, outro militar português, Antônio Bernardino Pereira do Lago, produziu também um relato sobre o Maranhão em que aparecem referências à produção agrícola. Embora destaque a presença de engenhos de açúcar, chama a atenção para a muito maior disseminação daqueles dedicados à produção da aguardente de cana.[7] Anexo ao seu trabalho, aparece um "quadro da produção" em que o autor faz referências aos "gêneros de toda a província". Aparece a aguardente, com a observação de que "falamos da feita da calda do açúcar, que se filtra das formas"; isto significa que não apenas se ignorava a produção dos engenhos dedicados apenas à cachaça como se omitia por inteiro a tiquira.

A tiquira vai aparecer de forma explícita apenas na documentação fiscal de meados do século XIX. No "Quadro comparativo dos gêneros de produção da província do Maranhão, importados na capital, e desta exportados nos anos financeiros de 1852-1853 e 1853-1854", anexo ao Relatório do Presidente da Província (RPP-MA) de 1855, aparecem os valores relativos à aguardente de cana e à aguardente de tiquira.[8] Da mesma forma, no "Quadro comparativo dos gêneros de produção da Província do Maranhão, importados do interior na Capital, nos anos financeiros de 1854-1855, 1855-1856 e 1856-1857", anexo ao Relatório do Presidente da Província de 1858, aparecem novamente as aguardentes de cana e de tiquira.[9] Vale destacar que enquanto o volume da aguardente de cana é apresentado em pipas, a

---

[7] Seriam 115 engenhos "de moer cana e fazer só cachaça (aguardente)", contra sete que "fazem muito pouco açúcar" (Lago, 2001, p.43). Estes são exatamente os mesmos números dados por Spix & Martius, o que faz supor que tiveram acesso às mesmas fontes de informações, certamente provindas do governo da capitania.

[8] RPP-MA 1855.

[9] RPP-MA 1858.

aguardente de tiquira aparece sempre em frascos, o que deixa clara uma enorme diferença quanto às quantidades de cada uma das aguardentes que passava pelo controle fiscal da Província. Em seguida, nesse mesmo relatório, encontra-se anexo o "Quadro dos principais gêneros nacionais exportados para dentro e fora do Império nos três últimos anos financeiros, com declaração de suas quantidades e valores"; nesse momento, surge apenas a referência à aguardente, o que faz supor que se tratava daquela produzida a partir da cana-de-açúcar e que a tiquira não era produto exportado pela província. Este documento traz ainda um relatório assinado por Antônio Alves de Souza Carvalho sobre o "estado da indústria fabril da província, referindo os principais estabelecimentos, e a importância aproximada dos seus produtos nos últimos três anos, as causas do seu atraso e progresso, e os melhoramentos de que é suscetível". Nele, o item sobre "destilação" afirma:

> São quatro as fábricas nessa cidade, empregadas em destilar aguardente de cana de produção agrícola da Província, em diversas bebidas espirituosas: a maior parte de seus produtos são exportados para o Pará, onde encontram procura e consumo: uma delas é exclusiva para a destilação do gás líquido, destinado para a iluminação desta capital.

Não apenas não ocorrem referências à tiquira como o autor se restringiu às destilarias estabelecidas na capital que, supõe-se, seriam aquelas mais destacadas por se dedicarem à exportação. A tiquira, como um produto de consumo local, não merecia menção. Nos *Relatórios de Presidentes da Província* dos anos seguintes, não localizei novas referências à tiquira. O que predomina é o silêncio sobre a sua produção, embora se saiba que ela tenha sobrevivido no interior da província e, depois, do estado.

Já no século XX, um relato sobre o Maranhão datado de 1947 abordando as duas décadas iniciais do século procura fazer um balanço da sua situação geral. Embora dedique capítulos específicos à indústria e à agricultura da região, a tiquira não é igualmente mencionada, continuando-se a considerar a sua produção marginal e pouco relevante (Macedo, 2001). Somente em 1949, no artigo de Reinaldo Maia, citado, a tiquira aparece como a descoberta de um tesouro que o Maranhão teria mantido escondido até aquele momento e que valeria a pena revelar e melhor explorar.

Considerações finais

Qual a razão dessa ausência da tiquira nos registros documentais maranhenses? Acredito que resposta possa ser encontrada na natureza da sua produção e do seu consumo. A tiquira era um produto voltado sobretudo para o consumo local. Nesse sentido, assumia escala de produção bastante tímida, concentrando-se em algumas poucas regiões do Maranhão. Nunca ocupou, portanto, um lugar de destaque na pauta de exportações ou no fisco do estado. Além disso, seu consumo concentra-se nas classes populares e é alvo de preconceitos por identificar-se com o alcoolismo. Mesmo atualmente, quando a indústria do turismo do estado tenta elevá-la à condição de um dos seus símbolos, sua produção ainda sofre de pouca visibilidade. Como resultado, o grosso da sua produção não é fiscalizado, sofrendo com a baixa qualidade e com a presença de resíduos e de substâncias tóxicas que tornam distante no horizonte o momento em que de fato assumirá importância econômica para a região.

Referências bibliográficas

BOXER, Charles. *A idade de ouro do Brasil, dores de crescimento de uma sociedade colonial*. Rio de Janeiro: Nova Fronteira, 2000.

D'ABBEVILLE, Claude. *História da missão dos padres capuchinhos na Ilha do Maranhão e terras circunvizinhas*. São Paulo, Belo Horizonte: Edusp, Itatiaia, 1975.

GAMA, Ruy. *Engenho e tecnologia*. São Paulo: Duas Cidades, 1983.

LAGO, Antônio Bernardino Pereira do. *Estatística histórico-geográfica da Província do Maranhão*. São Paulo, São Luís: Siciliano, Governo do Maranhão, 2001.

MAIA, Reinaldo. Tiquira, aguardente de mandioca. *Rev. Tec. Bebidas*, v.2, n.3, p.9-10, 1949.

MARTINIÉRE, Guy. A implantação das estruturas de Portugal na América (1620-1750). In: MAURO, Frédéric; SERRÃO, Joel; MARQUES, A. H. de Oliveira (Coord.) *Nova história da expansão portuguesa*: o Império luso-brasileiro, 1620-1750. Lisboa: Estampa, 1991.

MOTA, Antônia da Silva; SILVA, Kelcilene Rose; MANTOVANI, José Dervil. (Org.) *Cripto maranhenses e seu legado*. São Paulo, São Luís: Siciliano, Governo do Maranhão, 2001.

MACEDO, Eurico Teles. *O Maranhão e suas riquezas*. São Paulo, São Luís: Siciliano, Governo do Maranhão, 2001.

RIBEIRO, Francisco de Paula. *Memórias dos sertões maranhenses*. São Paulo, São Luís: Siciliano, Governo do Maranhão, 2002.

SCHWARTZ, Stuart. *Segredos internos, engenhos e escravos na sociedade colonial, 1550-1835*. São Paulo: Companhia das Letras, 1988.

SPIX, Johann Baptist von; MARTIUS, Carl Friedrich Philipp von. *Viagem pelo Brasil, 1817-1820*. São Paulo, Belo Horizonte: Edusp, Itatiaia, 1981. v.2.

As origens históricas do Santo Daime

Beatriz Caiuby Labate
Universidade de Campinas
Gustavo Pacheco
Universidade Federal do Rio de Janeiro

O Santo Daime é uma religião brasileira criada na década de 1930, em Rio Branco, no Acre, por Raimundo Irineu Serra, que ficou conhecido posteriormente como mestre Irineu. Nas suas cerimônias rituais se consome a bebida psicoativa ayahuasca, denominada nesse âmbito "daime", composta pela decocção do cipó *Banisteriopsis caapi* e de folhas do arbusto *Psychotria viridis*, cujo principal princípio ativo é a dimetiltriptamina (DMT).[1]

O culto do Santo Daime foi formado a partir de um conjunto muito diverso de elementos culturais. Identificá-los implica uma tare-

[1] Vários subgrupos se autodefinem e são definidos popularmente como "Santo Daime", afirmando-se seguidores dos ensinamentos de Raimundo Irineu Serra. Podemos reconhecer duas vertentes principais: alguns pequenos agrupamentos identificados genericamente como Alto Santo, que permanecem restritos ao Estado do Acre e o Cen-tro Eclético da Fluente Luz Universal Raimundo Irineu Serra (Cefluris), cuja sede central localiza-se na comunidade do Céu do Mapiá (Amazonas), e possui filiais em várias capitais do Brasil e do mundo. O Cefluris tem como patrono Sebastião Mota de Melo (Padrinho Sebastião), que não é reconhecido como liderança pelas várias igrejas do Alto Santo. Quando nos reportamos às "origens do culto do Santo Daime" estamos nos referindo à formação dessa religião sem entrar no mérito das várias di-visões que ocorreram após a morte de seu fundador. Esclarecemos, ainda, que aqui "Santo Daime" e "Daime" aparecem como sinônimos; "daime" refere-se ao chá psicoativo.

fa árdua, já que muitos desses elementos pertencem a domínios amplos da cultura brasileira, como o catolicismo popular, cujo espírito se encontra presente em praticamente todo o país. Em outras palavras, várias das supostas matrizes culturais daimistas foram mescladas há séculos, como é o caso, por exemplo, da afinidade de crenças e práticas religiosas entre os curandeiros negros e mestiços nordestinos e os índios aculturados que se dispersam das aldeias a partir da expulsão dos jesuítas, no século XVIII (Pacheco, 2002). Não obstante, vários trabalhos têm se dedicado a estudar as expressões culturais que provavelmente contribuíram para a composição do Santo Daime – tais como as práticas ayahuasqueiras indígenas, a cultura dos seringueiros da Amazônia, o catolicismo rústico, o esoterismo europeu, o espiritismo kardecista e as religiões afro-brasileiras. Estudiosos e daimistas têm analisado com maior ou menor sucesso os mecanismos de migração desses elementos culturais e seus processos de ressignificação no interior do *corpus* simbólico daimista.

Sem negar o mérito intrínseco de cada um desses estudos, entendemos que eles falam tanto sobre o Santo Daime como sobre as diferentes representações construídas ao longo do tempo sobre o culto e sua relação com a sociedade brasileira. Este artigo pretende oferecer um panorama da formação histórica do Santo Daime e fazer uma revisão crítica da literatura antropológica sobre as origens desse culto, tentando apontar algumas possíveis implicações presentes nas diversas leituras existentes.

A literatura antropológica e as origens do Santo Daime

Parece haver um consenso genérico de que três grandes matrizes culturais estariam presentes na formação do Santo Daime: a indígena ou amazônica (por meio da utilização da bebida e seus modos de preparo e consumo e alguns aspectos do ritual), a européia (por meio do catolicismo e do esoterismo) e a afro-brasileira (presença de entidades afro na cosmologia daimista). Vejamos as principais obras que se dedicam à análise da formação histórica do culto. Lembramos que abordaremos aspectos específicos dessas obras – que tangem as origens do Daime – e não necessariamente os argumentos centrais de cada uma delas.[2]

O primeiro trabalho escrito por um antropólogo sobre o Santo Daime foi um artigo de Clodomir Monteiro da Silva (1985, p.102-5). Para ele, no Daime destacam-se "traços das religiões mediúnicas de aculturação africana" mas a tônica predominante seria dada pelo "índio americano". Ele fala vagamente em "sobrevivência do Dahomey, principalmente entre os Fon", argumento que tentará desenvolver posteriormente. Em sua dissertação de mestrado (Monteiro da Silva, 1983), afirma que o surgimento do culto do Santo Daime responde a necessidades e pressões do contexto macrossocial amazônico, no momento marcado pela crise da economia da borracha e pelo processo de migração urbana. As comunidades daimistas situar-se-iam a meio caminho entre as populações rústicas e as urbanizadas, representando formas sociais alternativas à desorganização gerada pelo modelo de ocupação da terra. O Santo Daime seria um sistema cultural adaptativo, ou um ritual de passagem, para os seringueiros expulsos dos seringais e os nordestinos fixados no exílio. O culto resultante do encontro entre a "cultura ameríndia" e a "cultura urbanizada" é descrito, ainda, como um "transe xamânico individual e coletivo".

Em outro trabalho mais recente, Monteiro da Silva (2003) dedica maior atenção à influência das religiões afro-brasileiras na formação do culto do Santo Daime, o qual é situado entre os cultos afro-ama-

---

[2] Para uma revisão sobre a literatura brasileira sobre as religiões ayahuasqueiras (Labate, 2002).

amazônicos. Citando outros autores, argumenta que a expansão afro na Amazônia teria ocorrido a partir do início do século – antes da difusão, nos anos 30 , do espiritismo kardecista e da umbanda pelasgrandes cidades do país – através por meio das migrações do Nordeste, sobretudo do Maranhão, para a Amazônia. O Santo Daime possuiria, por um lado, características xamânicas, provenientes da tradição aya-huasqueira associada ao curandeirismo e, provavelmente, à pajelança e, por outro, seria resultado de influências das religiões afro-brasileiras das regiões Norte e Nordeste, especialmente dos "cultos vodúnicos maranhenses".[3] A associação com os africanos Fon do Daomé (atual República do Benim) se daria, segundo ele, por meio principalmente das seguintes evidências: a) a proveniência do Maranhão das famílias que fundaram o culto no Acre da casa de mina

[3] O autor se refere ao tambor de mina, nome dado no Maranhão aos cultos de possessão de origem africana praticados em terreiros, versão maranhense dos cultos afro-brasileiros encontrados em outras regiões do Brasil, como o candomblé baiano, o xangô pernambucano ou o batuque gaúcho. Dentre as divindades cultuadas no tambor de mina destacam-se os voduns, entidades africanas do panteão fon (jêje) equivalentes aos orixás iorubás (nagôs). Como em diversas outras religiões afro-brasileiras, o tambor de mina abriga diversas nações ou sistemas rituais diferentes cuja origem é associada a grupos étnicos distintos: jêje, nagô, cambinda, cachêu e fulupa são algumas das nações presentes na memória e na tradição oral do povo-de-santo maranhense. Apenas duas dessas nações, contudo, conseguiram se cristalizar e se perpetuar como identidades religiosas nitidamente demarcadas: a mina jêje e a mina nagô, cuja origem remonta aos dois terreiros mais antigos do Maranhão, respectivamente a Casa das Minas Jêje e a Casa de Nagô, fundadas por volta de meados do século XIX. A Casa das Minas, embora sempre tenha gozado de muito prestígio e tenha sido muito estudada por pesquisadores, nunca teve filiais; já a mina nagô espalhou-se a partir da Casa de Nagô para diversos outros terreiros do Maranhão e da Amazônia. Essas duas casas, especialmente a última, forneceram o modelo básico a partir do qual se estruturou o que hoje conhecemos como tambor de mina, tanto no Maranhão como em outras regiões do Brasil nas quais a religiosidade afro-maranhense penetrou.

nação jêje-fon; b) titango, tintuma e agrarrube, tipos de cipó que de acordo com o autor compõem o chá, seriam en-tidades africanas ou afro-amazônicas associadas à realeza do Benim; e c) as palavras "daime" e "juramidam" possuiriam um significado secreto associado ao culto de Dã, a serpente sagrada dos Fon. Até recentemente, esse era o único artigo que abordava diretamente as influências maranhenses na gênese do Santo Daime (cf. Labate & Pacheco 2003) e, como se pode notar, de forma ainda embrionária. No nosso entender, as evidências apresentadas pelo autor são insuficientes para sustentar qualquer conexão mais precisa entre o tambor de mina (ou entre as crenças e práticas africanas oriundas do Benim) e o Santo Daime.

O segundo trabalho publicado a respeito do Santo Daime é o de Vera Fróes (1986). O livro é prefaciado pelo senador Mário Maia, o qual afirma que o Santo Daime é "resultado de um sincretismo complexo, onde se mesclam matizes de riquezas ritualísticas exuberantes, amalgamando fragmentos de crenças e culturas afro-indu-americanas entrelaçados com práticas e hábitos do catolicismo popular..."(p.21). De acordo com Fróes, o Daime possuiria influências indígenas, cristãs, espíritas e das religiões africanas. Algumas características indígenas seriam a utilização do maracá, a divinização de elementos da natureza e a presença de um espírito protetor na bebida, invocado para a cura. O Santo Daime seria "um tipo de xamanismo" e o mestre Irineu e o padrinho Sebastião, "xamãs" – o primeiro teria passado por uma fase "de iniciação no interior da floresta, típica de xamãs indígenas" (Fróes, 1986, p.34-6), e o segundo teria sido orientado por um xamã, mestre Oswaldo, um espírita kardecista. Menciona, ainda, rapidamente: "informantes do Alto Santo afirmam que o mestre Irineu travou conhecimento no Maranhão com a famosa Casa das Minas, centro tradicional de preservação da cultura e da religiosidade africana no Brasil". Por fim, aponta que o fundador foi filiado ao Círculo Esotérico da Comunhão do Pensamento[4] e à Ordem Rosacruz.[5]

La Rocque Couto (1989, p.16-7) segue seus predecessores apontando que a doutrina do Santo Daime tem elementos da "cultura nativa, representada pelas sociedades indígenas da região" e da "cultura do colonizador, representado pelo nordestino fugido das secas". Embora afirme que a religião daimista é fruto do encontro do "sacerdote católico como o pajé indígena e o pai-de-santo do espiritismo popular", confere centralidade quase absoluta ao legado de origem supostamente indígena. No Santo Daime haveria, ao lado da "cristianização da pajelança indígena", um processo de "indianização do cristianismo" por meio do "uso de maracás, [d]o bailado nos rituais e [de] nomes como tucum, cur-rupipiraguá, marachimbé, titango, tintuma e tarumim... além do consumo ritualístico da ayahuasca". Tal

---

4 O Círculo Esotérico faz parte da tradição da magia européia. Surgiu no Brasil no início do século XX, onde fundou a editora O Pensamento e difundiu as idéias de várias correntes esotéricas que se desenvolveram nos Estados Unidos e na Europa no século XIX. Sua doutrina baseia-se em três mentores espirituais: o americano Prentice Mulford (1834-1891), que enfatizava a possibilidade de influenciar a realidade empírica a partir das forças mentais; o padre e escritor francês Eliphas Levi (1810-1875), grande portador dos conhecimentos ocultos; o indiano Swami Vivekananda (1863-1902), importante difusor da filosofia hindu no Ocidente. O lema do Círculo centra-se nos princípios Amor, Harmonia, Verdade e Justiça. Esta organização caracteriza-se por uma doutrina sem dogmas rígidos, aberta às várias crenças atentas aos laços de fraternidade universal e à evolução humana (Cemin, 1998, p.37-8 e MacRae, 2000, p.24).

5 "Os grupos Rosa Cruz são parte de uma tradição oculta... Além dos três objetivos que têm em comum com os diversos ramos da teosofia, acrescentam-se: 1) encorajar o estudo da religião, arte e ciência... O primeiro Imperador e fundador da Antiga e Mística Ordem *Rosae Crucis* (AMORC), nos Estados Unidos, foi Harvey Spencer Lewis (1883-1939). Seus ideais e práticas são humanistas e utópicos, muito próximos aos do cristianismo e fortemente influenciados pelas crenças na Grande Fraternidade Branca dos Adeptos e na reencarnação" (Amaral 2000, p.221).

qual na medicina *folk*, o daime (a bebida) seria utilizado como forma de diagnose e cura de doenças. Para ele, o contato do mestre Irineu com a beberagem teria se dado por meio de um "xamã instrutor", Antonio Costa, que formou, ao lado de André Costa e Irineu Serra, o Círculo de Regeneração e Fé (C.R.F.), um centro esotérico de consumo da ayahuasca anterior ao Santo Daime. La Rocque Couto defende a idéia de que no Daime haveria um "xamanismo coletivo", onde todos são "aprendizes de xamã" ou "xamãs em potencial" capazes de realizar o vôo astral. Observa, também, que Sebastião aprendeu a trabalhar com mesa de atuação espírita, onde incorporava os espíritos de José Bezerra Menezes e do professor Antonio Jorge.

Alberto Groisman realiza uma boa etnografia do Céu do Mapiá. Ele sustenta que o sistema daimista está baseado num "ecletismo evolutivo" que possibilita a convivência, numa "mesma linha... en-tre diversos sistemas cosmológicos: a umbanda, o candomblé e o espiritismo kardecista, entre outros, resgatados pelos adeptos que vão se integrando e ligados a outras tradições espiritualistas" (Groisman, 1991, p.89-9). Assim como La Rocque Couto (1989), aponta a filiação do padrinho Sebastião, antes da sua adesão ao Daime, ao espiritismo kardecista. E vai além, analisando alguns elementos-chaves do universo daimista – como a noção reencarnacionista da "evolução do espírito", que "limpa" seu "carma" em direção à "salvação" – que teriam, provavelmente, forte influência espírita. Embora mencione o pacto do padrinho Sebastião com a entidade da umbanda Tranca Rua, Groisman atribui ênfase bem menor à matriz afro na formação do Santo Daime. O último autor, citando Monteiro da Silva (1983, p.36), afirma, numa pequena passagem, que Irineu vinha "de um contexto religioso no qual os cultos afro-brasileiros representavam, talvez, a mais forte fonte de religiosidade". A chave de seu modelo explicativo sobre o Daime reside, sobretudo, nas aproximações que estabelece entre esse e os sistemas xamânicos. O antropólogo elabora o conceito, que nos parece bastante pertinente, de "práxis xamânica". Após indicar vários pontos de contato e aproximação, conclui que, no contexto desse culto não-indígena, o saber xamânico associado ao uso da ayahuasca manifesta-se apenas parcialmente.

Walter Dias Junior analisa a expansão do Santo Daime para os centros urbanos. Ele identifica uma pluralidade de tradições como fontes do culto daimista. Nas suas palavras, "essa doutrina pode ser vista como um caldeirão onde se fundem influências que abarcam desde o pensamento mágico-religoso indígena, passando pelo cristianismo primitivo, o pensamento esotérico ocidental e o espiritismo (incluindo-se aí desde o kardecismo até a umbanda e o candomblé)..." (Dias Junior, 1992, p.47-69). Para ele, tal sincretismo seria possível pelas características "extáticas" do culto, de "possessão divina" e de "contato direto com a divindade". A crença na presença de um "Deus interior" e a valorização positiva da "revelação mística" situariam o Santo Daime dentro da "tradição adorcista", afastando-o do "dogmatismo cristão ocidental". De acordo com Dias Jr., o grupo inicial era composto "basicamente por negros" e somente "mais tarde" veio "a incorporar o elemento branco". Ele apresenta uma interpretação interessante (porém especulativa) segundo a qual Irineu teria se afastado das influências da umbanda e buscado um sincretismo com o catolicismo popular e com o pensamento esotérico, acima de tudo, como um recurso tático de legitimação social e preservação do culto, permitindo dessa forma "traduzir a experiência xamânica para as concepções religiosas do homem ocidental". Assim como outros autores, confere um caráter xamânico às iniciações de Irineu e Sebastião. Por fim, sugere que o contato da doutrina com os centros urbanos teria proporcionado a incorporação de aspectos do kardecismo, da umbanda, do candomblé e das filosofias religiosas orientais (budismo, taoísmo e hinduísmo).

O livro de Edward MacRae (1992) é, provavelmente, até o momento, a principal referência nessa área de estudos. O autor afirma que o Daime foi usado, desde o início, por populações em processo de urbanização. Reconhece nesse culto resquícios das "tradições ameríndias" e da "cultura rústica nordestina". Para MacRae, a iniciação de Irineu teria seguido elementos básicos presentes na tradição xamânica, como a idéia de que as plantas são habitadas por um "espírito", uma "mãe" ou um "dono". No caso do daime (bebida), entretanto, os ensinamentos seriam percebidos como oriundos da Virgem da Conceição, explicitando uma influência cristã e ocidental. O autor atenta para o fato de que tal ética cristã acaba por afastar o Santo Daime da ambivalência moral entre bem e mal existente no contexto do vegetalismo peruano. MacRae incorpora o conceito de xamanismo coletivo de La Rocque Couto (1989), entendendo que este seria um aspecto "democrático" do Daime. Mas, diferentemente do último autor, caracteriza o Santo Daime como um movimento milenarista com características messiânicas.

MacRae analisa as mudanças que o Cefluris sofreu a partir da adesão de camadas médias urbanas na década de 1880. De acordo com ele, essas novas influências não teriam ocorrido em uma direção mais branqueadora e cristã, mas sim, por meio de uma reapropriação, promovida pelos adeptos da cultura alternativa, de concepções e práticas orientais e africanas. Nesse novo contexto, as doenças seriam relidas como originadas por causas psicossomáticas e o daime associado ao "autoconhecimento". O Daime seria, ainda, um rito de ordem, com efeitos estruturantes, podendo servir como uma espécie de instância paradigmática para o consumo controlado de substâncias psicoativas.[6]

---

[6] Dialogando com estudiosos da assim chamada redução de danos (política de saúde pública gestada na Europa na década de 1980 e que se caracteriza, principalmente, pela adoção de estratégias que visam reduzir os danos causados pelo consumo de substâncias psicoativas, em vez de pretender sua completa proibição ou abstenção), MacRae desenvolverá este argumento posteriormente em vários artigos. Ele sustenta que o uso lícito de alucinógenos em contextos xamânicos/religiosos tem de-

Em outro texto, MacRae (1997a) afirma que Irineu Serra possuía uma ligação com o tambor de mina mas observa que os ritos africanos sincréticos não eram muito populares no Acre. O autor argumenta que no "*continuum* mediúnico brasileiro" o Santo Daime estaria mais próximo do pólo kardecista do que da umbanda. Do kardecismo, teria herdado a prece de Cáritas, noções como evolução espiritual, reencarnação, carma, doutrinação de almas e caridade para com os espíritos sofredores, entre outros. As influências umbandistas poderiam ser sentidas através do estabelecimento de uma série de novos rituais no Cefluris – como as giras, os trabalhos de banca e de São Miguel – onde ocorre incorporação de espíritos (com e sem perda da consciência) (cf. Labate, 2002). MacRae destaca, ainda, outras matrizes para a doutrina daimista, como o Círculo Esotérico da Comunhão do Pensamento, de onde teriam sido herdados os princípios de "harmonia, amor, verdade e justiça" e a prática de concentrações. Do esoterismo europeu, residiria o legado da Cruz de Caravaca (antigo símbolo utilizado pelo grão-mestre da Ordem dos Templários) e as previsões apocalípticas. A religião daimista estaria próxima, ainda, das antigas correntes gnósticas católicas, nos quais a divindade pode ser classificada como "intra-psíquica", ou seja, Deus localizar-se-ia na alma humana e não fora dela. Nesse sentido, o Daime se encaixaria, no seu ponto de vista, nas velhas tradições de religiosidade amazônica. Assim como outros autores, o antropólogo sustenta que a organização social e a conduta religiosa daimista possuiriam muitas semelhanças com o catolicismo popular.

Sandra Goulart (1996) realiza uma análise sofisticada sobre as origens históricas do Santo Daime. Tal qual em Monteiro da Silva (1983),

---

monstrado criar estruturas sociais eficazes que promovem um controle permanente das formas de uso por meio de sanções e rituais sociais, que incluem redes de sociabilidade e incorporação dos conhecimentos que os consumidores têm sobre como limitar os efeitos indesejáveis das substâncias (cf. MacRae, 1997b).

o Daime figura como resultado da reorganização de um grupo social e cultural ante o conjunto de mudanças sociais ocorridas a partir da decadência da borracha. Goulart afirma que a religião daimista é fruto da reelaboração de várias matrizes religiosas e culturais. Em primeiro lugar e com maior importância, das antigas práticas católicas populares com suas instituições como compadrio, irmandades, mutirão e festas dos santos, onde o lúdico é revestido de caráter sagrado – argumento que sustenta citando vários estudiosos do catolicismo rústico. O sistema daimista teria nascido, ainda, a partir de forte influência da tradição do "vegetalismo ayahuasqueiro". De acordo com a autora, a história do encontro de mestre Irineu com a ayahuasca é vivida pelos daimistas como o mito da transformação do homem em vegetal – mito esse que seria atualizado nos rituais e na experiência de cada adepto, que também metamorfosear-se-ia em "espírito-planta". Mas para os daimistas, observa ela, a dieta que acompanha a ingestão do chá estaria relacionada a um aprendizado moral, de cunho cristão, diferente das regras que envolvem o uso da planta pelos vegetalistas.

O Santo Daime, contudo, seria produto do crescimento do espiritismo kardecista na região Amazônica, o qual passou a influenciar o curandeirismo do caboclo amazônico (que se combina também com o catolicismo). A codificação realizada por Allan Kardec, argumenta a autora, se adequava à nova conjuntura socioeconômica individualista da década de 1930, na medida em que facilitava a comunicação imediata do fiel com o mundo espiritual, democratizando o transe, o que estaria associado, por sua vez, a um movimento de "in-ternalização da orientação da vida" pelos indivíduos. Essa religião realizaria uma fusão e/ou uma substituição das crenças do antigo curandeirismo amazônico pelas concepções espíritas. Assim, os curandeiros e vegetalistas teriam perdido o privilégio de contato com o mundo espiritual, dando lugar à interpretação por cada adepto da sua experiência com a bebida. O Daime expressaria, ainda, vários conceitos presentes na cosmologia espírita: "As relações de oposição, tensão e complementaridade entre mundo visível e invisível, material e imaterial, imperfeição e perfeição, mal e bem, livre-arbítrio e determinismo, se reproduzem na doutrina daimista, embora assumam um significado particular" (Goulart, no prelo, p.156). A antropóloga observa que todo esse processo é perpassado por conflitos, uma vez que o catolicismo ortodoxo combate as demais tradições religiosas.

A influência do kardecismo entre os daimistas teria se dado também por meio da ligação de Irineu com o Círculo Esotérico da Comunhão do Pensamento, ao qual se filiou no final da década de 1940. Segundo Goulart, algumas orações usadas no Santo Daime e alguns conceitos presentes na doutrina – como "controle da mente", "eu superior" e "eu inferior" – seriam originários do Círculo.

Arneide Cemin (1988) fez um estudo pioneiro sobre o Alto Santo, focalizando o Centro Esotérico de Correntes da Luz Universal (Ceclu), em Porto Velho (RO). Cemin critica Goulart (1996) afirmando que as raízes do Santo Daime não devem ser localizadas nas mudanças que atingiram a sociedade brasileira a partir da década de 1930, mas sim no encontro da "cultura religiosa nordestina" com a "cultura da floresta" – contato que teria ocorrido nas últimas décadas do século XIX e nas duas primeiras décadas do XX. A sua tese central fundamenta-se na idéia de que o sistema daimista foi formado a partir de três fontes principais: o xamanismo, o catolicismo e o esoterismo (via Círculo Esotérico). Mesmo reconhecendo uma provável relação com as cosmo-logias dos sistemas religiosos africanos a partir de entidades presentes no hinário de Irineu (ela cita Papai Velho, Mamãe Velha e Caboclos), Cemin rejeita as influências umbandistas ou espíritas como fundadoras do Daime, já que aí não ocorreria incorporação nem perda da consciência. Para a autora, o Santo Daime seria um sistema estritamente xamânico, no qual o contato com o sagrado se dá por meio do êxtase de ascensão ou de descenso (rejeitando-se a possessão por espíritos).

Contrapondo-se a Groisman (1991), argumenta que o Daime preservaria integralmente o *ethos* e os padrões básicos do xamanismo ayahuasqueiro, fazendo parte do que denomina de "cultura ayahuasqueira da floresta". Ela sugere, ainda, que Juramidam seria uma atualização do culto de Jurupari, rito amplamente espalhado pelo Brasil, que representa uma unificação cultural entre tribos do Alto Rio Negro.[7] Não há, entretanto, no nosso ponto de vista, evidências suficientes para atribuir uma continuidade histórica entre esses dois "heróis míticos civilizadores", usando os termos de Cemin.

A outra grande fonte histórica do Santo Daime seria a "magia divina" ou "magia do astral", presente no Círculo Esotérico, por meio da qual o Santo Daime filiar-se-ia à tradição oculta do ocidente. O xamanismo de excorporação do Daime se adequaria aos moldes do esoterismo europeu do Círculo, no qual o contato com as entidades (diferentemente do que ocorre no espiritismo kardecista), é apenas mental ou espiritual. Por fim, a autora oferece uma contribuição original ao afirmar que, num sentido mais amplo, a religião daimista se organizaria tendo como parâmetro a ideologia do Estado, ou melhor, "o quadro geral da sociedade acreana em formação: o seringal, o quartel, o modelo militar, enfim, tudo aquilo que foi constitutivo da 'territorialidade' e portanto da identidade dos brasileiros do Acre" (Goulart, 1996). Da organização social dos seringais o Daime teria incorporado valores agrários e patriarcais nordestinos. E, como é comum entre as classes populares camponesas, haveria na gênese daimista uma atribuição de importância "civilizatória" ao exército. Fardamento,

---

[7] A pesquisadora aponta os seguintes fatores comuns a ambos sistemas: o vômito como um rito de purificação; a masculinidade como coragem; restrições às mulheres; a noção de disciplina e de provas iniciáticas; o uso de maracá e de danças, um espaço "astral" onde residem seres divinos e a categoria de "poder", entre outros. Segundo ela, Juramidã realizaria, do ponto de vista mítico, a missão de Jurupari, que é a de encontrar uma esposa perfeita para o Sol.

hierarquia, disciplina e outros valores da doutrina estariam relacionados a um certo espírito de época, já que o Acre vivia um processo de conquista de território, acentuando o caráter militarizado de suas relações sociais.

Se ampliarmos o foco da nossa análise de modo a incluir a literatura produzida pelos próprios daimistas,[8] verificaremos a menção, ainda, a outros referenciais como fontes para as origens do culto. Nesses escritos – alguns algo apologéticos – parece haver uma espécie de senso comum generalizado de que o uso do daime é uma herança da prática de consumo da ayahuasca pela família real inca (*Revista do Centenário*, 1992; Polari, 1984; Carioca, s.d.; Silva, 1996; Bayer Neto, 1999).[9] As tradições orientalistas, em geral, e os hindus, em particular, também figuram como fontes inspiradoras ou históricas do Santo Daime (*Revista do Centenário*, 1992; Polari, 1986), teorias que encontram ecos, às vezes, nos escritos acadêmicos (como é o caso de Fróes, 1986, e Dias Jr., 1990).

---

[8] Para a dificuldade de estabelecer as fronteiras nítidas entre as publicações de "pesquisadores" e "nativos" neste campo de estudos, ver Labate (no prelo).

[9] Eduardo Bayer Neto (1999) desenvolve particularmente a tese de que os incas consumiam a ayahuasca, porém não existem comprovações históricas convincentes nesse sentido (embora seja plausível pensar que os incas podem ter conhecido a bebida através de contatos com povos amazônicos ayahuasqueiros quando da expansão de seu império). Uma das evidências freqüentemente apontadas é o fato da palavra "ayahuasca" ser de origem quéchua, idioma falado pelos incas. Sem pretender esgotar o assunto aqui, vale a pena destacar, porém, que dialetos quéchuas chegaram em tempos pré-históricos a várias zonas da selva alta peruana, equatoriana e colombiana, e foram mais amplamente difundidas como resultado da colonização espanhola. A origem incaica para o uso desse psicoativo também se encontra presente de forma indireta no mito fundante da União do Vegetal (UDV), a História da Hoasca, e em vários grupos de origem Pano (Luna & White, 2000; Labate, no prelo).

Algumas considerações críticas

A partir desse pequeno balanço da literatura podemos traçar algumas observações. Em primeiro lugar, há alguns pontos comuns a todos os estudos. Um é o entendimento de que o Santo Daime é um sistema religioso bastante sincrético e diversificado, formado a partir de uma pluralidade de referências religiosas, culturais, históricas e filosóficas. Pelo menos nesse sentido há um consenso.[10] Outra unanimidade, aparentemente, é o reconhecimento do xamanismo ayahuas-queiro indígena ou mestiço e do catolicismo rústico como matrizes fundadoras da religião daimista. A influência do esoterismo de origem européia, especialmente por meio do Círculo Esotérico da Comunhão do Pensamento, também parece ser identificada de maneira recorrente.

Em segundo, atentamos para uma dimensão desse campo de estudos emergente que não tem recebido a devida atenção. Todos os autores, à exceção de Cemin (1998), retraçam as origens do Santo Daime a partir de pesquisa de campo no Cefluris, ou centrados no Cefluris e incluindo, eventualmente, relatos de membros do Alto Santo (como é o caso de Goulart, 1996, e La Rocque Couto, 1989, entre outros). A opção de focalizar o Cefluris provavelmente ocorreu pela ampla expansão que ele sofreu pelo país, ao contrário dos grupos identificados como Alto Santo, restritos praticamente à cidade de Rio Branco – mesmo porque algumas dessas pesquisas foram realizadas fora da Amazônia. Mas, em certa medida, o pressuposto de que é possível delinear aspectos históricos da formação do Santo Daime a partir do Cefluris pode ter ocorrido, em parte, em razão de uma assimilação inconsciente, por parte dos pesquisadores, dos valores dos daimistas "da linha do padrinho Sebastião", que se auto-representam como uma

---

[10] Para uma discussão a respeito da noção de sincretismo nos estudos sobre as religiões ayahuasqueiras ver Labate (2002).

uma continuidade natural da obra de Irineu Serra. Seja como for, tais opções metodológicas têm implicado uma dificuldade: no Cefluris, as influências espíritas e umbandistas são muito mais fortes do que no Alto Santo – mesmo se levarmos em conta que o Alto Santo contemporâneo não representa as "origens" do culto daimista tal como formulado por Irineu.[11] Ora, na análise de dados, pode haver um embaralhamento sutil: o fato de Sebastião estar ligado, antes de sua adesão ao Daime, ao espiritismo kardecista, influencia a leitura de elementos "espíritas" no *ethos* daimista – que, na ausência de contraste com os referenciais do Alto Santo em que esses elementos seriam menos presentes, acabam passando como constitutivos da doutrina do Santo Daime. Outros exemplos poderiam ser dados, como no caso dos elementos de origem africana.

Talvez o problema resida, contudo, alhures: as eventuais ambigüidades presentes em algumas partes dos modelos explicativos não são responsabilidade dos estudiosos, mas são constitutivas das próprias matrizes às quais suas análises se reportam. Cemin (1998), por exemplo, critica Goulart (1996) por relacionar o Daime ao espiritismo pelo recorte empírico da sua pesquisa, circunscrito à linha do padrinho Sebastião – segundo Cemin, a vivência do Velho Mota (Sebastião Mota de Melo) com o espiritismo teria atribuído, possivelmente, uma tônica kardecista ao Cefluris. Goulart estaria reproduzindo, dessa forma, como costuma às vezes acontecer com pesquisas antropológicas, parte do pensamento nativo. Acontece que Goulart associa as influências kardecistas presentes no Santo Daime, em parte, à ligação nascente da comunidade daimista com o Círculo Esotérico (instituição que recebe bastante peso na análise de Cemin). Citando Liana Trindade, Goulart

---

[11] Lembramos que particularmente a casa comandada pela Madrinha Peregrina Gomes da Serra, viúva de Irineu, tem como um dos elementos centrais constituintes de sua identidade a idéia de que mantém ortodoxamente a "tradição do tempo do Mestre".

afirma que o Círculo (ao lado de outras correntes esotéricas de origem européia) teria sido responsável pela difusão do kardecismo na sociedade brasileira. Cemin (1988, p.24) rejeita por completo as influências espíritas e umbandistas no culto originalmente criado pelo mestre Irineu apontando, entre outras razões, o fato de que "existe consenso no CICLU I Alto Santo, em Rio Branco, e no CECLU, em Porto Velho, de que o Daime não tem correlação com a umbanda nem com o espiritismo". Assim, essa autora não deixa de reproduzir também, à sua maneira, parte da representação que seu objeto projeta acerca de si mesmo, já que as igrejas do Alto Santo rejeitam tais filiações como fundadoras de sua religião (voltaremos a isso adiante).

Seja como for, quando falamos das influências "nordestinas" ou "católicas" no Santo Daime, de saída há um problema, já que o catolicismo está presente na cultura popular nordestina, que ao mesmo tempo é legatária das religiões afro e contém elementos indígenas... e assim por diante. Por exemplo, Cemin, em outro momento, afirma que fragmentos do complexo de Jurupari encontram-se presentes também nos ritos de Jurema e nos candomblés de caboclo. Não estamos querendo afirmar com isso que quaisquer tentativas de compreensão das matrizes culturais presentes numa religião devem ser descartadas, mas, como afirmamos no início, alertar para as dificuldades de busca dessas origens. Aliás, o mesmo problema foi por nós enfrentado por ocasião da tentativa de identificar elementos da religiosidade maranhense na constituição do Santo Daime (Labate & Pacheco, 2003).

Em terceiro lugar, notamos que há uma elasticidade na definição do conceito de "xamanismo", amplamente utilizado para a caracterização do Santo Daime. Esse argumento foi mais bem desenvolvido em outra ocasião (Labate, 2002, p.238-40). Por ora, explicitamos apenas que a presença do referencial indígena tange questões ideológicas importantes ao campo ayahuasqueiro brasileiro: na medida em que parte da legitimidade que os grupos possuem derivam de uma continuidade mais ou menos próxima com relação às práticas indígenas ou mestiças de consumo da ayahuasca.[12]

O tema é espinhoso na medida em que o Santo Daime possui uma relação de certa forma ambígua com seus predecessores históricos. Por um lado, consumir uma substância milenar, imaginada como deitando raízes profundas na Amazônia e em seus hábitos regionais, confere-lhe legitimidade. O Daime trata de manter o uso da ayahuasca dentro de uma "tradição ininterrupta", para usar uma expressão que já ouvimos tanto de uma liderança daimista como de um antropólogo desse campo de estudos. O mestre Irineu, aliás, teria se iniciado no "interior das matas", com os antigos xamãs ou curandeiros. Por outro, há o entendimento (mais ou menos sutil) de que a vertente "cristã" representa uma "evolução" com relação aos contextos indígenas e caboclos, onde o uso da bebida prescindiria de "ordem" ou de uma "doutrina". Tais práticas anteriores à revelação de Irineu seriam muitas vezes marcadas pela de feitiçaria, sedução e equívocos análogos.

Essa ambigüidade entre continuidade e ruptura com as práticas amazônicas ayahuasqueiras, ou a atribuição de valor negativo ou positivo ao xamanismo e ao curandeirismo, varia de acordo também com as posições hierárquicas dos sujeitos dentro de seus grupos. Por exemplo, enquanto a classe média muitas vezes possui uma visão idealizada do índio, o seringueiro esforça-se por diferenciar-se dele; inversamente, o caboclo recorre freqüentemente aos remédios dos pajés, curadores

[12] O campo ayahuasqueiro brasileiro inclui diversas ramificações de três grupos principais: o Santo Daime, a Barquinha, religião fundada em 1945, Rio Branco (Acre), por Daniel Pereira de Mattos e a União do Vegetal, criada na década de 1960, em Porto Velho (Rondônia), por José Gabriel da Costa, além de novos usos urbanos por dissidentes desses grupos (Labate, no prelo). Algumas das reflexões desenvolvidas aqui acerca do Santo Daime aplicar-se-iam aos demais contextos. Optamos por restringir nossa análise ao daimistas, embora seja necessário levar em conta que a identidade destes se constrói em diálogo com seus pares ayahuasqueiros.

e rezadeiras, enquanto daimistas urbanos, em situações de doença, podem preferir pedir socorro a um médico mais convencional, e assim por diante.[13]

Do ponto de vista do discurso antropológico, a atribuição ou não de caráter "xamânico" ao daime também dialoga – quer queira quer não – com referenciais ideológicos da sociedade mais ampla, como o estado, a medicina e os meios de comunicação, que incluem representações, juízos de valor e estereótipos diversos. Um deles estabelece uma distinção, bastante recorrente, entre a utilização "sagrada" e "ritualítica" de "plantas de poder" por populações nativas em oposição ao consumo "moderno" e "urbano" de "drogas". Enquanto as primeiras (e suas variantes) muitas vezes são tidas como legítimas, autênticas e naturais, as últimas remeteriam a práticas menos no bres, questionáveis. Ao afirmar que o Santo Daime é um sistema, práxis, vertente ou forma variante de "xamanismo", o estudioso acaba por inscrever a religião num campo de representações e disputas entre noções como as de nativo, alteridade, tradição e modernidade, pureza cultural, mudança, relativismo cultural etc (cf. Labate, no prelo).

Em quarto lugar, embora grande parte dos autores pareça concordar que há uma presença do elemento afro na gênese do Santo Daime, há poucos dados e análises concretas a respeito dessas supostas influências. E talvez seja possível afirmar que o estabelecimento das heranças africanas presentes nesse culto – analogamente à compreensão da dimensão indígena ou xamânica do Daime – também se dá a partir de parâmetros bastante elásticos. Observamos que algumas entidades, como Titango e Tintuma, têm sido invocadas para apontar, ao mesmo tempo, influências indígenas (LaRocque Couto, 1989) e africanas (Monteiro da Silva, 2002). Carioca (s.d.) afirma que são indígenas Tuperci, Ripi, Tarumim, Equior e Papai Paxá – as duas últimas têm

[13] Para discussões semelhantes, ver Araújo (1998); Pantoja Franco & Conceição (2002).

têm sido identificadas por outros autores como oriundas do universo afro, e assim por diante. Parece-nos pertinente indagar então: em que medida o modelo explicativo que atribui, como matriz fundadora da religião daimista, o tripé índio-branco-negro não tem sido criado e apropriado por intelectuais e daimistas com fins ideológicos no sentido de conferir ao Santo Daime uma identidade (e legitimidade) genuinamente brasileira?

Essa hipótese soa plausível se observamos determinadas passagens da obra de vários autores, especialmente os mais "nativos", isto é, mais estreitamente ligados ao sistema de auto-representações daimistas. Cal Ovejero (s.d., p.92, tradução nossa) coloca que "nas selvas da Amazônia, talvez como em nenhum outro lugar, se dão certas correntes que representam os quatros cantos do mundo. A saber: os universos animistas da África e do mundo indígena americano, a religiosidade católica e a ciência espírita desenvolvida na Europa a partir do século XIX". Em outro texto, de Francisco das Chagas Silva (1996, p.8), lemos: "Sabemos que a formação da cultura brasileira se deu a partir de três culturas diferentes, a branca européia, a negra africana e a indígena americana. A base histórica do Santo Daime possui os mesmos elementos culturais da formação da cultura brasileira, ou seja, os três elementos culturais distintos. Quer dizer, quando falamos religião brasileira, nos referimos à doutrina do Santo Daime, em sua história que se relaciona ao três continentes – Europa, África e América". Jairo da Silva Carioca (s.d., p.29), por sua vez, afirma que um dos momentos mais importantes da trajetória de Irineu é quando toma contato com índios e caboclos, "onde acontece a verdadeira junção dos três elementos étnicos formadores da cultura brasileira: o índio, o negro e o branco". Por fim, Fróes (1986, p.36), observa: "A doutrina de Juramidam é resultante da união de características religiosas dos três elementos étnicos formadores da cultura brasileira, o índio, o negro e o branco". Levando em conta essas recorrências – em contraste com a ausência de dados significativos sobre as influências africanas na constituição do Santo Daime –, não é inoportuno sugerir que o fato de Irineu ser negro e oriundo do Maranhão tem sido utilizado, às vezes, para criar uma representação mitológica do Santo Daime como emblema de identidade nacional (análoga àquela existente em outras expressões culturais, como na umbanda e na capoeira).

Em quinto lugar, observamos que o papel do legado africano na formação do Santo Daime é um tema importante também na definição das identidades e rixas internas do campo ayahuasqueiro brasileiro. Como se sabe, no Cefluris, e mais ainda na Barquinha, existe a prática de incorporação de entidades nas cerimônias com daime. Essa atividade vem ganhando maior legitimidade dentro da "linha do padrinho Sebastião" nos últimos anos e representa um dos maiores pontos de conflito entre essa e as várias igrejas identificadas genericamente como Alto Santo, as quais criticam veementemente a prática da incorporação, entendida como uma perversão dos ensinamentos do mestre Irineu. Goulart (no prelo) mostra como a imputação de "feitiçaria" e "macumba" é um elemento recorrente no jogo acusatório entre os vários grupos, os quais definem as suas próprias identidades a partir da diferenciação em relação aos demais.[14]

Embora os seguidores de Sebastião evoquem geralmente a aliança de seu patrono com o Tranca Rua para justificar os transes de incorporação, outros adeptos do Cefluris se reportam a uma referência mais antiga, insinuando que as práticas afro estariam na base da própria doutrina do Santo Daime, representando antes uma continuidade ou no máximo um aperfeiçoamento da tradição inaugurada pelo mestre Irineu. Para tanto, não cansam de ler sinais ocultos nos hinos de Irineu e de seus contemporâneos e, sobretudo, de lembrar que o

---

[14] Valeria especular em que medida não se encontram reproduzidas, na rejeição às práticas de incorporação, questões de raça e racismo caras à literatura antropológica.

hinário do líder é povoado por entidades africanas e, claro, que ele mesmo era oriundo do universo afro-brasileiro. Nessa linha de interpretação (que encontra eco em alguns trabalhos acadêmicos mencionados anteriormente), Irineu teria ocultado a prática da incorporação nos rituais daimistas por causa do preconceito e ds perseguições policiais. Em outras leituras, o mestre teria deixado para a Barquinha – já que seu fundador conheceu o daime no Alto Santo – o espaço para desenvolver "os estudos mediúnicos de incorporação".

Vale lembrar que Irineu Serra nunca utilizou práticas de incorporação, porém formatou um rito de exorcismo, conhecido como "trabalho de cruzes" ou "trabalho de mesa", especial para "afastar encostos" (LaRocque Couto, 1989; Goulart, 1996, e outros). Monteiro da Silva (2002) afirma que no Santo Daime há uma incorporação sutil dos "donos do hinário" nos "puxadores" dos hinos. Identificar as diversas formas de transe presentes nas linhas daimistas – incluindo a "irradiação" na Barquinha, uma espécie de incorporação indireta, sem ocupação do "aparelho" (corpo) pelo espírito – foge aos limites deste ensaio. Porém, pistas interessantes talvez possam ser buscadas no universo de religiosidade popular maranhense, que inclui diversas formas intermediárias de possessão, entre as quais a "irradiação" (Nicolau Pares, 1997; Halperin, 1999).

Conclusão

O estabelecimento das origens e características do culto daimista pode levantar discussões teóricas importantes para a antropologia na medida em que aponta limites e possibilidades de uma investigação voltada para a formação e desenvolvimento de expressões culturais marcadas por profunda hibridação. Ao mesmo tempo, essa discussão tem conseqüências muito concretas para a formação do campo de estudos das religiões ayahuasqueiras brasileiras – se mais ligado à etno-

etnologia (xamanismo, milenarismo e discussões afins), às pesquisas sobre as religiões afro-brasileiras, às teorias a respeito do movimento *new age* e da pós-modernidade, à história das drogas e suas formas de controle e normatização social, e assim por diante. Ao mesmo tempo, ao inscrever o seu objeto em determinado campo, o antropólogo também negocia, num espaço dialógico, poder e legitimidade para si e seu objeto de estudos.

Como tentamos mostrar ao longo deste texto, as investigações sobre as origens do Santo Daime refletem algumas das disputas ideológicas em jogo no campo religioso ayahuasqueiro e podem ser vistas como uma arena para leituras diversas e até mesmo contrastantes do culto daimista. Nesse contexto, ganham relevo as muitas lacunas ainda existentes e as dificuldades em preenchê-las. O fato de que não se pode ser completamente preciso nesse tipo de investigação não significa que nenhum tipo de precisão possa ser alcançada, como provam diversos dos trabalhos aqui citados. Esperamos que no futuro investigações mais detalhadas e rigorosas possam ajudar-nos a compreender melhor como e por que o Santo Daime se tornou o que é.

Referências bibliográficas

AMARAL, Leila. *Carnaval da alma. Comunidade, essência e sincretismo na Nova Era*. Petrópolis: Vozes, 2000.

ARAÚJO, Maria Gabriela Jahnel. *Entre almas, encantes e cipó*. Campinas, 1998. Dissertação (Mestrado em Antropologia Social) – Universidade Estadual de Campinas.

BAYER NETO, Eduardo. *O verdadeiro Inka*. Rio de Janeiro: Papel Virtual, 1999.

CAL OVEJERO, Francisco. *Relatos del Santo Daime*. Madrid: Ed. Amica (manuscrito, s. d., 159p).

CARIOCA, Jairo da Silva. *Santo Daime – a filosofia do século*. Rio Branco, Centro de Iluminação Cristã Luz Universal (CICLU), manuscrito, s. d.

CEMIN, Arneide Bandeira. *Ordem, Xamanismo e Dádiva, o Poder do Santo Daime*. São Paulo, 1998. Tese (Doutorado em Antropologia) – Faculdade de Filosofia, Letras e Ciências Humanas, Universidade de São Paulo.

DIAS JUNIOR, Walter. *O Império de Juramidam nas Batalhas do Astral, uma cartografia do imaginário no culto do Santo Daime*. São Paulo, 1990. Dissertação (Mestrado em Antropologia) – Pontifícia Universidade Católica..

FRÓES, Vera. *Santo Daime, cultura amazônica* – História do povo Juramidam. Manaus: Suframa, 1986.

GOULART, Sandra. *As raízes culturais do Santo Daime*. São Paulo, 1996. Dissertação (Mestrado em Antropologia) – Faculdade de Filosofia, Letras e Ciências Humanas, Universidade de São Paulo.

_______. Contrastes e continuidades em uma tradição religiosa amazônica, os casos do Santo Daime, da Barquinha e UDV. In: LABATE, Beatriz; GOULART, Sandra. (Org.) *O uso ritual das plantas de poder*. Campinas: Editora Mercado de Letras, no prelo.

GROISMAN, Alberto. *"Eu venho da Floresta", ecletismo e práxis xamânica daimista no"Céu do Mapiá"*. Santa Catarina, 1991. Dissertação (Mestrado em Antropologia Social9 – Universidade Federal de Santa Catarina.

HALPERIN, Daniel. Memória e "consciência" em uma religião afro-brasileira, O Tambor de Mina do Maranhão. *Religião e Sociedade*, 1999.

LA ROCQUE COUTO, Fernando de. *Santos e xamãs*. Brasília, 1989. Dissertação (Mestrado em Antropologia) – Universidade de Brasília.

LABATE, Beatriz., A literatura brasileira sobre as religiões ayahuasqueiras. In: LABATE, Beatriz; SENA ARAÚJO, Wladimyr. (Org.) *O uso ritual da ayahuasca*. Campinas: Editora Mercado de Letras, 2002.

_______. *A reinvenção do uso da ayahuasca nos centros urbanos*. Campinas: Editora Mercado de Letras, no prelo.

LABATE, Beatriz; PACHECO, Gustavo. Matrizes maranhenses do Santo Daime. In: LABATE, Beatriz; SENA ARAÚJO, Wladimyr. (Org.) *O uso ritual da ayahuasca*. 2.ed. Campinas: Editora Mercado de Letras, 2003.

LUNA, Luis Eduardo; WHITE, Steven. (Org.) *Ayahuasca Reader*. Encounters with the Amazon´s Sacred Vine. Santa Fé: Synergetic Press, 2000.

MAcRAE, Edward. *Guiado pela lua*. São Paulo: Brasiliense, 1992.

_______. O Santo Daime e outras religiões brasileiras. Texto apresentado para a 5ª ABA Norte e Nordeste, 1997.

_______. O controle do uso de substâncias psicoativas. In: PASSETTI, E.; SILVA, R. D. B. (Org.) *Conversações abolicionistas, uma crítica do sistema punitivo*. São Paulo: IBCCrim/PUC-SP, 1997.

_______. *El Santo Daime y la espiritualidad brasileña*. Quito: Ediciones Abya-Yala, 2000.

MONTEIRO DA SILVA, Clodomir. A questão da realidade Amazônica. In: MOTTA, Roberto. (Org.) *A Amazônia em questão. Anais do V Encontro Inter-Regional de Cientistas Sociais – Manaus, 1981*. Recife: Fundação Joaquim Nabuco/ Editora Massangana, (original 1981), 1985.

_______. *O Palácio de Juramidam – Santo Daime, um ritual de transcendência e despoluição*. Recife, 1983. Dissertação (Mestrado em Antropologia) - Universidade Federal de Pernambuco.

_______. O uso ritual da ayahuasca e o reencontro de duas tradições. A miração e a incorporação no culto do Santo Daime. In: LABATE, Beatriz; SENA ARAÚJO, Wladimyr. (Org.) *O uso ritual da ayahuasca*. Campinas: Mercado de Letras, 2002.

NICOLAU PARÈS, Luis. *The Phenomenology of spirit possession in the Tambor de Mina*. Londres, 1997. Tese (Doutorado) - SOAS/University of London.

PACHECO, Gustavo. *Brinquedo de cura*. Texto apresentado para exame de qualificação de Doutorado em Antropologia, Museu Nacional/UFRJ, 2002.

PANTOJA FRANCO, Mariana; CONCEIÇÃO, Osmildo. Breves revelações sobre o uso da ayahuasca. O uso do chá entre os seringueiros do Alto Juruá. In: LABATE, Beatriz; SENA ARAÚJO, Wladimyr. (Org.) *O uso ritual da ayahuasca*. Campinas:Mercado de Letras, 2002.

POLARI, Alex. *O livro das mirações, viagem ao Santo Daime*. Rio de Janeiro: Nova Era, Editora Record, 1984.

_______. Seriam os deuses lcalóides? Texto apresentado para o Congresso Internacional de Psicologia Transpessoal, Manaus, 1986.

REVISTA DO CENTENÁRIO - Edição Comemorativa dos 100 anos de Mestre Irineu. Rio de Janeiro: Editora Beija-Flor, 1992.

A medicalização da questão do uso de drogas no Brasil: reflexões acerca de debates institucionais e jurídicos

Mauricio Fiore
Universidade de São Paulo

Este ensaio busca realizar uma pequena análise da instituição da questão social das drogas[1] no Brasil por meio do olhar específico sobre o papel da medicina nesse processo. Por se tratar de um tema complexo e demasiado amplo, dividiu-se a análise em três fases: 1) a desnaturalização do problema por meio de uma pequena digressão histórica sobre o tema; 2) os marcos legais da questão das drogas no Brasil e o lugar das autoridades médicas; e 3) exemplos atuais de controvérsias no debate público sobre uso de drogas – a redução de danos e a justiça terapêutica. Apesar de lidar com a medicalização do uso de drogas, não se abordarão temáticas diretamente relacionadas ao tratamento médico dispensado a dependentes, assunto que, não obstante sua importância, escapa dos objetivos e do espaço imaginados para este estudo.

---

[1] O termo drogas será escrito entre aspas em virtude de sua controversa definição. De um ponto de vista farmacológico, droga é um termo muito amplo, que engloba qualquer "substâncias que, quando administrada ou consumida por um ser vivo, modifica uma ou mais de suas funções, com exceção daquelas substâncias necessárias para a manutenção da saúde normal" (OMS apud Leite, 1999, p.26). Ver, sobre esse assunto, o estudo de Henrique Carneiro neste livro.

A instituição de uma "questão das drogas": medicalizar e criminalizar

O consumo sistemático de substâncias psicoativas, ou seja, aquelas que de alguma forma interferem no sistema nervoso, na consciência ou na psique humana, está presente na história há milênios. Já há uma extensa literatura a ser consultada sobre as diversas maneiras pelas quais essas substâncias foram colhidas, produzidas, usadas e tratadas por diferentes sociedades ao longo da história[2] – à qual este livro, inclusive, pretende se somar. Este ensaio, no entanto, parte da constatação de que o consumo de algumas substâncias psicoativas chamadas, então, de drogas tornou-se, do ponto de vista do Estado e, de maneira mais geral, da sociedade uma questão relevante ao mundo ocidental apenas a partir da metade final do século XIX. Uma análise aprofundada desse processo revela que a constituição de um "problema social do uso de drogas" envolveu um complexo feixe de forças cujo entendimento tem que passar, em primeiro lugar, pela des-naturalização do problema como tal:

> Com efeito, os "problemas sociais" são instituídos em todos os instrumentos que participam da formação da visão corrente do mundo social, quer se trate dos organismos e regulamentações que visam encontrar uma solução para tais problemas, ou das categorias de percepção e pensamento que lhes correspondem. (Lenoir, 1998, p.62)

Ou seja, na concepção de Remi Lenoir, um problema social é, antes de tudo, um campo discursivo que envolve representações as mais diversas a respeito de fenômenos específicos. No senso comum,

---

[2] A obra *História de las drogas* de Antonio Escohotado (1998) é, sem dúvida, uma boa referência inicial ao tema.

um problema social existe simplesmente porque é um dado da realidade, algo natural, mas cabe para as ciências, principalmente as humanas, buscar compreender os mecanismos pelos quais o problema é instituído. Isso não significa desmentir ou não a existência "verdadeira", questão descabida, visto que como problema reconhecido socialmente é um fato social. "O que é constituído como 'problema social' varia segundo as épocas e as regiões e pode desaparecer como tal precisamente no momento em que subsistem os fenômenos designados por eles" (Lenoir, 1998, p.63).

Não é possível isolar um entre os diversos fatores envolvidos na transformação do uso de drogas em questão social, sejam eles religiosos, políticos, econômicos ou morais. Entretanto, pode-se afirmar com exatidão que esse processo ganhou força e se institucionalizou primeiramente nos EUA. Enumeraram-se diversas causas desse "pioneirismo" norte-americano, ainda que nenhuma delas tenha se dado lá exclusivamente: a profunda antipatia cristã por algumas substâncias antigas e os estados alterados de consciência, agravada diretamente pelo puritanismo asceta da sociedade norte-americana;[3] a preocupação de elites econômicas e políticas com os "excessos" das classes ou raças vistas como inferiores ou "perigosas"; o estímulo a determinados psicoativos, em detrimento de outros, como decorrência de interesses nacionais e econômicos.[4] Esses fatores, aos quais se poderiam somar muitos outros, engendraram um panorama propício para que, no final do século XIX, o consumo de determinados psicoativos e suas propriedades farmacológicas passasse a ser tratado como uma questão pública importante. Rodrigues (2000), ao analisar o processo de regulamentação e proibição do uso de drogas nos EUA, percebe, para além dos já cita-

---

[3] Ver, por exemplo, Escohotado (1998), Rodrigues (2001) e Carneiro (2002).

[4] Uma análise interessante sobre o processo internacional de proibição da cocaína pode ser visto em Scheerer (1993).

dos, mais um ponto fundamental: o pressuposto moralista diretamente associado à sociedade norte-americana. De fato, entidades civis norte-americanas, como a Anti-Saloon League, e até mesmo partidos com representação legislativa federal, como o Proibihition Party, influenciados diretamente por religiosos, lutaram ativamente pela supressão do "vício" – termo que englobava, na época, as bebidas alcoólicas, as drogas, a prostituição e o jogo. Assim, os EUA foram o primeiro país não só a sediar um intenso debate público, mas também instituir um aparelho burocrático exclusivo para o controle de drogas. Ainda nesse sentido, Rodrigues ressalta dois pontos importantes sobre as origens da regulamentação do uso de drogas: 1) embora os EUA tenham pressionado todos os demais países do mundo a controlarem com rigor a produção de determinadas substâncias, naquele momento principalmente a heroína e a cocaína, tal esforço se deu não apenas para exportar um modo de vida considerado ideal ou por interesses econômicos e políticos, ambos sem dúvida importantes, mas também para legitimar uma política rigorosa de controle interno do uso de drogas; 2) a xenofobia e o controle de etnias e classes tidas como "perigosas", principalmente por meio de uma vinculação direta com o uso e comércio de algumas substâncias (os irlandeses e o álcool, os negros e a cocaína, a maconha e os mexicanos e os chineses e o ópio – o que também ocorreu no Brasil, como será visto posteriormente); 3) a ciência, representada principalmente pelos médicos e profissionais de saúde, vai progressivamente apoiar e legitimar o controle do Estado sobre as drogas, veiculando pesquisas que demonstram o perigo que elas representariam, ao que se soma o crescimento do número de usuários e de dependentes de determinadas substâncias (Davenport-Hines, 2003).

Seja por pressões diretas do governo norte-americano, seja por processos internos, a preocupação com a "questão das drogas" progressivamente se expandiu por boa parte do planeta, inclusive pelo Brasil, objeto deste ensaio. Enquanto nos EUA esse processo teve início em meados do século XIX, o Brasil só será palco da transformação das drogas em uma questão social na virada para o século XX, momento em que, assim como o ocorrido no solo norte-americano, uma série de atores institucionais, estatais ou não, vai, então, se ocupar diretamente do tratamento do problema (Adiala, 1986, p.59).

O surgimento do fenômeno das drogas na modernidade esteve sempre associado a dois eixos principais: a criminalização e a medicalização:

> Problema de repressão e de incitação, a "droga", tal como é hoje o se-xo, não existiu desde sempre, sendo invenção social recente e muito bem datada. De fato, mais do que apropriar-se da experiência do uso de drogas, o que as sociedades modernas parecem ter feito foi criar literalmente o próprio fenômeno das drogas; e o criaram por duas vias principais: a da medicalização e da criminalização da experiência do consumo de substâncias que produzem efeitos sobres os corpos e que, até sua prescrição e penalização, não eram considerada como drogas. (Vargas, 1998, p.124)

Ou seja, é a partir da preocupação com a saúde e com a segurança pública, representada pela medicalização e pela imposição de penas, que as sociedades e os estados direcionaram sua atenção para a questão. Eduardo Vargas também ressalta o papel da medicina, como ciência cujo objetivo principal é postergar a morte e evitar doenças e sofrimentos, como fonte argumentativa principal do dispositivo que fundamenta o estatuto social das drogas, sejam elas lícitas ou ilícitas. De fato, foram principalmente médicos aqueles que encabeçaram a maior parte das pesquisas e de sua veiculação pública e, além disso,como bem salienta Gilberto Velho, o léxico que falas, discursos e representações sobre drogas mobilizam são provenientes prioritariamente de um repertório médico, na medida em que o drogado é, antes de tudo, considerado um doente (Velho, 1999).

O processo de consolidação da medicina como um saber cientificamente legitimado foi contemporâneo da regulamentação estatal das drogas na passagem do século XIX para o XX. Como já foi amplamente discutido pela literatura,[5] a medicina moderna se constituiu com uma vocação política intrínseca, centrada principalmente no sentido da ordenação e normatização positiva da vida social, que, principalmente com o crescimento das cidades, tomadas como um caos fecundo para todo tipo de doença, loucura e desordem, tinha a obrigação de agir. Prevenir e sanear eram tão importantes quanto tratar, e essas seriam, necessariamente, tarefas primordiais da medicina (Foucault, 1993 e 1998). Algumas substâncias, nomeadas a partir de então como drogas, propiciavam estados de loucura, comportamentos anormais e se tornavam, enfim, vícios que impediam um desenvolvimento de uma vida social saudável e regrada. Essas substâncias foram separadas de outras, cuja função terapêutica podia ser comprovada cientificamente, e que terminaram restritas sob o aval dos médicos. Configura-se, assim, aquilo que Rosen (1994) chamou de "estado terapêutico", uma espécie de pacto no qual a medicina consegue que o Estado imponha uma legislação que lhe garanta a legitimidade exclusiva de receituário e tratamento, banindo todas as outras terapias farmacológicas não-aceitas pela medicina,[6] mas, ao mesmo tempo, concede e cobra do Estado o poder de decidir e controlar quais as substâncias que poderiam continuar sendo usadas, obviamente com um grau maior ou menor de influência dos médicos.

---

[5] Ver, entre outros, Machado et al. (1978), Castel (1978), Luz (1982), Foucault (1998) e Rosen (1994).

[6] É importante lembrar que a medicina travava há séculos uma guerra contra todas as outras formas de terapia difundidas entre a população (ver, por exemplo, Montero, 1983).

Marcos legais e institucionais

No Brasil, não havia, até o final do século XIX, preocupação direta do Estado e nem a existência de um debate sobre o controle do uso de alguma substância psicoativa. Pode-se apontar, é verdade, a proibição do uso de maconha ainda no Primeiro Império, na década de 1830, como a primeira forma de controle legal sobre alguma droga no Brasil. No entanto, a bibliografia aponta para a importância, naquele momento, de um controle sobre as práticas tradicionais de um crescente contingente de população negra e miscigenada, escrava ou liberta, na capital do Império, do que o controle sobre o uso de drogas propriamente dito. A maconha, já antes de sua proibição, era diretamente associada às classes baixas, aos negros e mulatos e à bandidagem, associação que marca a simbologia do consumo dessa planta até os dias de hoje (ver, entre outros, MacRae & Simões, 2000). Evidentemente, a associação entre o uso da maconha e a cultura negra pode ser interpretada como um dos motivos que levaram, depois de quase um século, à proibição definitiva dessa planta no Brasil; nas primeiras leis vão tratar especificamente dos psicoativos. Entretanto, não era contra a planta que a corte parecia estar voltada, mas sim, contra a propagação de práticas específicas de classe e/ou raça que, de alguma maneira, eram vistas como perigosas (ver, entre outros, Engel, 1988), num Rio de Janeiro que abrigava a maior população escrava urbana do Novo Mundo (Alencastro, 1988, p.40). Um exemplo da não-preocupação direta do Estado com a planta, na época, mesmo que demasiado prosaico, é o relato de Benoit Mure, um dos médicos que introduziram a homeopatia no Brasil no século XIX. Mure relata em seus escritos que não enfrentou dificuldades para colher um pé de *Cannabis sativa*, planta da qual se origina a maconha e o haxixe, na época proibida, dentro do palácio imperial de São Cristóvão, com o objetivo de realizar experiências com o haxixe (Varga, 1995).

A semelhança entre as cronologias de regulamentação oficial do uso de drogas nos EUA e no Brasil não se deu no debate e na movimentação social a respeito do tema. Se no primeiro houve intensa organização política no sentido de cobrar do Estado o controle sistemático de diversas substâncias, principalmente o álcool, no Brasil, esse debate pode ser visto como bastante limitado até o começo do século XX. No que diz respeito especificamente à medicina, o consumo de drogas não foi tema de discussão até o século XX. A exceção é, de certa maneira, o álcool, que, dado o seu antigo e disseminado consumo, sempre foi motivo de preocupação. Entretanto, durante o século XIX, não era o álcool, substancialmente, que incomodava as autoridades médicas: o problema era o consumo desregrado, imoral e degenerante que ocorria principalmente nas camadas mais baixas da população. Numa pesquisa realizada em artigos da *Gazeta Médica do Rio de Janeiro*, entre os anos de 1862 e 1864, ficou claro que os abusos do álcool e o próprio alcoolismo eram percebidos e relacionados, naquele momento, a defeitos morais, individuais, sociais ou raciais. Ou seja, não se atribuía à própria substância grande importância, e não são raros os artigos em que médicos atribuem ao consumo contínuo de álcool (e também da nicotina, por meio do tabaco) a cura de diversos males.[7] Ou seja, no Brasil, os médicos só começa-

[7] No número 6 e 12 da *Gazeta Médica do Rio de Janeiro* (1863), são relatados casos de cura por embriaguez alcoólica. No primeiro, um garoto de seis anos acometido de té-tano é embriagado durante dias e no final controla-se a doença. No segundo, uma mulher por volta dos quarenta anos sofrendo de diversos sintomas é tratada com embriaguez por uso de vinho durante quatro dias seguidos, de onde se obtêm, segundo os médicos, grandes melhoras. No mesmo ano, mas no número 10, foram relatados dois casos de tétano nos quais foi usada, no tratamento, a nicotina. Em um deles consta que o paciente melhorou, mas veio depois a morrer; no outro, foi relatada a cura.

rão a considerar o álcool e a sua grande disponibilidade, e não o mau bebedor, como um problema no final do século XIX[8].

Esse panorama se altera significativamente após as primeiras décadas do século XX, quando as concentrações urbanas passam a ser vistas como propícias para o desregramento, a doença e o vício. A prostituição, o alcoolismo, a vadiagem e as doenças venéreas significavam obstáculos para o progresso sadio da sociedade brasileira. A sífilis, por exemplo, foi o maior investimento profilático da medicina nesse período, justamente porque o seu controle envolvia fatores de ordem moral (controle da vida sexual, higienização, prostituição etc.) da sociedade (Carrara, 1996), o que, de certa forma, consolida a inserção da medicina como um saber normatizador da vida social brasileira.[9] A medicina não agia, entretanto, de maneira unívoca e homogênea. Debates importantes eram travados entre médicos e outros membros da elite. O trabalho de Magali Engel (1988) a respeito dos discursos médicos sobre a prostituição mostra como, já no século XIX, havia tantos médicos que queriam proibir definitivamente essa prática quanto os que queriam regulamentá-la, confinando-a a locais determinados.

Quando as drogas começam a ganhar destaque, inclusive por meio dos próprios médicos, a medicina já desfrutava de ampla legitimidade

---

[8] É bom lembrar sempre que foi nos EUA que a associação entre a excessiva permissividade e disponibilidade de bebidas alcoólicas com os problemas decorrentes do alcoolismo ganhou força, em meados do século XIX. A partir daí, a medicina vai recorrentemente associar a excessiva disponibilidade de bebidas alcoólicas com um grave problema de saúde pública (para um exemplo atual, ver Laranjeira, 2001).

[9] Dois esclarecimentos são importantes. Em primeiro lugar, o processo de legitimação da medicina social brasileira é complexo e bem analisado pela bibliografia citada, sendo a sífilis um caso exemplar pelas suas particularidades, o que não exclui, por exemplo, as campanhas de saneamento, como aquelas comandadas por Oswaldo Cruz no Rio de Janeiro. O segundo esclarecimento é que a relação medicina/direito também é importante nesse processo (ver, entre outros, Carrara, 1998, e Corrêa, 1998).

social e não abrirá mão de entender a questão das drogas como uma questão médica. Com o alarde gerado em torno do consumo de cocaína, concentrado principalmente entre os jovens das classes mais abastadas, e de maconha, entre as classes mais baixas, as drogas passam a ser motivo de atenção entre as autoridades. Data dessa época, por exemplo, os primeiros artigos médicos sobre o tema no Brasil, como os de Rodrigues Dória (1915) e Francisco de Assis Iglesias (1918), discorrendo sobre o "maconhismo" e o vício na diamba (ver Henman & Pessoa, 1986).

O grande alarde em torno da questão e a adesão do Brasil à Convenção de Haia,[10] primeiro tratado internacional que estabeleceu controles sobre a venda de ópio, morfina, heroína e cocaína, levaram à primeira menção específica sobre drogas no país. Em 1914, o presidente Hermes da Fonseca edita o decreto número 2.861, cujo único artigo transcreve-se a seguir:

> Ficam aprovadas para produzirem todos os seus efeitos no território nacional as medidas tendentes a impedir os abusos crescentes do ópio, da morfina e seus derivados, bem como da cocaína, constantes das resoluções aprovadas pela Conferência Internacional do Ópio realizada em 1° de Dezembro de 1911 em Haia, e cujo protocolo foi assinado pelo representante do Brasil na mesma Conferência. (Decreto 2.861, de 8 de julho de 1914)

Em 1921, sob a presidência de Epitácio Pessoa, é formada uma comissão de médicos, juristas e autoridades policiais para propor mudanças no código penal no tocante às ditas "substâncias venenosas", entre as quais estão os "entorpecentes". Chefiados pelo juiz criminal Galdino Siqueira, estavam entre os membros dessa comissão

---

[10] Conhecida como "Convenção do Ópio", teve início em 1911 e foi ratificada em 1912. Entretanto, em razão dos desdobramentos da Primeira Guerra, sua execução só foi possível em 1921.

dois dos mais eminentes médicos da época, Juliano Moreira (diretor de assistência a alienados) e Carlos Chagas (chefe de saúde pública). Pela primeira vez, por meio do Decreto n. 4.294, a venda de ópio e seus derivados e de cocaína passava a ser punida com prisão. Além disso, a embriaguez "por hábito" que acarretasse atos nocivos "a si próprio, a outrem, ou à ordem pública" passava a ser punida com internação compulsória em "estabelecimento correcional adequado". Com um novo decreto no mesmo ano (14.969), foi tipificada na legislação brasileira, pela primeira vez, a figura jurídica do toxicômano numa legislação brasileira. Criava-se, para tratá-lo (ou corrigi-lo), o "Sanatório para Toxicômanos", e sua internação poderia ser requerida por ele próprio, pela família ou por um juiz.

Em 1932 é decretada uma nova legislação que, além de ampliar o número de substâncias proscritas, incluindo entre elas a maconha sob a denominação de "canabis indica" (Decreto n. 30.930), passou a considerar o porte de qualquer uma delas crime passível de prisão, mantendo o poder da justiça de internar o toxicômano por tempo indeterminado. Quatro anos mais tarde é criado o primeiro conselho nacional diretamente encarregado da questão, o CNFE (Comissão Nacional de Fiscalização de Entorpecentes), que tinha como um de seus atributos propor legislação que trate do tema.

Com a criação do CNFE estabelece-se um modelo de gestão governamental sobre drogas que, de certa forma, perdura até hoje. Composto por representantes de diversas áreas e órgãos governamentais, entre as quais se destacava a área da saúde, essa comissão tinha por tarefa a supervisão do controle e da repressão aos entorpecentes no país, inclusive aquelas não proscritas totalmente devido ao uso medicinal, como a morfina. O CNFE elaborou uma nova legislação, aprovada já sob a ditadura do Estado Novo, a Lei de Fiscalização de Entorpecentes (Decreto-lei n. 891 de 1938), uma lei mais rígida e detalhada. Duas novidades importantes: a fixação de uma mesma pena para o porte, para o uso ou para a venda, independentemente da quantidade apreendida, e a proibição do tratamento da toxicomania no domicílio, sendo essa considerada uma doença de notificação obrigatória cujo *status* é o mesmo de doenças infecciosas.

Os tratados internacionais que seguiram ao de Haia, já sob hegemonia norte-americana, se tornaram mais rígidos até culminarem, em 1961, com a aprovação do mais importante de todos, a Convenção Internacional Única sobre Entorpecentes. Esse tratado definiu uma lista de substâncias divididas em quatro graus de periculosidade que teriam sua existência, produção, venda e, em certo sentido, seu consumo proibidos. Essas listas classificam as substâncias não exatamente pelo potencial de toxicidade ou de risco de dependência, mas sim pela possibilidade da substância ter alguma propriedade medicinal. Assim, a morfina, por exemplo, droga considerada pela medicina como de toxicidade alta e de altíssimo potencial de dependência, é classificada pela ONU como lista I (substâncias controladas com produção oficial), perigosa, mas com possível uso medicinal. A maconha, que, segundo o consenso médico, tem toxicidade baixa, está na lista IV, aquela que compreende as substâncias proscritas – sem nenhum uso medicinal possível.[11] O Brasil assinou todos os adendos posteriores a essa convenção, que apenas viriam a acrescentar substâncias sem alterar profundamente sua estrutura.

Para se adequar aos novos tratados, um grupo de trabalho, entre os quais participava um psiquiatra (Oswald Moraes de Andrade), é nomeado pelo governo militar para elaborar um anteprojeto que, depois de revisto por uma série de ministérios, resultaria na Lei de Tóxicos, aprovada e promulgada em 1976 (Lei n. 6.368). Essa lei cria o SNPFRE – Sistema Nacional de Prevenção, Fiscalização e Repressão de Entorpecentes e o Confen (Conselho Federal de Entor-

---

[11] Informações disponíveis no *site* www.incb.org.

pecentes), um conselho nos mesmos moldes da CNFE.[12] A Lei deTóxicos obriga que todas as pessoas, físicas ou jurídicas, colaborem na erradicação do uso de substâncias ilegais e passa a considerar a dependência física e psíquica, que deve ser determinada por critério médico para decisão da justiça. A internação deixa de ser obrigatória, sendo substituída pelo tratamento. Além disso, divide as penalidades previstas para quem porta a substância para vender (Art. 12) e quem porta para consumo próprio (Art. 16). Apesar da pena mais branda para quem infringe a segunda norma, ambas prevêem detenção como pena. A Lei de Tóxicos é, no jargão jurídico, uma "norma penal em branco", ou seja, cuja regulamentação é de responsabilidade dos órgãos competentes. Nesse caso, as decisões sobre quais substâncias devem ser proibidas ou controladas ficam a cargo do Ministério da Saúde (Toron, 1986). A atual legislação permanece conferindo ao órgão competente do ministério, no caso a Anvisa (Agência Nacional de Vigilância Sanitária), a tarefa de regulamentar quais substâncias devem ser proibidas ou controlados no país. Isso se constitui numa importante controvérsia jurídica entre as autoridades sanitárias e o poder legislativo, visto que a legislação brasileira estaria vinculada aos tratados internacionais dos quais o Brasil é signatário, o que exigiria a aprovação do Senado para a devida denúncia.[13] A nova Lei n. 10.409, que havia sido aprovada pelo Congresso Nacional, teve, além de diversos ar-

---

[12] Uma diferença importante é que cabia obrigatoriamente ao diretor de Saúde Pública a presidência do CNFE, o que não era previsto para o Confen, que foi regulamentado pelo Decreto n. 85.110 de 1980.

[13] Denúncia é o termo usado em direito internacional para a comunicação de abandono de um tratado. Este debate jurídico, bastante controverso, não será explorado aqui. Apenas a título de exemplo, Rodrigues (2001) defende que cabe ao país decidir se permanece ou não nas convenções das quais é signatário, o que contradiz a idéia de que, caso alterasse sua legislação sobre drogas, o Brasil enfrentaria sérios problemas no âmbito do direito internacional.

tigos, um capítulo inteiro vetado pelo presidente Fernando Henrique Cardoso antes de sua promulgação, em 2002. O terceiro capítulo, justamente o que tratava das penas, foi vetado e, por isso, permanece vigorando, no que diz respeito às penas, a antiga Lei de Tóxicos.

Do ponto de vista da organização institucional da, por falta de um termo melhor, "política de drogas no Brasil" é possível verificar que, ao menos quantitativamente, é pequena a participação de médicos e autoridades sanitárias nos atuais órgãos governamentais voltados à questão. Como já foi mencionado, no CNFE, a direção da política de drogas ficava a cargo de autoridades da área da saúde, prática extinta com a criação do Confen em 1980. A última alteração institucional importante veio com o Decreto n. 2.632 de 1998, que criou a Senad[14] (Secretaria Nacional Antidrogas) e o Conad (Conselho Nacional Anti-Drogas). Os dois juntos formam o Sistema Nacional Antidrogas, que tem por meta

> planejar, coordenar, supervisionar e controlar as atividades de prevenção e repressão ao tráfico ilícito, uso indevido e produção não autorizada de substâncias entorpecentes e drogas que causem dependência física ou psíquica, e a atividade de recuperação de dependentes.

A Senad, o órgão do executivo federal máximo antidrogas, ligado diretamente ao gabinete de segurança institucional do presidente da República, teve sua criação inspirada no DEA (Drugs Enforcement Administration), órgão do governo norte-americano que controla a política e a repressão às drogas. No entanto, a Senad não conseguiu

---

[14] Até hoje, foram nomeados três secretários nacional antidrogas: um jurista e dois militares de carreira, sendo um deles o atual secretário. Com o novo governo eleito em 2002, muitas especulações têm sido feitas, mas a estrutura do órgão não foi modificada.

centralizar o comando da repressão ao tráfico e tem se limitado, até o momento, ao financiamento ou divulgação de pesquisas de prevenção ao uso drogas. É importante mencionar, no entanto, que a Senad vem progressivamente aumentando a importância dada a estudos médico-epidemiológicos, como o "I Levantamento Domiciliar Sobre o Uso de Drogas Psicotrópicas no Brasil", realizado pelo Centro Brasileiro de Informações sobre Drogas Psicotrópicas da Universidade Federal de São Paulo.

Já o Conad, que substituiu o Confen (Conselho Federal de Entorpecentes) em 1998, pouco mudou sua estrutura: um conselho multiministerial que privilegia representantes do aparato policial/repressivo. No Conad, um representante do Ministério da Saúde e um da AMB (Associação Médica Brasileira) estão entre os treze membros. Nos conselhos estaduais, os Conen, essa proporção pouco se altera.[15] A Senad tem incentivado os municípios a criarem seus Comad (Conselhos Municipais Anti-Drogas) seguindo o modelo do Conad. A Prefeitura de São Paulo, por exemplo, aprovou em 2001 a criação de um Comad no município, mas o rebatizou como Conselho Municipal de Políticas Públicas para Álcool e Drogas.[16] Entretanto, a composição do conselho é pouco diferente do formato do Conad, excetuando-se o maior espaço dado aos representantes da chamada sociedade civil.[17]

---

[15] Se no Conad a proporção de médicos é de cerca de 23%, no Conen-SP, essa proporção pode chegar, no máximo, aos 25%.

[16] Esse novo nome pode ser interpretado como um enfrentamento contra a política de drogas do então presidente Fernando Henrique Cardoso, que utilizava na Senad a terminologia identificada como proibicionista de órgãos norte-americanos, como o DEA (Drugs Enforcement Administration).

[17] Trata-se principalmente de representantes de Comunidades Terapêuticas, igrejas, ONGs etc.

Exemplos de controvérsias médicas no debate público contemporâneo sobre uso de drogas

Embora não detenha as posições de comando do ponto de vista institucional, os médicos têm ganhado cada vez mais preponderância no debate público sobre uso de drogas no Brasil. Assunto complexo, a participação dos médicos no debate público escapa dos objetivos deste ensaio.[18] Comumente, toma-se a medicina ou os discursos médicos como homogêneos ou simplistas. Ao contrário, a lógica e a percepção médica sobre o uso de drogas não só é bastante heterogênea, como também traz para o debate questões fundamentais. Apenas para esboçar esse debate, dois temas controversos que mobilizam e dividem a todos os envolvidos com a questão serão tomados do prisma de alguns médicos com participação central no debate público: a redução de danos e a justiça terapêutica.

Redução de danos (RD) é uma expressão polissêmica e defini-la é, a partir da observação do debate público, assumir posicionamentos a respeito da questão das drogas como um todo. No Brasil, a maneira pela qual a mídia abordou a RD terminou por tornar popular a sua relação com a troca de seringas, ou melhor, com a distribuição de seringas para usuários de drogas injetáveis com o objetivo de prevenir a proliferação do vírus HIV e de outras doenças entre o grupo consumidor de heroína e cocaína adeptos dessa via de administração. Alguns médicos também relacionam a RD quase que exclusivamente com essa política:

> Olha, de redução de danos que eu conheço são essas campanhas de seringas, que é para distribuir seringas para prevenção no drogado para

---

[18] Esse assunto é o tema de minha pesquisa de mestrado, ainda não finalizada e da qual se extraiu a maior parte deste ensaio.

que ele não pegue Aids. É válido, isso não é estímulo para outras pessoas irem para aquele vício. (Fábio[19])

De fato, se tomarmos como base o momento em que o conceito de RD começou a ser utilizado e defendido por alguns movimentos sociais europeus no começo da década de 1980 – durante o choque do crescimento da epidemia de Aids –, pode-se associá-la formalmente aos programas de troca de seringas e à substituição de heroína por similares (mais comumente a metadona) no tratamento dos dependentes dessa substância, principalmente nos Países Baixos e no norte da Europa.[20] Mas se a utilização do termo RD pode ser situada historicamente com um bom nível de precisão, o mesmo não ocorre com a cronologia de seus pressupostos, ou melhor, com a origem da "filosofia" sobre a qual a RD se construiu. Ora associada a políticas específicas ora associada a uma forma de abordagem menos restrita se comparada à saúde pública tradicional, suas origens são controversas. Os pesquisadores e profissionais que se autodefinem como vinculados à RD tendem a defender a segunda concepção, ou seja, consideram-na como uma forma racional e humanista de saúde pública que engloba, além das ciências médicas, a psicologia, as ciências sociais etc.; para esses, a filosofia que norteia a RD não está apenas em políticas pontuais recentes, como a troca de seringas. Abrams e Lewis (ver Marlatt, 1999),

---

19 As falas de médicos citadas aqui foram colhidas em entrevistas. Os médicos entrevistados foram escolhidos entre as maiores instituições ligadas à questão das drogas ou porque são aqueles com presença mais freqüentes no debate público. Os nomes apontados aqui são fictícios, para preservá-los.

20 A utilização de outras substâncias psicoativas para tratar os dependentes é bem anterior a essa data. Freud, por exemplo, foi um dos pioneiros desse tipo de tratamento ao receitar para os dependentes de morfina uma substância que acreditava conter exclusivamente propriedades benéficas, a cocaína. Entretanto, posteriormente ele mesmo julgou esse empreendimento malsucedido. (ver Freud apud Escohorado, 1998, p.69-73, e Cesarotto, 1989).

por exemplo, consideram que Hipócrates e seus discípulos delinearam o que viria a ser, depois de mais dois milênios, o princípio da RD, ao estabelecerem o princípio do ofício médico como o *primum non nocere* (primeiramente não cause danos). Ou seja, qualquer tipo de cuidado ou terapia deveria, antes de tudo, evitar que o tratamento pudesse ser mais danoso do que o próprio mal a que o paciente estivesse acometido. Outro marco histórico da RD seria a política inglesa de controle do ópio durante o século XIX, baseada na distribuição gradualmente menor do próprio ópio aos dependentes, também vista como a primeira experiência política prática de RD.[21]

O debate em torno da RD se tornou mais denso e polêmico desde a vitória do PT na eleição para o governo federal, em 2002. O PT foi o percussor, no Brasil, de políticas cuja inspiração era a RD aplicada na Europa (um exemplo foi dado pela Prefeitura de Santos, em 1988). Assim, setores vinculados à RD passaram a pressionar por alterações à política de drogas do governo anterior, o que também mobilizou setores contrários à mudança. Esse embate, que envolve uma série de interesses institucionais e políticos cuja análise cuidadosa ainda está por se realizar, continua ocorrendo e, até agora, pode se dizer que os defensores da manutenção da atual política vêm logrando êxito, pois nenhuma mudança significativa foi encaminhada. O interessante, para o momento, é notar que, à primeira vista, poderia se tomar essa disputa como uma cisão entre opositores e defensores da RD. Entretanto, trata-se de um debate que se concentra muito mais sobre o que seria, de fato, uma política de RD. Por exemplo, em um documento que visa resumir as posições da ABEAD e da ABP (Associação Brasilei-

---

[21] Comunicação oral do médico Fábio Mesquita, membro do programa DST/AIDS da Prefeitura de São Paulo e um dos pioneiros da redução de danos no Brasil, no Seminário sobre Redução de Danos, realizado pelo Fórum de Políticas Públicas de Álcool e Drogas do Município de São Paulo em 7.5.2002.

ra de Psiquiatria), assinado por diversos médicos envolvidos com a questão, uma definição científica de RD é defendida como contraposição a uma maneira "ideologizada" de concebê-la. Esses médicos poderiam ser, *grosso modo*, identificados como contrários à RD, mas, na verdade, consideram-se os defensores do que seria uma verdadeira RD, tida como boa alternativa para o tratamento de usuários e dependentes de drogas, em oposição às tais concepções ideologizadas, que esconderiam outros interesses, como a mudança radical da legislação sobre o tema. Assim, tem-se uma disputa que se estabelece, antes de tudo, pelo conceito de RD, cuja definição passa por uma série de pressupostos e posições de médicos sobre o uso de drogas.

Um desses pressupostos, definidos por médicos que se identificam com a RD como diferença fundamental com relação a uma outra forma de medicina, é o pragmatismo ou o realismo na abordagem ao uso de drogas (Nadelman, 1997), ou seja, uma estratégia "baseada em fatos e não em crenças" e que observa tanto "conseqüências positivas quanto negativas" do uso de drogas.[22] A idéia seria contrapor-se a um conjunto de políticas e práticas médicas tradicionais que, com um único objetivo imperioso – a eliminação do uso de drogas sem fins terapêuticos, ou seja, a abstinência –, falharam e, mais do que isso, terminaram por aumentar o número de dependentes. Essas políticas e legislações também teriam propiciado a formação de um contexto social e político discriminatório contra os usuários de drogas, marginalizando-os e empurrando-os para um mercado ilegal extremamente violento que ameaça a sociedade como um todo. Alan Marlatt (1999), um dos principais teóricos da RD no cenário internacional e com decisiva influência no debate brasileiro, considera que existem duas formas possíveis de abordagem da drogas: "os modelos moral/criminal

[22] Informe do Programa de Redução de Danos da Prefeitura de São Paulo (PRD/SAMPA).

e de doença do uso e da dependência de drogas" (ibidem, p.45). O primeiro seria aquele que considera o uso de drogas como moralmente incorreto e passível de punição, e o segundo, aquele que considera a dependência como uma doença que deve ser combatida, evitando-se, com isso, que as pessoas comecem a consumir drogas. Ambos seriam os contrapontos de uma política de redução de danos cujos defensores:

> desviam a atenção do uso de drogas em si para as conseqüências ou para os efeitos comportamentos do comportamento aditivo. Tais efeitos são avaliados, principalmente, em termos de serem prejudiciais ou favoráveis ao usuário de drogas e à sociedade como um todo, e não pelo comportamento ser considerado, em si, moralmente certo ou errado. Além disso... a redução de danos oferece uma ampla variedade de políticas e de procedimentos que visam reduzir as conseqüências prejudiciais do comportamento aditivo. A redução de danos aceita o fato concreto de que muitas pessoas usam drogas e apresentam outros comportamentos de alto risco, e que visões idealistas de uma sociedade livre de drogas não tem quase nenhuma chance de se tornarem realidade. (ibidem, p.46)

O texto de Marlatt define a visão pragmática da RD: acreditar que um dia o ser humano não mais usará drogas é uma grande ilusão. Isso oporia defensores e opositores da RD, mas em nenhum momento da pesquisa pode ser captada alguma fala ou texto dos médicos pesquisados que vislumbre como real a possibilidade da eliminação do uso de drogas sem fins terapêuticos. Pelo contrário, diversas falas ressaltavam que esse não é um objetivo viável:

> Está na história do homem, está na bíblia, sempre tem um uso de alguma substância psicoativa. Acho que o papel da medicina seja talvez retardar este primeiro contato com as drogas, entre as crianças e os adolescentes, ou seja, permitir ainda um período de formação e desenvolvimento sem a *contaminação* ou eventuais prejuízos no uso dessas substâncias.

Eu acho que cabe ao médico, cada vez mais, alertar os pacientes dos riscos, mas os pacientes é que escolhem no final. (Regina)

Eu acho que tem que se investir mais em prevenção. Eu acho que em educação, educação afetiva, por programas dentro das escolas e empresas, porque se o indivíduo quer usar, ele vai usar. Álcool, nicotina e as ilícitas sempre existiram e sempre vão existir, faz parte da estrutura. (César)

Os médicos citados não são, em princípio, ligados à RD, mas compartilham o pragmatismo que seria defendido pelos seus defensores como um grande diferencial. Ou seja, parece não ser o pragmatismo o grande divisor entre RD e uma medicina tradicional no que tange o uso de drogas. A diferença, ao que parece, está na forma como se vê esse uso. Uma comparação feita comumente pelos defensores mais radicais da RD é entre o consumo dessas substâncias e as práticas sexuais: ações que não podem ser evitadas, mas que envolvem riscos que podem e devem ser evitados. Outros médicos, no entanto, se co-locam completamente contrários a essa comparação, posto que o uso de drogas, diferentemente do sexo, não seria uma ação natural e/ou necessária, sendo, portanto, desprovida de sentido, arriscada e sem benefícios palpáveis:

Porque não tem, mais uma vez, na visão médica clássica, eu não consigo ver, como médico, assim... um benefício, francamente, no uso de drogas pela sociedade...

Não, não acho não (sobre a possibilidade de não haver mais uso de drogas). Acho que o uso de drogas faz parte da nossa cultura, eu acho que precisamos nos adaptar a isso daí. (Paulo).

Esse trecho da entrevista de um médico que não se considera adepto da RD traz à tona um elemento importante: o pressuposto, bastante comum na medicina, que define qualquer ação que não traz nenhum benefício e, além disso, acarreta algum dano, como completamente dispensável. O próprio Marlatt parte do pressuposto que não se deve perder de vista o ideal da abstinência:

> A redução de danos reconhece a abstinência como resultado ideal, mas aceita alternativas que reduzam os danos. (Marlatt, 1999, p.47)

Ou seja, apesar da impossibilidade real de se alcançá-la, a abstinência seria o resultado ideal de uma política de saúde pública. Mas esse não é um consenso entre aqueles que se identificam com a RD. Para além do pragmatismo, outros segmentos desse pensamento consideram que a erradicação do uso de drogas poderia ser, além de inviável, indesejável, posto que a humanidade sempre "usou substâncias psicoativas com as mais variadas e importantes finalidades" (MacRae & Gorgulho, s.d., p.4). Esse tipo de posicionamento, entretanto, não é comum entre médicos, mesmo entre os ligado à RD, que, a despeito de não enxergarem no consumo dessas substâncias algo negativo em si, dificilmente falam da existência de um lado positivo.

O campo de disputa parece sediar muito mais diferentes concepções envolvendo a própria definição do que seria uma verdadeira política de RD – do que opositores ou defensores. A ruptura estaria, portanto, muito menos ligada a uma visão pragmática, de certa forma compartilhada por todos os médicos, do que a uma diferenciação conceitual polifônica, na qual nem mesmo aqueles que se empenham em defender a RD partem dos mesmos pressupostos. O centramento no pragmatismo também pode representar, ao que parece, uma estratégia discursiva que possibilita aos médicos identificados com a RD se contraporem às críticas e interdições com que são recebidos no debate público, posto que, num contexto de "guerra às drogas", são freqüente as acusações de simpatia ou tolerância a seu uso.

Tal estratégia transfere a lógica do debate para uma outra disputa, a da eficiência: a prova do equívoco da política e medicina tradicionais é a ineficiência na redução do consumo e da violência. De uma divergência cabal, o debate é transferido para uma divergência de meios com relação a um fim, justamente aquele que pode ser socialmente aceito: uma política eficiente de combate às drogas. Como foi dito anteriormente, estamos em um campo de disputas em que as posições são continuamente travadas não apenas por meio de conceitos, mas pelos conceitos.

A justiça terapêutica e as mudanças na legislação

Uma das idéias que têm sido debatidas nos últimos anos é o que se convencionou chamar, no Brasil, de justiça terapêutica, nome nacionalizado para uma legislação norte-americana que criou cortes especiais para usuários de drogas, as *drugs courts*. O próprio nome é bastante interessante, já que conjuga num mesmo termo dois conceitos:

> O conceito de justiça engloba os aspectos do direito, legais e sociais, enquanto o termo terapêutica, relativo à ciência médica, define tratamento, e reabilitação de uma situação patológica. Assim sendo, a nomenclatura justiça terapêutica consagra os mais altos princípios do direito na inter-relação do Estado e do cidadão, na busca da solução não só do conflito com a lei, mas conjugadamente aos problemas sociais de indivíduos e da coletividade, nas doenças relacionadas ao uso consumo de drogas". (Silva, s.d., p.4)

Representa-se, assim, a doença que será tratada por meio de uma justiça que não pretende mais punir, mas busca, agora, tratar (ibidem). Nesse modelo, cujos defensores no Brasil se organizaram em uma associação,[23] o indivíduo surpreendido com drogas ou que cometeu al-

[23] A Associação Nacional de Justiça Terapêutica foi fundada em novembro de 2000. Seu presidente, Ricardo de Oliveira Silva, autor do texto citado, é representante da Associação Internacional de Cortes de Drogas e funcionário do Ministério Público do Rio Grande do Sul. Essa iniciativa conta com o apoio, e, especula-se, o financiamento do governo norte-americano através de sua embaixada no Brasil.

gum crime sob suposto efeito de drogas, será julgado por uma vara especial[24] e pode receber como pena, em vez de um período de prisão ou liberdade restringida, um tratamento compulsório, no qual deve-se manter afastado de qualquer outra substância ilegal (ou até mesmo legal, como o álcool). Para a averiguação da efetividade desse tratamento, o indivíduo deve se submeter a freqüentes avaliações médicas e realizar, inclusive, exame de sangue laboratorial. Esse modelo de legislação é duramente criticado pelos médicos ligados à RD:

> Justiça terapêutica eu acho um tremendo engano. Primeiro a mensagem que passa: não é simplesmente uso, são delitos que se a pessoa alegar que estava sob efeito de substância, fica em suspenso o julgamento e ela vai para tratamento. Mensagem que isso passa: você tira a culpabilidade, você iguala o roubo ao uso. Uma das principais coisas que a gente tenta trabalhar com o dependente é responsabilizá-lo pelo que ele faz. Você roubou porque você roubou... Segundo, a mensagem que você está passando: usuário e bandido é a mesma coisa... Você igualou, isso eu acho um retrocesso. Número três: você vai colocar o terapeuta na posição de agente duplo. Você tem que fazer um vínculo de confiança com o dependente. Ele está aí para o bem do dependente... Como é que o dependente vai confiar nele se o terapeuta vai fazer exame e vai dedar para o juiz. (Raquel)

Outra parte dos médicos não considera, em tese, a justiça terapêutica ruim. Faltariam, na verdade, meios de colocá-la em prática num país com carência de estrutura e recursos na área de saúde como o Brasil:

> Acho que essa é uma alternativa a prisão que é sempre bem-vinda, não colocar as pessoas na prisão por um comportamento que não está lesando

---

[24] As varas especiais estão previstas na legislação brasileira, mas sua implementação no que diz respeito ao caso de uso e tráfico de drogas ainda é polêmica entre o meio jurídico (para uma visão geral do assunto, ver Gaio, s.d.).

o outro... Teoricamente ele deveria funcionar, a idéia é atraente. Onde estariam sendo tratadas estas pessoas, eu não conheço nenhum lugar com estrutura... Nos EUA eles mandam, mas eles têm ambulatório específico, tem controle de urina para ver se a pessoa está usando ou não está usando, tem assessoria jurídica dos profissionais de saúde, você tem toda uma estrutura para tornar a coisa eficiente. (Antônio)

Para fazer isso aí precisaria de uma estrutura adequada, o que não tem nesse país, quer dizer, nem para quem quer tem estrutura, quer dizer, fazer compulsoriamente... isso é mais uma enganação que está havendo aí, para dizer, estão mexendo nas drogas, mas é uma enganação, sem dúvida. (Pedro)

Ou seja, para o conjunto de médicos pesquisados, a justiça terapêutica é uma possível alternativa para uma mudança necessária na legislação a respeito do uso de drogas. Mas, mesmo entre os médicos distantes da RD, o tratamento compulsório está longe de ser unanimidade. Grupos de ajuda mútua, como o AA, poderiam ser o modelo para esse tratamento compulsório:

Tratamento compulsório em terapia não funciona: "Sinta-se livre para falar", não! Agora, que ele freqüente um grupo, obrigatoriamente, com entrada e saída, num grupo de auto-ajuda, AA, ele entrou às 8 horas e saiu às 10 horas todas as noites, aí vale a pena. Aí não é terapia, é grupo de auto-ajuda. (Fábio)

Mesmo que os médicos sejam quase unânimes em considerar a motivação própria como o ingrediente mais eficaz de um tratamento, há, para muitos deles, validade no tratamento compulsório:

Eu sempre lembro que o tratamento tem sucesso com a motivação do indivíduo para parar... (sobre o tratamento compulsório) Eu não sei, eu acho que não é a melhor forma, mas é uma forma, acho que é válido, mas tem que esperar um pouquinho para ver. (César)

> O fato de o paciente estar vindo aqui obrigado pela justiça, pela esposa, pelo filho, tudo isso, por mais que a gente goste de imaginar que só tem saída quando o paciente está motivado e tal, essas são motivações possíveis. O fato de você ter a polícia no seu pé, você tem que se apresentar mês em mês, dizer que você está fazendo tratamento, é mais uma razão para manter esse cara em tratamento. (Guilherme)

> Eu espero que funcione. A minha experiência com tratamento compulsório, principalmente com jovens, é muito positiva. (Regina)

Parece claro que, ao considerar a idéia de um tratamento compulsório uma solução possível para a mudança na legislação, mesmo com eficácia reduzida, esses médicos consideram que o ato de consumir alguma dessas substâncias controladas deve ser, de alguma forma, regido pela lei. Além disso, a posição a favor de que qualquer usuário flagrado com drogas deva ser submetido a tratamento pressupõe que todos têm, na verdade, algum tipo de patologia. Ou seja, apesar de produzirem discursos, que num primeiro momento são contrários à criminalização do usuário, os médicos que admitem o tratamento compulsório ou a justiça terapêutica como um possível modelo de legislação consideram praticamente inaceitável a tolerância legal para com uma prática arriscada e danosa. Os únicos médicos que se mostraram decididamente contrários a qualquer forma de tratamento com-pulsório foram aqueles ligados à RD, para os quais o consumo de drogas pode se tornar um problema para o usuário e para a sociedade, mas não é um problema em si e, portanto, não deveria ser punido por lei.

Assunto diretamente relacionado às divergências entre as diferentes concepções de médicos mais ou menos identificados com a RD, o pressuposto da liberdade do indivíduo em consumir drogas, no que diz respeito à legislação, é revelador. Para os primeiros, o uso de drogas é concebido como um comportamento de risco cujos danos devem ser minimizados por meio do esclarecimento e do suporte técnico ao indivíduo, e este teria o direito de optar pelo risco. Sendo assim, os médicos ligados à redução de danos engrossam as fileiras dos defensores de reformas legais que garantam, no mínimo, o direito de consumir sem ser enquadrado em algum tipo de transgressão legal. Evidentemente, não se devem tomar como equânimes os discursos, nem do lado da RD nem de um outro, mas, *grosso modo*, os médicos contrários a essa posição levantam uma série de problemas que a tolerância legal ao uso poderia trazer. O principal seria um aumento generalizado do consumo de substâncias "perigosas" e cujo consumo pode trazer sérias conseqüências à saúde pública em curto, médio e longo prazos.

> Não faz sentido você colocar todo usuário de drogas na cadeia, mas também você legalizar e achar que todas as drogas possam ser consumidas em todos os lugares sem nenhum tipo de sanção não é verdade, porque nos países que mais legalizaram aumentou o consumo, existe uma tendência de acontecer isso, com os países europeus que relaxaram em relação a maconha, por exemplo, aumenta o consumo.[25] Isso realmente é um problema, o consumo vai sempre aumentar problemas, você tira um problema legal mas você vai criar um problema de saúde pública, então é difícil você saber a solução claramente aí. (Antônio)

A preocupação do médico, nesse caso, é com o aumento do consumo que o possível relaxamento das punições ao usuário poderia trazer. A preocupação com a epidemiologia do uso de drogas, ou seja, com um aumento no nível de consumo da substância, no caso a maco-

---

[25] Provavelmente o médico se refere ao exemplo da Holanda, país que não prioriza e chega a tolerar a venda e consumo de maconha e haxixe. Nesse caso, os dados revelam que depois da mudanças legais de fato houve um aumento do consumo, mas mesmo com esse aumento, os índices holandeses são muito menores do que países que mantêm proibidos o uso e a venda, como os EUA. Dados disponíveis no site da embaixada holandesa no Brasil.

nha, sobrepõe-se a preocupações de direito individual que sequer são citadas. As considerações sobre direito são tratadas como problemas legais. Pelo lado da RD, a preocupação com possíveis conseqüências à saúde pública também está presente, mas a mudança da legislação com relação à punição do usuário é vista como urgente e necessária:

> Eu acho que o maior problema da maconha hoje em dia, o maior risco é o risco de você ser preso... Se eu tiver que falar para o meu filho "não use maconha", é por esse motivo, "não use maconha porque você vai ser preso". E não pelos riscos em potencial da maconha, que são muito pequenos. Tem condições de propiciar uma forma de uso protegida, de baixo risco. Então eu acho que a descriminalização do usuário, do uso, é uma coisa que a gente já está atrasado 20, 30 anos, já tinha que ter feito há muito tempo. (Afonso)

O limite para uma tolerância ampliada do consumo de drogas pela lei esbarra, para os defensores da RD, na ausência de conscientização da população para os riscos que ele proporciona, além da falta de estrutura para o tratamento de dependentes. Assim, a velocidade das mudanças deve ser proporcional ao aumento dessa conscientização; entretanto, a direção destas mudanças é clara: não punir o usuário.

> Na verdade a gente precisa maturar toda a sociedade para um dia a pessoa, se quiser usar drogas, ela tenha a liberdade de usar... Você precisaria ter pessoas com o nível educacional alto, quer dizer, sabendo os efeitos das drogas. Precisaria ter um sistema de saúde bom para arrebanhar as pessoas que eventualmente ficassem dependentes. (Pedro)

A RD se opõe às políticas que proíbem e combatem as drogas, considerando que, além de não conseguirem reduzir seu consumo, terminam por permitir que um mercado paralelo ameace o Estado e a sociedade de maneira violenta. Do outro lado, o argumento é que o tráfico pode ser combatido duramente pelo Estado e que, o que seria mais importante, pode-se reduzir a demanda pelas drogas por meio de grandes investimentos na área de prevenção ao uso. O próprio uso pode ser encarado como uma violência e é uma legislação mais incisiva a apropriada:

> Então quando eu começo a ver uma tendência de descriminalizar, com objetivo de "a gente vai diminuir a violência porque diminui o contato com o traficante", essas coisas todas. O problema é que não é só o contato com o traficante que gera violência, a própria alteração com-portamental causada pelo uso da substância já causa violência. Então eu vejo hoje uma certa contraposição, um confronto, porque o álcool sabidamente causa grandes prejuízos, mas é aceito, não é tão recriminado, e talvez, até por isso, a gente venha tendo tanto problema entre os jovens com o consumo de álcool. E eu vejo que o caminho não é o contrário, "há, vamos liberar a maconha também", mas deveria ser um efeito contrário, vamos controlar mais outras drogas que são lícitas, ou que são aceitas, ao invés de liberar tudo. Acho que a gente tem que ter mais restrição, e não o contrário. (Regina)

> Eu acho que se o Estado não dá conta nem daquelas drogas que já liberou, então não vejo motivo para liberar outras drogas que dão problemas, não iguais, lógico, cada um tem um tipo de problema diferente. A sociedade não está dando conta da violência que existe, e vai liberar uma drogas que favorece a violência. (Fábio)

Assim como no caso do pragmatismo discutido anteriormente, a estratégia mais usada pelos defensores da RD tem sido a de indicar o fracasso das políticas ditas repressivas. Uma hipótese que pode explicar as estratégias dos defensores da RD é que, num debate público marcado por interdições e incitações (Vargas, 2001), os discursos têm que ser construídos de maneira filtrada pelos seus próprios emissores, com o intuito principal de impedir que sua posição seja considerada radical ou, até mesmo, que esteja do lado das drogas. Assim, o debate em torno da legislação focaliza sua eficiência, sem dúvida uma divergência importante, mas, numa análise mais profunda, esconde um dissenso central: diferentes concepções sobre liberdades individuais frente aos riscos sociais. Uma das principais cisões entre os médicos está na supervalorização do bem-estar social e na sobreposição da sociedade sobre o indivíduo – preocupação com a saúde pública, de um lado, e de outro, a pautada por pressupostos do direito individual. Esse esquema, um pouco simplista, fica mais nítido na digressão de um médico a respeito da tolerância da legislação holandesa com relação ao consumo de algumas substâncias:

> A gente tem que admitir que a maioria dos usuários de drogas não tem problemas com elas, na maioria das drogas... Então, muito bom para essas pessoas que não têm restrições de pontos de venda, que eles possam beber em qualquer lugar... mas para quem é dependente é péssimo. E aí a gente vai fazer uma escolha política, para quem a gente está legislando, para a maioria que não tem problema nenhum, e sem dúvida dá mais votos... ou para a minoria que vai ter problema, uma questão biológica, ou social que seja. Eu acho que a gente tem que legislar pensando nessa minoria... O programa da Holanda é um programa muito bom para essa maioria, mas não resolve... Eu fico pensando em outras possibilidades, porque assim, para uma parte da população isso pode ser muito bom, mas para outra parte da população pode ser um inferno. A questão é essa, quer dizer, a gente abre mão do controle, a se a gente tiver um controle paralelo, a gente tiver uma coisa que define que tais e tais pessoas não podem entrar nessa área, porque para eles faz muito mal. Porque essas pessoas precisam de um controle externo, com controle interno elas não conseguem lidar. (Guilherme)

Na fala desse médico, o dilema entre cuidar da sociedade, tarefa da medicina, e garantir a liberdade do indivíduo, questão externa à medicina, está colocado de maneira dramática. Enquanto diversos médicos citados anteriormente se colocavam *a priori* contra uma reforma legal que, na experiência holandesa, teria aumentado o consumo de drogas, este outro, indeciso entre algo que considera bom para uma grande parte da sociedade e ruim para uma pequena parte, termina optando por um controle que defina de antemão quem está em qual parte. Existem aqueles que, caso usem drogas, trarão problemas para si e para a sociedade e, portanto, deveriam ser impedidos. Entretanto, a atual legislação brasileira, que impede a todos de fazê-lo, leva os indivíduos que não têm e, em certo sentido, não terão problemas, a freqüentar um mundo ilegal e perigoso. Nessa linha de argumentação, entende-se melhor por que boa parte dos médicos cobra um controle sobre o comércio e o consumo de álcool e do cigarro: controle dos pontos de venda, aumento de preço via tributação, restrição de locais e horários etc. Deve-se limitar ao máximo que indivíduos sabidamente "problemáticos" tenham contato com as substâncias que podem lhes fazer tão mal.

A título de uma breve conclusão, foi ressaltado, neste ensaio, a importância de desnaturalizar a questão das drogas e compreender melhor os processo social de sua instituição histórica. A medicina, posto que uma das bases da constituição do fenômeno foi sua medicalização, teve papel fundamental, seja do ponto jurídico seja do ponto de participação do debate público. Essa participação não pode ser tomada de maneira unânime e sim expressa nas controvérsias que movimenta, fundamentais para compreender os mecanismo pelos quais as políticas e as legislações são instituídas e transformadas.

Referências bibliográficas

ADIALA, Julio César. A criminalização dos entorpecentes. In: *Papéis avulsos, crime e castigo.* Rio de Janeiro: Fundação Casa de Rui Barbosa, 1986. v.1.

ALENCASTRO, Luis Felipe de. Proletários e escravos, imigrantes portugueses e cativos africanos no Rio de Janeiro, 1850-1872. *Novos Estudos Cebrap*, n.21, 1988.

ASSOCIAÇÃO BRASILEIRA DE PSIQUIATRIA & Associação Brasileira para Estudos de Álcool e Drogas. *Redução de Danos, posições da ABP e da ABEAD.* s. l: s. n., s. d. (Mimeogr.)

CARLINI, E. A. et al. *Primeiro levantamento domiciliar sobre o uso de drogas psicotrópicas no Brasil – 2001.* São Paulo: Cebrid/Unifesp, 2002.

CARNEIRO, Henrique. *Filtros, mezinhas e triacas, as drogas no mundo moderno.* São Paulo: Xamã, 1994.

CARRARA, Sérgio. *Tributo a Vênus.* A luta contra a sífilis no Brasil, da passagem do século aos anos 40. Rio de Janeiro: Editora Fiocruz, 1996.

_______. *Crime e loucura, o aparecimento do manicômio judiciário na passagem do século.* Rio de Janeiro, São Paulo: Eduerj, Edusp, 1998.

CASTEL, Robert. *A ordem psiquiátrica.* A idade de ouro do alienismo. Rio de Janeiro: Graal, 1978.

CESAROTTO, Oscar. *Um affair freudiano.* Os escritos de Freud sobre a cocaína. São Paulo: Iluminuras, 1989.

CHALHOUB, Sidney. Medo branco de almas negras, escravos, libertos e republicanos na cidade do Rio. In: *Papéis avulsos, crime e castigo.* Rio de Janeiro: Fundação Casa de Rui Barbosa, 1986. v.2

CORRÊA, Mariza. *As ilusões da liberdade.* Bragança Paulista: Ed. USF e Fapesp, 1998.

DAVENPORT-HINES, Richard. *La búsqueda del olvido.* História global de las drogas, 1500-2000. México, Madrid: Fondo de Cultura Econômico, Turner, 2003.

ENGEL, Magali. *Meretrizes e doutores, saber médico e prostituição no Rio de Janeiro (1840-1890).* Rio de Janeiro: Brasiliense, 1988.

ESCOHOTADO, Antonio. *O livro das drogas*. Usos e abusos, desafios e preconceitos. São Paulo: Dynamis Editorial, 1997.

_______. *História de las drogas*. Barcelona: Alianza Editorial, 1998. v.1, 2 e 3.

FOUCAULT, Michel. *Microfísica do poder*. Rio de Janeiro: Graal, 1993.

_______. *O nascimento da clínica*. São Paulo: Forense, 1998.

GAIO, Dagmar Nunes. *Dependência química*, devem-se diferenciar usuários enfermos e delinqüentes in www.consultorjurídico.com.br. s. d.

GAZETA MÉDICA DO RIO DE JANEIRO (1862-1864). Coleção Brasiliensia Documentia, v.X, t.I, II e III, 1976.

HENMAN, Anthony; PESSOA JUNIOR, Oswaldo. (Org.) *Diamba sarabamba*. São Paulo: Ground, 1986.

LARANJEIRA, Ronaldo; PINSKY, Ilana. *O alcoolismo*. São Paulo: Contexto, 2001.

LEITE, Marcos da Costa; ANDRADE, Arthur Guerra de. (Org.) *Cocaína e crack, dos fundamentos ao tratamento*. Porto Alegre: Artmed, 1999.

LENOIR, Remi. Objeto sociológico e problema social. In: CHAMPAGNE et al. *Iniciação à prática sociológica*. Petrópolis: Vozes, 1998.

LIMA, Hermeto. *O alcoolismo no Rio de Janeiro*. Rio de Janeiro: Imprensa Nacional, 1914.

LUZ, Madel Terezinha. *Medicina e ordem política brasileira, políticas e instituições de saúde (1850-1930)*. Rio de Janeiro: Graal, 1982.

MACHADO, Roberto et al. *Danação da norma, medicina social e construção da psiquiatria no Brasil*. Rio de Janeiro: Graal, 1978.

MAcRAE, Edward; SIMÕES, Júlio Assis. *Rodas de fumo*. O uso da maconha entre camadas médias urbanas. Salvador: EDUFBA, 2000.

MAcRAE, Edward; GORGULHO, Mônica. *Redução de danos e tratamento de substituição*. Posicionamento da Reduc- Rede Brasileira de Redução de Danos. s. d. (Mimeogr.)

MARLATT, G. Alan. (Org.) *Redução de danos, estratégias práticas para lidar com comportamentos de alto risco*. Porto Alegre: Artes Médicas Sul, 1999.

MONTERO, Paula. *Da doença à desordem, as práticas mágico-terapeutas na umbanda*. São Paulo, 1983. Tese (Doutorado) - Faculdade de Filosofia, Letras e Ciências Humanas, Universidade de São Paulo.

NADELMAN, Ethan et al. Verbete "Harmful Reduction". In: LOWISON, Joyce H. *Substance Abuse – A Comprehensive Textbook*. Baltimore: Williams e Wilkinz Editors, 1997.

ROCHA LIMA, Janirza Cavalcante da. *Por detrás das muitas máscaras* - legislação, psiquiatria e drogas. s. d. (Mimeogr.)

RODRIGUES, Thiago M. S. *Proibição e controle social nos Estados Unidos, uma genealogia da guerra às drogas*. Texto apresentado a o encontro da ANPHU. São Paulo, 2000.

________. *Política e drogas nas Américas*. São Paulo, 2001. Dissertação (Mestrado em Ciências Sociais) - Pontifícia Universidade Católica.

ROSEN, George. *Uma história da saúde pública*. São Paulo: Hucitec, 1994.

SCHEERER, Sebastian. Reflexões acerca de algumas tendências recentes no discurso sobre drogas na Alemanha In: BASTOS, Francisco Inácio; GONÇALVES, Odair Dias. *Drogas é legal? Um debate autorizado*. Rio de Janeiro: Imago, 1993.

SILVA, Ricardo de Oliveira. *Justiça terapêutica*. Cortes especiais de drogas o sistema legal brasileiro e o americano. NADCP/Brasil. s. d. (Mimeogr.)

TORON, Alberto Zacharias. Alguns aspectos sócio-jurídicos da maconha. In: HENMAN, Anthony; PESSOA JUNIOR, Oswaldo. (Org.) *Diamba sarabamba*. São Paulo: Ground, 1986.

VARGA, Istvan Van Deursen. *Certezas médicas, subversões francesas, paixões barrocas, especiarias africanas*. São Paulo, 1995. Dissertaação (Mestrado em Antropologia social) - PPGAS, Universidade de São Paulo.

VARGAS, Eduardo Viana. Os corpos intensivos, sobre o estatuto social das drogas legais e ilegais In: DUARTE, Luis Fernando Dias; LEAL, Ondina Fachel. (Org.) *Doença, sofrimento, perturbação, perspectivas etnográficas*. Rio de Janeiro: Editora Fiocruz, 2001.

VELHO, Gilberto. *Individualismo e cultura, notas para uma Antropologia da sociedade contemporânea*. Rio de Janeiro: Jorge Zahar Editor, 1999.

Narcotráfico: um esboço histórico

Thiago Rodrigues
Pontifícia Universidade Católica de São Paulo

O poder é a guerra prolongada por outros meios.
(Michel Foucault)

As transformações políticas, econômicas e sociais registradas na passagem da década de 1980 para a seguinte provocaram um grande abalo em diversos campos do saber, incluindo as correntes interpretativas das relações internacionais. O fim da guerra fria trouxe a perda de um largo referencial que, com maior ou menor grau de contorcionismo teórico, conferia inteligibilidade aos rumos da política mundial. Em especial, o estudo dos conflitos e guerras, esquadrinhados por quatro décadas a partir da lógica do conflito ideológico Leste-Oeste, chegou aos estertores do século XX sem uma grande gramática, sem um amplo paradigma que reconfortasse por seu poder explicativo. Emergiram, de imediato, análises que aclamaram a vitória do modelo ocidental e que preconizavam uma era de pacificação democrático-liberal para o globo. Entretanto, a permanência de violentos embates parecia abalar, já em princípios dos anos 1990, a crença no idílio liberal. As guerras sobreviveram, tributárias do colonialismo na África – como o conflito angolano –, no sudeste asiático – como as instabilidades no Camboja –, ou derivadas do desmonte de Estados autoritários na Ásia Central – notadamente, as tensões nas ex-repúblicas soviéticas – e na Europa do Leste, com destaque para as diversas guerras civis conectadas na região dos Bálcãs. Atravessando esses conflitos, despontava um outro perigo identificado pelos estados ocidentais, principalmente pelos Estados Unidos: o "fundamentalismo" islâmico e as teses de "choque civilizacional" (Huntington, 1994). Aos analistas da política internacional, confirmou-se a suspeita de que a chave interpretativa dos embates militares no pós-Segunda Guerra Mundial não trazia em si a energia vital de todas as formas de enfrentamento e que o fim do socialismo de Estado não anunciava a paz perpétua porque simplesmente não era a força motriz a conferir sentido a todas as guerras. O século XX havia sido até então o período dos maiores massacres e das mais amplas violências perpetradas pelos homens em guerra, assim como fora, também, palco para a eclosão de conflitos generalizados e locais, que se entrecruzaram de formas distintas consagrando, a partir de 1945, a guerra civil como face concreta dos embates mundiais (Enzensberger, 1995). A paz, como utopia para socialistas e liberais, mostrava-se distante, confundindo projetos e embaralhando as tradicionais reflexões acerca da guerra e sua legitimidade.

Nesse cenário de proliferação de guerras entrecruzadas, um dos novos conflitos identificados pelos centros de inteligência de estados nos hemisférios Norte e no Sul foi o narcotráfico. Capitaneada pelos Estados Unidos, mas com o apoio entusiasta da comunidade internacional, a identificação do narcotráfico como uma ameaça à segurança internacional era a culminação de um longo processo, no qual o tráfico de psicoativos ilegais foi construído como um conjunto de perigos sobrepostos. Rastrear essas procedências, esses vetores que erigiram o comércio ilícito de drogas como uma das "novas ameaças" é de grande importância para compreender, ainda que minimamente, o espaço ocupado por esse feixe de guerras representado pelo narcotráfico. Em tal exercício, há que se voltar ao passado, numa tentativa de explicitar os planos ou patamares nos quais o tráfico de psicoativos se cristalizou como tema diplomático-militar. Na base desse processo, como fundação e lastro, está a situação legal de um grande leque de substâncias alteradoras de consciência. Em uma palavra, o veio histórico e interpretativo que nos conduz à análise do narcotráfico nos conduz às origens da proibição às drogas.

No início do século XX, drogas hoje proibidas, como a cocaína e a heroína, faziam parte de um lucrativo mercado legal que envolvia interesses de potências do período, suas indústrias farmacêuticas e suas estratégias geopolíticas no globo. Estados europeus como Inglaterra, França, Alemanha, Holanda e Portugal tinham como um dos principais itens de suas políticas coloniais a produção de matéria-prima para a industrialização de psicoativos largamente comercializados, principalmente o ópio e seus derivados. A atenção ao livre-comércio de psicoativos motivou dois confrontos entre tais potências ocidentais e o governo imperial chinês, respectivamente entre 1839-1842 e 1856-1880, que pretendia proibir o ópio no país. Assim, estados hoje proibicionistas patrocinaram duas campanhas, ambas conhecidas como guerras do ópio, para, em nome da liberdade comercial, impor a legalização dos opiáceos aos chineses (Escohotado, 1998). Em defesa dos chineses, algumas décadas depois, vieram os americanos que, nos primeiros anos do século XX, ensaiavam passos mais ousados no cenário internacional, buscando ocupar destaque no jogo de poder até então protagonizado por europeus. Os EUA encamparam os anseios proibicionistas do governo chinês e pressionaram os estados ocidentais com interesses no ópio e na região para uma conferência que discutisse limites para o mercado do psicoativo. Realizada em Xangai, em 1909, a Conferência sobre o Ópio não chegou a estabelecer compromissos proibicionistas, mas foi o primeiro documento internacional a registrar determinações no sentido do controle de um mercado até então livre (McAllister, 2000).

A iniciativa americana refletia no plano internacional movimentações políticas e sociais importantes do plano doméstico. Desde ao menos a segunda metade do século XIX, foi grande a articulação de associações e ligas, constituídas nas redes de igrejas protestantes, que predicavam contra os hábitos tidos como pecaminosos e degenerescentes. Entre eles, o jogo, a prostituição e o consumo de drogas, principalmente o álcool. Com o passar dos anos, tais associações – como a Anti-Saloon League e o Prohibition Party – ganharam expressão política, colonizando o aparato estatal por meio de bancadas de deputados e senadores afeitos à causa proibicionista (Szasz, 1993). O tema das drogas e sua proibição alcançou um ponto de inflexão quando elas foram instrumentalizadas como estratégia eficaz de controle social. Isso porque as práticas moralistas engendravam uma associação direta entre determinados psicoativos e minorias vistas como perigosas por seus hábitos e procedências. Assim, chineses eram relacionados ao uso abusivo de ópio, negros ao de cocaína, irlandeses ao de álcool, hispânicos ao de maconha (Escohotado, 1996). Grupos identificados como antígenos e ameaçadores, já fadados à vigilância incessante por parte da sociedade sã e virtuosa, poderiam o ser ainda mais quando atrelados ao uso e comercialização de substâncias entendidas como "venenos do corpo e da alma". Desse modo, justapunham-se, numa sucessão vertiginosa, três níveis de discussão: as drogas como ameaça moral, como questão de saúde pública e como problema de segurança pública (Rodrigues, 2003).

As leis proibicionistas venceram as resistências legais ainda coerentes com a ética liberal impressa na formação político-social dos Estados Unidos, culminando com a Lei Seca, aprovada em 1919, que baniu por completo a produção, a circulação, comercialização e o consumo de álcool. Instalada a proibição, que com o afrouxar para o caso do álcool nos anos 1930 enrijeceu o tratamento dispensado a outros psicoativos, inaugurou-se um potente mercado ilícito a mobilizar empresários clandestinos, agências governamentais de repressão, bancos, parlamentares, consumidores, negociadores de drogas ilícitas e um sem-número de atores, que, nos lados legal e ilegal da economia, se dedicaram direta ou indiretamente ao grande negócio emergente do tráfico de substâncias psicoativas.

Drogas e o plano diplomático-militar

A questão das drogas, desde seus momentos iniciais, desponta relacionando os patamares das práticas sociais moralistas, das iniciativas governamentais de controle social e das iniciativas diplomáticas internacionais. Sem desconexão entre eles, tais elementos colocaram em marcha engrenagens em diálogo constante que conformaram, ao longo do século XX, as marcas contemporâneas do proibicionismo. Nas relações de poderes e demandas ascendentes e descendentes estabelecidas entre setores sociais, governos nacionais e estados em suas relações internacionais, o proibicionismo firmou-se como a tônica do tratamento legal de inúmeros psicoativos no mundo. A seqüência de conferências internacionais realizadas no âmbito da Liga das Nações até os anos 1930 e, depois da Segunda Grande Guerra, abri-gadas nos foros especiais da Organização das Nações Unidas, produziu documentos que expressam unanimidade na ênfase proibicionista. O tratado-síntese desse movimento de normatização internacional é a Convenção Única da ONU, celebrada em 1961, que estabelece listas de substâncias psicoativas com uso controlado, assim como a relação daquelas que devem ser completamente banidas. O critério fundamental a atribuir legalidade parcial ou total ilegalidade é a noção controversa de "uso médico": na lógica dos especialistas da ONU, podem ser comercializadas – sempre sob estreito controle por meio de receitas – psicoativos que tenham propriedades consideradas terapêuticas; os desprovidos de tais características têm toda produção e uso vedados (McAllister, 2000; Escohotado, 1998).

A malha de tratados e compromissos internacionais ganha operacionalidade jurídica e política quando é incorporada aos ordenamentos legais dos estados signatários, transformando-se, pelo processo de ratificação, em leis nacionais. Com o acolhimento mundial das determinações da Convenção Única e de suas reformas e adendos (Protocolo de 1971 e Convenção de Viena de 1988), o proibicionismo e sua meta – a abolição de todo "uso ilegítimo" de psicoativos – tornaram-se o norte das políticas de drogas nos estados. A contrapartida imediata desse fato é a adoção de posturas repressivas diretas contra usuários e negociantes dessas substâncias. O proibicionismo acionou dispositivos especiais de repressão, aparelhando polícias e agências especiais nos países que o adotavam, como o Federal Bureau of Narcotics (FBN), criado nos Estados Unidos dos anos 1930, depois substituído por outro escritório antidrogas nos anos 1960. A perseguição aos usuários e aos negociantes de drogas ilícitas, apesar da afinidade internacional nos interesses proibicionistas, tomou a feição de uma guerra aberta e virulenta na passagem dos anos 1960 para 1970.

Assunto internacional por excelência, o controle de drogas ganhou vulto como guerra internacional aos psicoativos mais uma vez a partir de posturas adotadas pelos Estados Unidos. Em 1972, o governo de Richard Nixon identifica as drogas ilícitas como "inimigo número um" da sociedade americana. Derivação direta de toda história do proibicionismo no país, a manifestação de Nixon trazia uma grande novidade: o perigo social e sanitário representado pelos psicoativos era um atentado internacional aos EUA. Passam a ser apontadas regiões e estados dos quais procederiam as drogas para o mercado consumidor na América do Norte. Haveria, desse modo, países produtores e países consumidores: os primeiros, "agressores" ativos ou passivos (se incapazes de coibir o tráfico em seus territórios); os da outra categoria, "vítimas" dos venenos ilegalmente comercializados. A divisão estanque entre "produtores" e "consumidores" é, segundo Passetti (1991, p.64), uma ficção que associou "o narcotráfico a países de baixo desenvolvimento econômico" e o consumo a Estados desenvolvidos. A dicotomia assim cristalizada ignorava explicitamente a existência de plantações de maconha nos parques nacionais dos Estados Unidos ou toda a rede pulverizada de pequenos laboratórios a sintetizar psicoativos, como o LSD na Califórnia e em outros estados da federação. A manobra do discurso governamental americano foi, no entanto, hábil para mobilizar a exteriorização do combate ao tráfico de drogas. Se no plano doméstico, uma guerra contra os "ameaçadores negociantes de drogas" era empreendida desde os anos 1920, a repressão internacional rompe os limites das conferências e foros multilaterais para se consubstanciar em guerra às drogas somente a partir dos anos 1970.

Nesse momento, as redes clandestinas do tráfico de psicoativos transformavam-se em empresas ilícitas de maior amplitude, seguindo em sincronia o enrijecimento do proibicionismo. Da efervescência cultural dos anos 1960, das transformações nos costumes e nas práticas sociais, da elaboração mais detalhista do proibicionismo em escala mundial e da combinação de intrincadas relações na política internacional do período (que incluem a participação dos EUA nos conflitos no sudeste asiático e o combate mundial ao comunismo[1]), o negócio ilegal das drogas adentrou os anos 1970 potencializado em in-

[1] Autores como Escohotado (1996) e Szasz (1993) mencionam conexões muito precoces estabelecidas pelo governo estadunidense e a questão do tráfico de drogas, citando como exemplo o apoio que a Central Intelligence Agency teria dado à máfia corsa, no imediato pós-Segunda Guerra Mundial, permitindo que ela se beneficiasse do comércio ilícito de heroína em troca de ajuda financeira e operacional para atacar líderes socialistas e sindicais na França do período. Os mesmos autores lembram as relações estabelecidas entre as forças armadas estadunidenses e os *senhores da guerra* no Laos, Vietnã e Camboja durante o conflito na região que também fez uso da heroína como moeda de troca pelo apoio local à guerra contra os vietcongs.

dústria ilícita. E o enfrentamento a essa indústria, embalado na transposição de fronteiras da repressão ao tráfico, firma-se como questão geopolítica. O narcotráfico emerge como tema de segurança internacional no mesmo movimento – legal, estratégico, político – que o identifica como tal. Quando o governo de Ronald Reagan publica o *National Security Decision Directive* – NSDD-221, em 1986, documento no qual os Estados Unidos diagnosticam o tráfico de drogas como uma ameaça à sua segurança nacional, o combate ao narcotráfico já estava consolidado como um dos itens centrais da agenda diplomático-militar do país, a nortear em larga medida suas relações com estados tidos como "países-chave produtores de drogas" (NSDD-221, 1986, p.1). Uma outra guerra iniciava sua marcha nas frestas da guerra fria, demarcando pontos de contato com ela e prenunciando uma vida própria como alvo de ações político-militares dos Estados Unidos, principalmente na América Latina[2].

O negócio em suas marcas

Ao analisar os momentos iniciais do narcotráfico como uma potente indústria clandestina no continente americano, Alfredo Somoza

---

[2] Uma das marcas mais exemplares da associação entre os "perigos à segurança nacional" dos Estados Unidos nos anos 1980 é a declaração que o embaixador estadunidense na Colômbia Lewis Tambs fez em 1985 identificando no país sul-americano a existência de uma conexão entre tráfico de drogas e guerrilhas de esquerda que classificou como narcoterror. A sobreposição da ameaça comunista – em curva descendente – com a ameaça das drogas – então em ascensão – foi bastante bem explorada pelo governo republicano, lançando bases para a publicação da NSDD-221. A força de tal associação persiste ainda hoje, em inícios do século XXI, diante da declaração de guerra ao terror pelo governo de George W. Bush e da subsistência de grupos guerrilheiros e paramilitares na Colômbia, como as Forças Armadas Revolucionárias da Colômbia (FARC), o Exército de Libertação Nacional (ELN) e as Autodefesas Unidas da Colômbia (AUC).

(1990) identifica um circuito que compreende pontos de origem da economia ilegal dos psicoativos, suas rotas de trânsito de pasta-base, locais de refino, regiões de escoamento da cocaína, terminais de venda e negociação da droga. Adicionando ao estudo de Somoza a constatação de que também havia produção de drogas ilícitas em países que se autoproclamavam tão somente consumidores, o negócio do narcotráfico, na passagem dos anos 1970 para os 1980, apresentava uma divisão internacional de trabalho peculiar: países andinos com práticas ancestrais no trato com a folha de coca passaram a produzir excedentes destinados à produção de pasta-base, primeiro produto no processamento da cocaína. Em estados como Peru, Bolívia e Equador, os cultivos tradicionais de coca ganharam a companhia de novos campos voltados ao mercado emergente. Grupos clandestinos nesses países tomariam a frente no fabrico da pasta-base, logo depois vendida a outras organizações - principalmente colombianas - especializadas no refino do material bruto, transformando-o em cocaína. Na seqüência, a cocaína pura alcançaria os mercados consumidores nos EUA, na Europa e nas grandes cidades latino-americanas, sendo distribuída por um terceiro tipo de agremiação criminosa dedicada à venda da cocaína refinada. Países como Brasil, Venezuela e Argentina estariam numa posição intermediária, servindo como praças para lavagem de dinheiro, rota de tráfico e centros de consumo.

O narcotráfico na América Latina, em suas origens, foi matéria de estudo por parte de analistas que contestam a identificação demarcada pelo governo americano, que localizou o nascimento de grandes organizações ilegais - os cartéis - responsáveis pela administração de toda a cadeia de produção, trânsito e venda de cocaína e outros psicoativos, como a maconha. Entre eles, destaca-se a contribuição de Krauthausen & Sarmiento (1991), que apresentam um quadro organizacional do tráfico de substâncias psicoativas distinto do preconizado pela Drug Enforcement Administration (DEA), a agência antidrogas dos Estados Unidos, e aceito pelos organismos internacionais do sistema ONU. Segundo os autores, jamais houve a formação de grandes quadrilhas a controlar o mercado ilícito determinando preços e oferta de drogas, como sugere a classificação cartel cunhada pela DEA. Os sociólogos colombianos argumentam que o mercado de cocaína estruturou-se em duas etapas por eles denominadas setores oligopólico e competitivo. O setor competitivo, dividido internamente em dois segmentos, seria conformado pelas etapas de produção de folhas de coca e processamento da pasta-base e pela fase da negociação varejista, na venda direta ao consumidor. Nesses dois pontos do negócio-narcotráfico, haveria uma multiplicidade de agentes em acirrada competição pelo mercado, fato que redundaria em disputas violentas por áreas de plantio e territórios urbanos. O setor oligopólico concentraria um número menor de atores, dedicados ao refino da pasta-base, transformando-a em cloridrato de coca (a cocaína pura), para posterior venda aos atacadistas internacionais. Nesse nódulo da economia ilegal, não haveria espaço para quadrilhas numerosas, mas, ao contrário, os grupos enfrentariam a urgência em serem enxutos em seu organograma e muito bem relacionados com as instituições políticas e os aparatos repressivos.

Aplicando à reflexão de Krauthausen & Sarmiento uma imagem proposta por Gugliotta (1995), o mercado ilegal dos psicoativos se estruturaria como uma ampulheta deitada, na qual o trecho afunilado representaria o setor oligopólico e as bases identificariam os dois momentos do setor competitivo. Enfoque, portanto, bastante diferente dos relatos e declarações governamentais de americanos e outros estados proibicionistas, que notavam a existência de gigantescos impérios subterrâneos capazes de, simultaneamente, produzir folhas nas encostas andinas e determinar os preços nas ruas de São Paulo, Chicago ou Madri. Nesse quadro, traficantes notórios como os colombianos Pablo Escobar, Gonzalo Rodríguez Gacha e os irmãos Rodríguez Orejuela não seriam comandantes mundiais do tráfico, mas homens que chefiavam redes bem postadas e articuladas, detentoras de fatias importantes da etapa mais lucrativa do negócio da cocaína.

O ataque cerrado aos "cartéis" colombianos, principalmente às empresas clandestinas de Pablo Escobar e outros traficantes de Medellín, transformou o panorama do narcotráfico na Colômbia e nos demais países da região. As iniciativas capitaneadas pelos Estados Unidos da segunda metade dos anos 1980 em diante enfatizaram a via militar para enfrentar a questão do tráfico de drogas. Campanhas conjuntas com forças latino-americanas, montagem de tropas de elite nos moldes das americanas e intervenções diretas em países como a Bolívia e o Peru foram o padrão de comportamento dos Estados Unidos em sua "guerra às drogas". Apesar de esbarrarem em resistências locais de camponeses organizados e partidos nacionalistas, a postura intervencionista americana não arrefeceu, mas tomou outros contornos, deixando de ser explícita para penetrar mais suavemente, por meio de suportes financeiros e envio de equipes de treinamento policial e militar. A mais importante vitória da guerra às drogas americana não foi no campo das intervenções diretas, mas aconteceu no instante em que os estados da região encamparam em suas diretrizes políticas domésticas o proibicionismo militarista como tônica do tratamento local da questão dos psicoativos ilícitos. O combate a empresas narcotraficantes específicas, na passagem para os anos 1990, não abalou o mercado ilegal, mas redefiniu seus contornos, fazendo que novos negociantes surgissem e que o já pulverizado negócio se tornasse ainda mais difuso, numa profusão de redes a diversificar suas ações em todo o continente americano.

Brasil, narcotráfico e alvéolos de poder

Com as novas feições assumidas pelo narcotráfico já em princípios dos anos 1990, o Brasil registrou outras ramificações desse negócio além daquelas em prática nos anos 1980. Relatos policiais e jornalísticos passaram a dar conta de que, no país, os centros de consumo aumentavam sua demanda, as organizações embrenhadas na negociação de psicoativos ilegais ganhavam forma e se ramificavam, os indícios de lavagem de dinheiro em bancos aqui sediados proliferavam, traços de refino de cocaína na Amazônia legal despontavam, cultivos de maconha ganhavam fôlego no Nordeste brasileiro (Arbex Jr., 1996; Labrousse, 1991; Labrousse & Koutouzis, 1996).

O desenvolvimento da economia dos psicoativos no Brasil chegava a patamares novos após décadas de relações entre ilegalidade, repressão e consumo. A primeira lei de controle de drogas de amplo alcance editada no país veio a público em 1921, na esteira da participação diplomática brasileira nos encontros celebrados na década de 1910. Em movimento análogo ao ocorrido nos Estados Unidos no mesmo período, houve, no Brasil, uma coadunação entre demandas sociais proibicionistas e estratégias governamentais de controle social. O consumo de psicoativos como a cocaína, a morfina e a heroína foi largamente tolerado enquanto fez parte dos hábitos de oligarcas e abastados, mas passou a ser atacado com veemência pela mídia e por grupos moralistas quando atingiu prostitutas, proxenetas, pequenos marginais e indivíduos de camadas populares (Carneiro, 1993). O uso de maconha, por sua vez, jamais fora aceito pela "sociedade de bem" pela associação direta de seu consumo a negros e mestiços. Assim, ao alcançar maior difusão no meio urbano, o uso de maconha e outros psicoativos tornou-se um tema de segurança pública e sanitária (MacRae & Simões, 2000; Burgierman, 2002).

A ilegalidade instaurou o mercado ilícito no Brasil como em todos os outros estados nos quais o proibicionismo gradativamente avançou, lançando as bases de um campo inédito de conflitos sociais. No entanto, o narcotráfico despontou como um negócio vultoso e como alvo de grande relevância estratégica com a entrada do Brasil no circuito internacional da empresa narcotraficante nos anos 1980. Para um breve panorama dessa aparição em cena é ilustrativo acompanhar a formação e a atuação de uma organização ilícita de grande importância nesse campo desde a década de 1980: o Comando Vermelho.

No início dos anos 1970, a Galeria B da prisão de segurança máxima da Ilha Grande, litoral do Rio de Janeiro, recolhia condenados pela Lei de Segurança Nacional editada pelo regime militar em 1969. A colônia penal Cândido Mendes, que já recebera durante o Estado Novo (1937-1945) presos políticos, apartava da sociedade, uma vez mais, indivíduos tidos como subversivos pela ordem vigente. Em especial, aglomeravam-se na ala isolada do presídio guerrilheiros urbanos e os chamados criminosos comuns (Amorim, 1994 e 2003). A coexistência de reclusos explicitamente politizados e outros não era explicada pelo nivelamento que a Lei de Segurança Nacional trouxera a todo um rol de práticas classificadas como ameaçadoras à paz social. Nesse sentido, assaltos a bancos e seqüestros, por serem atividades correntes entre os grupos clandestinos da esquerda armada brasileira, foram elencados pela ditadura como atos de lesa-pátria, e no roldão repressivo que se seguiu foram apanhados tanto guerrilheiros como assaltantes e seqüestradores sem vínculos políticos. Apartados dos prisioneiros das outras três galerias da colônia penal, presos políticos e comuns passaram a partilhar saberes, com destaque para o interesse que o modo de organização clandestina das guerrilhas urbanas suscitou nos chefes de quadrilhas que ali cumpriam pena (Lima, 1991). Apesar do estreito contato, os guerrilheiros urbanos esforçaram-se para ser reconhecidos como tal, diferenciando-se daqueles sem motivações políticas. A distinção foi, de fato, aceita com a gradual remoção dos presos políticos a partir de 1975. Ao ser flexibilizada pelo governo militar, a mesma Lei de Segurança Nacional que igualara políticos e comuns em sua subversão à ordem passava a agir seletivamente para libertar os primeiros e continuar válida em seu rigor para a segunda categoria de condenados. Com a saída dos presos políticos, o isolamento da Galeria B não se justificava mais para as autoridades carcerárias. A iminência do massacre que seria perpetrado pelas gangues ou falanges, que dominavam as alas A e C do presídio, fez que os condenados pela LSN se organizassem para o conflito. Antes que o ataque de grupos como a Falange Jacaré viesse, os presos da Galeria B investiram com violência e, sob o nome de Falange Vermelha (em alusão direta aos seus ex-colegas comunistas), dominaram o presídio de Ilha Grande ainda no final dos anos 1970.

Em princípios da década seguinte, líderes da Falange Vermelha como William da Silva, o professor, e José Jorge Saldanha, o Zé do Bigode, fugiram de Ilha Grande e tentaram reorganizar grupos de assalto a bancos. A utilização de técnicas aprendidas com os guerrilheiros urbanos, no entanto, não evitou que muitos deles fossem recapturados, minando a tentativa de construir uma eficiente organização clandestina. O fracasso relativo das células de assalto a bancos não foi grande a ponto de ofuscar a projeção midiática alcançada pelo grupo, já então conhecido como Comando Vermelho (Rodrigues, 2003). A vulnerabilidade dos assaltos e seqüestros fez crescer a influência de uma geração mais nova de afiliados ao Comando Vermelho, que apostavam num nascente e mais promissor negócio o tráfico de drogas. Nomes depois famosos, como José Carlos dos Reis Encina, o Escadinha, e José Carlos Gregório, o Gordo, assumiram posições de ponta no novo direcionamento que tomava o Comando Vermelho.

Articulado como uma federação à qual filiavam-se traficantes e seus respectivos morros e favelas, o Comando Vermelho pôde estabelecer um mercado varejista de cocaína e maconha em termos contemporâneos no Rio de Janeiro. Isso foi possível pela construção de espaços de poder cristalizados em favelas e bairros periféricos da capital fluminense, que conferiram territorialidade às organizações narcotraficantes. Conectados por meio de redes e contatos tecidos pela filiação ao Comando Vermelho, traficantes estabeleceram nichos de autoridade nos quais assumiram funções de Estado, legislando e aplicando a lei. Nesse movimento, a conquista de alvéolos de poder ficava condicionada à capacidade do grupo narcotraficante em conseguir o apoio da população local; chancela alcançada em parte pela força – com o medo da repressão violenta aos transgressores, em parte pela filantropia, principalmente pela assistência a necessitados (doentes, crianças, gestantes e idosos) e pelo patrocínio de festas e melhorias nas comunidades. A simbiose estabelecida entre moradores e traficantes era de vital importância para que os negócios com psicoativos ilícitos pudessem subsistir: o suporte da população era a garantia, embora sempre precária, de que delatores não agiriam e que grupos rivais não encontrariam espaço para crescer nessa disputa pela disciplina local. De forma aproximada ao ocorrido com os Estados ocidentais do século XIX, que desenvolveram, segundo Michel Foucault (1997, p.85), uma tecnologia do poder associando a "manutenção da ordem e da disciplina" ao esforço para a "tornar a vida [dos súditos] cômoda e lhes dar aquilo que necessitam para a subsistência", o Comando Vermelho investiu na combinação de intimidação e assistencialismo como lastro para essa modalidade microscópica de biopolítica.

Com o avançar dos anos 1980 e o incremento do mercado ilícito de drogas no Rio de Janeiro, o Comando Vermelho passou a registrar fissuras e dissidências à medida que novas empresas clandestinas despontavam. A repressão estatal focada no Comando Vermelho – cujo maior símbolo seja, talvez, a inauguração, em 1988, da prisão de segurança máxima Bangu 1 – foi um dos fatores que possibilitaram o aparecimento de outros grupos, como o Terceiro Comando, que entraram na disputa pelo mercado de drogas na cidade. Lembrando da análise proposta por Krauthausen & Sarmiento (1991), o negócio das substâncias psicoativas no Rio de Janeiro conformaria um terminal do setor competitivo do mercado narcotraficante, caracterizado pela cruenta concorrência na consolidação de espaços de autoridade. A obtenção de territórios significava a conquista de locais seguros para a recepção, armazenagem e venda de drogas ilícitas, itens fundamentais para a sobrevivência de uma empresa narcotraficante. Em meio à guerra constante com o Estado, as organizações do setor competitivo empreenderam um embate permanente entre si que visava à manutenção e à ampliação de bolsões de poder. Ao digladiar-se com regularidade e convocar em profusão jovens dessas favelas para as múltiplas batalhas em curso (Batista, 2003; Cruz Neto et al., 2001), as quadrilhas do setor competitivo carioca movimentaram um campo de violências agravado pelas investidas das forças policiais – estas, impulsionadas pela legislação proibicionista e pelo afã das políticas de segurança pública em conter a miséria em guetos, periferias e morros, que constituem em conjunto, como aponta o sociólogo Loïc Wacquant (2001), os novos campos de concentração mundiais.

A manutenção do viés proibicionista como tônica no tratamento legal dos psicoativos ilícitos não suprimiu o mercado dessas substâncias, intervindo neles apenas como moduladores de novas ilegalidades. No cenário do tráfico carioca, a perda de força do Comando Vermelho – advinda da combinação de rachas internao e ataques estatais – contribuiu para o surgimento de rivais, como o já mencionado Terceiro Comando ou o ADA (Amigo dos Amigos) e o Terceiro Comando Puro, estes já nos anos 1990. A saída de cena detraficantes da primeira fase, como o Escadinha, deu lugar para novos líderes, como os já mortos Ernaldo Pinto Medeiros (o Uê) e Márcio dos Santos Nepomuceno (o Marcinho VP) e o midiático Fernando da Costa (o Fernandinho Beira-Mar). A substituição de chefes e gerentes do tráfico, no entanto, ocorre com facilidade sob o manto da proibição. O setor competitivo fluminense permanece em mutação, afinado com o mercado ilegal das drogas no Brasil, incluindo não apenas consumo, como também trânsito de psicoativos rumo a outros mercados, lavagem de dinheiro e conexões com outras atividades ilegais como o tráfico de armas e roubo de cargas. O Estado brasileiro, signatário das convenções internacionais sobre drogas, mantém-se comprometido com a postura antidrogas americana, como indicam a implantação da Secretaria Nacional Antidrogas (Senad), elaborada para agir à semelhança da DEA,[3] e o desenvolvimento do controverso projeto de monitoramento remoto da Amazônia legal, o Sivan (Sistema de Vigilância Amazônico). Nesse sentido, o narco-tráfico no país – e a repressão a ele – se apresenta em sintonia com os contornos internacionais de um mercado que transita cada vez mais distante da utopia proibicionista. O consumo global de psicoativos ilícitos não declina, o leque de substâncias banidas aumenta (englobando drogas sintéticas que imprimem uma outra logística ao mercado de drogas) e as máfias dedicadas à negociação desses produtos continuam acumulando vultosos lucros para regozijo do mercado financeiro internacional.

No plano internacional, a diretriz de guerra às drogas americana sustenta-se como o modelo no trato com a questão das drogas, apesar do surgimento de posturas reformistas mais brandas, principalmente em Estados da Europa ocidental. Em parte ofuscada pela guerra ao terror lançada pelos EUA após setembro de 2001, o combate ao narcotráfico e ao consumo de psicoativos ilícitos mantém um grande destaque na agenda diplomático-militar do país, que aponta diversas zonas de contato entre terrorismo e narcotráfico. Das guerrilhas co-

---

[3] Criada em 1998, a Senad deveria, segundo seu projeto inicial, ter um poder coordenador das ações repressivas brasileiras similares à Drug Enforcement Administration dos Estados Unidos. No entanto, tal intenção esbarrou na competência constitucional para o combate ao narcotráfico atribuída à Polícia Federal. Esvaziada, a Senad passa a atuar de modo mais discreto, investindo em campanhas publicitárias antidrogas e co-organizando, junto à Polícia Federal, algumas ações como a Operação Mandacaru, que, em 1999, reprimiu o cultivo de *cannabis* na região conhecida como *polígono da maconha* em Pernambuco.

lombianas aos campos de papoula afegãos, o Departamento de Estado americano não hesita em apontar o tráfico de drogas como uma das principais fontes de financiamento da subversão contemporânea, não mais "ideológica", mas "fundamentalista" ou simplesmente "criminosa" (Labrousse, 2003).

Longe de esmorecer, o narcotráfico segue vigoroso nos interstícios da proibição. O mapeamento do alcance do tráfico de drogas em termos políticos, econômicos e sociais é de difícil confecção, quer seja pela sua flexibilidade quer seja pela própria situação de ilegalidade, que impede o acesso a dados precisos e confiáveis. No entanto, o analista que descarta o ímpeto de "contabilizar" o narcotráfico, interessando-se por seus contornos políticos, pode encontrar pistas preciosas. Modalidade camaleônica de enfrentamento social, o narcotráfico intercruza incontáveis grupos ilegais, nos setores competitivo e oligopólico, Estados proibicionistas e o lado legal da economia, que se embevece com os narcodólares. Áreas urbanas, florestas cerradas, altiplanos ermos ou movimentadas praças financeiras articulam-se em conexões efêmeras e intercambiáveis à sombra da ilegalidade. Entendida como estratégia política de controle social e intervenção internacional, a guerra às drogas, em suas dimensões doméstica e global, apresenta-se como uma guerra-fluxo, a um só tempo flexível e visceral, que incita embates em planos diversos, compondo um dos principais campos de batalha contemporâneos.

Referências bibliográficas

AMORIM, Carlos. *Comando Vermelho, a história secreta do crime organizado*. Rio de Janeiro: Record, 1994.

________. *CV-PCC, a irmandade do crime*. Rio de Janeiro: Record, 2003.

ARBEX JUNIOR, José. *Narcotráfico, um jogo de poder nas Américas*. São Paulo: Moderna, 1996.

BARCELLOS, Caco. *Abusado, o dono do morro Dona Marta*. Rio de Janeiro: Record, 2003.

BATISTA, Vera Malaguti. *Difíceis ganhos fáceis, droga e juventude pobre no Rio de Janeiro*. Rio de Janeiro: Editora Revan, 2003.

BRIGAGÃO, Clóvis. *Inteligência e marketing, o caso SIVAM*. Rio de Janeiro: Record, 1996.

BURGIERMAN, Denis. *Maconha*. São Paulo: Editora Abril, 2002.

CARNEIRO, Beatriz. *A vertigem dos venenos elegantes*. São Paulo, 1993. Dissertação (Mestrado) - Pontifícia Universidade Católica.

CARNEIRO, Henrique. As necessidades humanas e o proibicionismo das drogas. *Outubro*, n.6, 2002.

CRUZ NETO, Otávio; MOREIRA, Marcelo; SUCENA, Luiz Fernando. *Nem soldados, nem inocentes, juventude e tráfico de drogas no Rio de Janeiro*. Rio de Janeiro: Editora Fiocruz, 2001.

ESCOHOTADO, Antonio. *Historia elemental de las drogas*. Barcelona: Anagrama, 1996.

________. *Historia de las drogas*. Madrid: Alianza Editorial, 1998. v.3.

FOUCAULT, Michel. *Nascimento da biopolítica. Resumo dos cursos do Collège de France*. Rio de Janeiro: Jorge Zahar Editor, 1997.

GUIMARÃES, Heloísa. *Escola, galeras e narcotráfico*. Rio de Janeiro: UFRJ Editora, 2003.

GUGLIOTTA, Guy. Los cárteles colombianos y cómo detenerlos. In: SMITH, Peter. (Org.) *El combate a las drogas en América*. México: Fondo de Cultura Económico, 1995.

HUNTINGTON, Samuel. Choque de civilizações? *Política Externa*, v.2, n.4, março-abril-maio, 1994.

KRAUTHAUSEN, Ciro; SARMIENTO, Luis Fernando. *Cocaína & Co., un mercado ilegal por dentro*. Bogotá: Tercer Mundo, 1991.

LABROUSSE, Alain. *La drogue, l'argent et les armes*. Paris: Fayard, 1991.

_______. (Coord.) *Dictionnaire géopolitique des drogues*. Bruxelles: DeBoeck, 2003.

LABROUSSE, Alain; KOUTOUZIS, Michel. *Géopolitique et géostratégies des drogues*. Paris: Economica, 1996.

LIMA, William da Silva. *Quatrocentos contra um, uma história do Comando Vermelho*. Petrópolis: Vozes, 1991.

MAcRAE, Edward; SIMÕES, Júlio. *Rodas de fumo, o uso da maconha entre camadas médias urbanas*. Salvador: EDUFBA, 2000.

McALLISTER, William. *Drug diplomacy in the twentieth century*. New York: Routledge, 2000.

NATIONAL SECURITY DECISION DIRECTIVE – 221. *Narcotics and national security*, White House, 08 de abril de 1986, http,//www.faz.org/irp/offdocs/nsdd/23-2766a.gif, 8.6.2003.

PASSETTI, Edson. *Das "fumeries" ao narcotráfico*. São Paulo: Educ, 1991.

RODRIGUES, Thiago. *Narcotráfico, uma guerra na guerra*. São Paulo: Desatino, 2003.

SZASZ, Thomas. *Nuestro derecho a las drogas*. Barcelona: Anagrama, 1993.

SOMOZA, Alfredo. *Coca, cocaína e narcotráfico*. São Paulo: Ícone, 1990.

WACQUANT, Loïc. *Os condenados da cidade*. Rio de Janeiro: Revan, 2001.

ESTE LIVRO FOI IMPRESSO EM SÃO PAULO PELA UmLivro
NO OUTONO DE 2005. NO TEXTO DA OBRA FOI UTILIZADA
A FONTE GOUDY OLD STYLE, EM CORPO 10,5 COM
ENTRELINHA DE 15,7 PONTOS.